Hermann Kirchhoff · Christliches Brauchtum

Hermann Kirchhoff

Christliches Brauchtum

Feste und Bräuche im Jahreskreis

Kösel

ISBN 3-466-36416-7

Druck und Bindung: Kösel, Kempten
Umschlag: Elisabeth Petersen, Glonn
Umschlagfoto: Josef Griesbeck, Altötting

3 4 5 6 · 99 98

Für Heiner Wittmann
und die Amberger Freunde

Inhalt

Vorwort

Vor mehr als zehn Jahren erschienen (in Teilbänden) die Vorgängerbände dieses Buches. Damals galt es, dem Brauchtum den ihm gebührenden Platz in Familien, Gemeinden und im Religionsunterricht (wieder) einzuräumen. Das Brauchtum hatte sich ja (auch in völlig säkularer Umwelt) als überlebensfähig erwiesen. Auch (scheinbar) dem Christentum völlig distanziert gegenüberstehende Familien schmücken ihren Weihnachtsbaum, färben ihre Ostereier, fügen sich christlichen Totenbräuchen ein... Das Brauchtum erwies sich als eine (wenn schon nicht immer leicht begehbare) Brücke zum Glauben.[1]
Ich wollte damals das Brauchtum bekannt machen, es festigen. Herkunft und Sinn der Bräuche sollten kurz dargestellt werden. Zum Brauchtum sollte »verlockt« werden.

Heute ist weithin die Bedeutung des Brauchtums für religiöses Leben erkannt. So wurde es notwendig, mehr als bisher die Wurzeln der einzelnen Bräuche zu untersuchen, ihren Sinn breiter auszuführen und nicht zuletzt den praktischen Aspekten größeren Raum zu geben. So habe ich mich mit dem Verlag entschlossen, mein Buch völlig neu zu gestalten. Ich habe meine Ansichten (aufgrund neuerer Forschungen) nicht oft revidieren müssen. Dennoch ist ein nahezu neues Werk entstanden, das hoffentlich Familien, Schulen und Gemeinden seine Dienste leistet.

Zur Einführung

Die Situation des Glaubens ist schwer zu beschreiben. Sicher wächst die Zahl der Atheisten, bei denen allerdings alle Arten von pseudoreligiöser Weltanschauung Konjunktur haben. Unter den wirklichen Atheisten sind viele, die unter einem *tragischen* Glaubensverlust leiden. Sie mögen an der Kirche gescheitert sein – mehr noch aber am sinnlos erscheinenden Leid der Welt unter einem schweigenden Gott, für den Auschwitz ein unauslöschliches Zeichen ist.

Bei vielen haben Gott und der christliche Glaube in ihrer Welt-Anschauung keinen Platz mehr. Sie übertragen (mehr oder weniger reflektiert) naturwissenschaftlich geprägtes Denken (dessen Anwendung für Teile der Wissenschaft notwendig ist) auf ihr Leben, ihre Existenz. Daß dabei jede *entscheidende* Situation ihres Lebens (ihre Liebe etwa) ihrer Weltanschauung Hohn spricht, bemerken sie (zumindest scheinbar) nicht.

Nach Meinungsumfragen glaubt ein Großteil der Menschen an Gott – scheitert aber an der Kirche oder denen, die sie repräsentieren. Man wirft der Kirche Festhalten an überlebten Glaubensforme(l)n vor, vor allem aber das Beharren auf einer Moral, die als nicht zeitgemäß und gelegentlich als unmenschlich empfunden wird.

Aber das alles meint jene, die noch nachdenken, die versuchen, ihr Leben zu verantworten. Daneben gibt es die riesige Menge derer, die ihre Meinungen und ihre Lebensentwürfe vom Arbeitsplatz, vom Tresen, von den Medien… beziehen, die aus dem »Man« leben. Man kann sich ja im Wohlstand mit Scheinantworten zufrieden geben. Eine Weile lebt es sich gut mit dem Pseudosinn, der mit dem uralten »panem et circenses« (Brot und Spiele) der alten und neuen Diktatoren gut umschrieben ist.

Auch der Gemeinschaftssinn scheint in eine Krise zu geraten. Man setzt sich am Abend vor den Fernseher, ißt und trinkt und denkt kaum daran, sich der Gemeinschaft in Vereinen, der Gemeinde... zur Verfügung zu stellen. Nur die großen Musik- und Sportveranstaltungen locken die Massen an. So fallen viele Gemeinden auseinander, wobei die Hoffnung bleibt, daß ein Rest als Basisgemeinde wieder (wie in der Urkirche) eine missionarische Stoßkraft entfalten kann.

Daneben gibt es überall noch Gemeinden mit volkskirchlicher Struktur, deren Gläubige ihr Hoffnungspotential im Leben und im Sterben aus dem Glauben beziehen. Aber auch dort wächst ein »praktischer Atheismus«, auch dort wird die Weltanschauung immer »flächiger« und eindimensional. Auch dort werden säkulare Sinngebungen versucht, die sich für den Reflektierenden längst als Schnittblumen erwiesen haben, die schnell verwelken. Aber wenigstens nehmen diese Gemeinden den Gottesdienst ernst und haben sich als (nicht zuletzt vom Glauben motivierte) Notgemeinschaften erwiesen.

In solcher Situation verstehen wir, daß das Brauchtum – so wichtig es ist – nicht das Allheilmittel der Seelsorge ist. Aber es leistet – dem Bemühen um neue Wahrnehmung der Symbole eng verschwistert – einen wichtigen Dienst.

Es ist schwer, »Brauchtum« zu definieren. Wie so vieles zutiefst Menschliche (Lachen, Weinen, das Spiel etwa) entzieht es sich der Definition. Es können nur Elemente eines Begriffs genannt werden: So ist der Brauch der *Tradition* verpflichtet. »Brauch, Sitt' und Art der Alten/wollen wir erhalten.« Ein Stück Ehrfurcht liegt darin, aber auch das Wissen um die gemeinsame Grundhaltung, aus der Brauchtum lebendig fortentwickelt werden kann. Auch *Gemeinschaft* gehört zum Brauchtum. Der einzelne übt zwar manchen Brauch, weiß sich dabei aber immer einer großen Gemeinschaft verpflichtet. Auch der *konkrete Anlaß* (Feste des Kirchenjahres; wichtige Stationen des menschlichen Lebens wie Geburt, Hochzeit, Tod) spielt als auslösendes Moment eine wichtige Rolle...

Vor allem aber wird das Brauchtum vom *Symbol* geprägt, das gleichsam das Herz des Brauchtums ist. Brauchtum verleiblicht das Symbol, macht es sinnenhaft erfahrbar, kann es auch dem einfachen Menschen zu eigen machen.

Das *Symbol*[2] kann dem »ungläubigen« Menschen helfen, wieder Tiefenschichten der Wirklichkeit zu entdecken. Es verweist ihn auf das Transzendente, Numinose, Göttliche, das mitten in unserer Welt anwesend ist. So mögen ihm Augen und Herz wieder geöffnet werden für das Mysterium, das unserer Welt zugrundeliegt.

Dem Glaubenden hilft das Symbol, seinen Glauben tiefer zu verstehen. Denn das Symbol ist die Sprache des Glaubens. Gott offenbart sich in Symbolen; er wird für uns erfahrbar als Weg, Licht, Berg, Wasser und Baum... Und Gott ist so ambivalent, wie es die Symbole sind.

Was aber sind die *Wurzeln* unseres Brauchtums, die Wurzeln vor allem jener Bräuche, die sich über die Jahrhunderte hin erhalten haben?

Die meisten Bräuche haben eine hohe anthropologische Bedeutung und reichen oft tief in das Heidentum hinein:

Der sogenannte einfache Mensch nahm die Folge der Jahreszeiten, von Saat und Ernte, das Entstehen allen neuen Lebens (nicht zuletzt des menschlichen Lebens) nicht als etwas Zwangsläufiges, Selbstverständliches. Für ihn war all das ein stets neues, wunderbares Geschehen. Dabei wußte der Mensch, daß er auf die »Gnade« der Mächte, der Götter angewiesen war. Sie wollte der Brauch günstig stimmen; ja, in einer Art »magischen Rituals« sollten die Kraft, der Segen der Götter dem Acker..., dem Menschen zugeeignet werden.

Aber der Mensch wußte auch, daß alles Leben, alles Wachstum und Gedeihen stets von bösen Mächten, Dämonen... gefährdet war. So war der Brauch auch ritualisierte Abwehr dieser Mächte, ihre Vertreibung.

Dem christlichen Brauchtum ist manches heidnische Erbe geblieben (und die Kirche hat gut daran getan, nicht alle Magie zu verteufeln). Es konnte nicht anders sein. Denn das Christentum mußte sich als Erbe der Antike, als Erbe allen Heidentums verstehen (ohne dessen Eigenart zu leugnen) und die guten Früchte des Heidentum sammeln und bewahren. So mußten die großen Bilder des Heidentums als »ausgestreute Samen« des Christentums verstanden werden. Diesem Ansatz der Theologie, der bei den Kirchenvätern noch ausgeprägt war (etwa bei Justin, Klemens v. Alexandrien, Gregor dem Großen), ist die Kirche später oft tragischer-, gelegentlich auch komischerweise unter dem

Druck der ängstlichen oder rigorosen Gläubigen untreu geworden; sie hat das mit theologischer Anämie erkauft. Das Brauchtum aber hat manche der alten Praefigurationen bewahrt, die im Christentum ihre Erfüllung fanden.

Nun ist es natürlich Unsinn, bei jedem christlichen Brauch uralte (heidnische) Wurzeln zu suchen. Mancher Brauch ist aus der Vergewisserung des einzelnen in der Gemeinschaft entstanden (Geburts- und Totenbräuche), in gemeinsam erfahrenem Leid und gemeinsamer Freude. Das Brauchtum erfreut und tröstet. Immer aber ist es (wenn es »hinterfragt« wird) dem *Sinn* des Lebens und der Welt auf der Spur. Alles Brauchtum hat »letzten Endes« religiöse Wurzeln.

Viktor v. Geramb hat das Brauchtum die »Liturgie des Volksglaubens« genannt – sicher zu Recht. Das »Volk« hat immer dann, wenn es den theologischen Gehalt eines Festes, sein Mysterium, verstanden hat, das Fest mit reichem Brauchtum umgeben. Wir denken an das Fest der Weihnacht und das Fest der Ostern (das »Fest des unbekannten Gottes«, das Pfingstfest, hat kein bleibendes Brauchtum ausgebildet). Und das Brauchtum wirkte auf das Festgeheimnis zurück, vertiefte es, machte es sinnenhaft und sinnenfreudig. Und viel Freude (des Herzens) war mit solchem Brauch verbunden.

Sicher aber hat das Brauchtum dazu beigetragen, einer verkopften Theologie wieder mehr Blut zuzuführen, den Emotionen den ihnen gebührenden Platz im Glaubensleben wieder zurückzugeben. Und es schlägt weithin auch die Brücke zwischen dem Heiligen und dem Profanen – Gott wird in den Alltag zurückgeholt.

Wie gesagt: Brauchtum ist kein Allheilmittel. Aber es ist einer der Wege, die zu gehen auch für die Seelsorge sinnvoll und erfolgversprechend ist. Wenn die Anregungen dieses Buches aufgenommen (und phantasievoll weiterentwickelt) werden, so könnte ein Beitrag geleistet werden zur Wiederentdeckung des Religiösen und des Christlichen; nicht zuletzt auch zur »Verleiblichung« des Glaubens in einer Zeit, in der der Mensch verborgen wieder anfängt, intensiv nach dem Sinn seines Lebens und der Welt zu fragen.

1 Die Adventszeit und ihr Brauchtum

1.1 Geschichtliche Entwicklung der Adventszeit[1]

Die Anfänge einer selbständigen Adventszeit gehen in das 5. Jahrhundert zurück. Erste Spuren zeigen sich im Gebiet der Kirchen von Antiochien und Ravenna (das vom Orient stark beeinflußt war).[2] Möglicherweise ist zunächst wenigstens *ein* Sonntag der Vorbereitung auf die Christgeburt gewidmet worden. Die ersten Meßformulare sind offenbar der Fastenliturgie entlehnt worden, da der Gedanke des Fastens und der Buße zur Vorbereitung des Festes einen großen Raum einnahm.

Im Bereich der gallikanischen (altgallischen) Liturgie gibt es zu dieser Zeit noch keine Adventsliturgie. Große Prediger wie Maximus von Turin (gest. um 420) oder Caesarius von Arles (470 - 542) mahnen jedoch zu Buße und Enthaltsamkeit in der Zeit der Vorbereitung auf das Fest. Perpetuus von Tours (gest. 490) ordnet ein dreimaliges wöchentliches Fasten als Vorbereitung an, und zwar vom Fest des Heiligen Martin an. Diese Fastenordnung wird auf der Synode von Macon (583) für den Bereich der altgallischen Liturgie verbindlich vorgeschrieben. Langsam werden die sechs Wochen bis zum Fest dann auch liturgisch ausgestaltet.

Wann der Begriff einer *Martinsquadragese* aufkommt, ist nicht mehr zu bestimmen. Jedenfalls wird das dreimalige wöchentliche Fasten bald ausgeweitet. Bezogen auf das Fest der Epiphanie am 6. Januar (das an liturgischer Bedeutung das Geburtsfest immer überragte), kam man vom Martinsfest an auf ein vierzigtägiges Fasten, wenn man die Sonntage und – nach östlichem Brauch – auch die Samstage nicht als Fasttage zählte.

In Rom ist eine Adventsliturgie erstmals um die Mitte des 6. Jahrhunderts durch das Gelasianische Sakramentar bezeugt. Gregor der Große (gest. 604) gibt dieser Liturgie eine neue Gestalt und setzt die Zahl der Adventssonntage auf vier fest. Aber diese Neuerung setzte sich nur schwer durch. Die altgallische Liturgie hielt an ihrer Martinsquadragese fest; und als die altgallische durch die römische Liturgie des Advents ersetzt werden sollte, blieb etwa Mailand – bis heute – bei der Feier einer sechswöchigen Adventszeit. Andere Teilkirchen feierten fünf Adventssonntage. Die römische Liturgie gewann erst im 11. Jahrhundert unter dem Einfluß der cluniazensischen Reform und im 13. Jahrhundert durch den Franziskanerorden außerhalb Roms an Boden. Pius V. schrieb dann die römische Adventsliturgie für die ganze Kirche vor (was Mailand nicht hinderte, einen Eigenweg zu gehen).

Mit dem Gedanken der Vorbereitung auf das Fest der Menschwerdung Christi durch Buße, Enthaltsamkeit und Gebet verband sich das Wissen, daß auch das Fest der Weihnacht ein adventliches Fest ist, daß wir alle von Kirchenjahr zu Kirchenjahr der »zweiten Weihnacht« entgegengehen: dem endgültigen Kommen unseres Herrn in der Vollendung der Zeit. Vor allem die altgallische Liturgie hat diesen Gedanken in die Feier des Advent eingetragen. Die Jahrtausendwende mit ihrer gesteigerten Endzeiterwartung mag viel dazu beigetragen haben, diesen Gedanken lebendig zu erhalten. So wurde der Advent lange nicht als Beginn, sondern als Ende des Kirchenjahres[3] gesehen (andere »Anfänge« waren Ostern oder das Fest der Verkündigung). Erst in jüngerer Zeit[4] setzte sich der Advent als Anfang des Kirchenjahres durch. Das hatte jedoch zur Folge, daß der Wiederkunftgedanke zurücktrat und erst in unserer Zeit neu belebt wurde.

1.2 Zur Theologie der Adventszeit

Pius XII. erklärt in seiner Enzyklika »Mediator Dei«: »Das liturgische Jahr, von der Frömmigkeit der Kirche genährt und begleitet, (ist) nicht eine kalte, leblose Darstellung längst vergangener Dinge oder eine einfache, bloße Erinnerung an Ereignisse aus einer früheren Zeit. Vielmehr ist es Christus selbst, der in seiner Kirche fortlebt und der da den Weg seines unermeßlichen Erbarmens weitergeht, den er selbst in diesem sterblichen Leben, als er

Wohltaten spendend dahinging, begonnen hat in der liebevollen Absicht, daß so die Menschen mit seinen heiligen Geheimnissen in Berührung kämen und sozusagen in ihnen lebten« (MD 163). So wird das Kirchenjahr zum »Christusjahr«.

In der Adventszeit wird – wie in jeder Festzeit dieses Christusjahres – eine dreifache Schicht deutlich: die der *memoria*, des *mysteriums* und der *prophetia*.

Die *memoria* ist die Erinnerung des einmaligen Geschehens der Vergangenheit. In der Adventszeit wird in diesem Sinne erinnert an das jahrtausendelange Warten des Heilsvolkes der Juden auf den Messias (ein Warten, das nur für die Christenheit mit der Geburt Christi beendet wurde) und das Warten aller adventlichen Völker auf den Heilbringer, der ihre Sehnsüchte, Träume, Wünsche ... erfüllt[5].

Solche *memoria* wird zum *mysterium*, zum Heilsgeschehen hier und heute. Der Christ (und mit ihm die Menschheit) wartet auf das Kommen des Messias, das für den Christen in der Weise des Sakramentes am Fest der Geburt Jesu Christi Gegenwart wird. Der jährlich gefeierte Advent wird dabei transzendiert zum Advent des christlichen Lebens, da der Christ mit dem Gottesvolk (und wieder: der Menschheit) auf die »Zweite Weihnacht«, das endgültige Kommen des Kyrios, wartet, womit der Gedanke der *prophetia* deutlich ist.

Das adventliche Warten hier und heute ist liturgisch geprägt durch den Parusiegedanken, der vor allem am ersten Adventssonntag dominiert, und vom Bußgedanken, in dessen Dienst die liturgischen Texte der übrigen Adventssonntage stehen. Dazu kommen die violette Farbe der Meßgewänder, das Fehlen des Gloria in der Liturgie und die »geschlossene Zeit«, die bis heute feierliche Trauungen, Tanzveranstaltungen etc. verbietet. Dennoch hat sich der strenge Bußgedanke im Advent nie so durchgesetzt wie in der österlichen Bußzeit. Zu groß war die Vorfreude auf das kommende Fest (das dem Herzen des Volkes nähersteht als alle andern des Kirchenjahres); zu viele Feste beliebter Heiliger (der Gottesmutter, der Heiligen Barbara, des Heiligen Nikolaus und der Heiligen Luzia) drängten den Bußcharakter zurück. So störte sich niemand daran, daß die »Messe unserer lieben Frau im Advent« (Rorate) das Gloria kannte, wie schon das Flurheymsche Deutsche Meßbuch von 1529 bezeugt.[6/7] Der Mitt-Advent (der Sonntag *Gaudete*) läßt bis heute als liturgische Farbe ein freudiges Rosa zu.

Adventskranz mit (Ton-)Toren nach Offb 21

1.3 Das Brauchtum

Der Adventskranz

Der Brauch, einen Adventskranz zu winden und in Kirchen und Privathäusern aufzuhängen, ist seit Jahrzehnten zum »Mittebrauch« der Adventszeit geworden. Er ist heute in weiten Teilen Europas beliebt. Aber der Brauch ist relativ jung. Er geht auf J.H. Wichern (gest. 1881) zurück, den Gründer und Leiter des »Rauhen Hauses« in Hamburg. Er hat ab 1838/39 im Rahmen einer kleinen Besinnung mit seinen »Zöglingen« an jedem Tag des Advents eine Kerze entzündet und diese später auf einen Holzkranz gestellt, so daß am Weihnachtsfest ein Lichterkranz den Saal erhellte. Später wurden die Wände des Saales mit grünen Zweigen geschmückt, bis endlich 1860 auch der Holzreifen mit Tannenreisig umwunden wurde – der Adventskranz der heutigen Form war da.[8]

Der Brauch hat bald vorwiegend in evangelischen Familien Aufnahme gefunden. Wohl darum hat ihn die katholische Christenheit nur zögernd angenommen. Erst 1925 hing ein Adventskranz in einer der katholischen Kirchen Kölns (Klersch), seit 1930 finden wir ihn in München. Jahre später werden dann die häuslichen Adventskränze kirchlich geweiht.[9]

Die übliche Form ist der aus Fichtenreisig gewundene Kranz mit vier Kerzen und violetten oder roten Bändern. Offenbar hat schon Wichern vier weiße Kerzen unter die sonst roten (kleineren) übrigen Kerzen gestellt. Sie standen für die vier Adventssonntage, und bis heute wird in adventlicher Meditation Sonntag für Sonntag eine weitere Kerze am Kranz entzündet. Gelegentlich werden die vier Kerzen auch auf die vier Jahrtausende jüdischen Wartens auf den Messias gedeutet.

Der Brauch ist christlichen Ursprungs, wie schon die beim Aufstellen der Tageskerzen üblichen Gebete im Rauhen Haus zeigen. Der Kranz ist Symbol des Erdkreises, der auf das Kommen des Erlösers gewartet hat und hier und heute auf die Gegenwärtigsetzung dieses Geschehnisses in der Liturgie wartet. Er ist auch Gottessymbol, wobei das steigende Licht des Kranzes auf die Epiphanie Gottes in der Welt hindeutet. Grüne Zweige hat der Mensch wohl seit seinen Ursprüngen als Zeichen der Hoffnung auf neue Wärme und neue Sonne in die winterlichen Häuser geholt. Schon früh wurden sie mit dem Weihnachtsfest, vor allem aber dem Neujahr verbunden[10]. Der *grüne* Kranz bedeutet also Hoffnung und Leben, so wie sie uns in der Weihnacht neu geschenkt werden. Das kirchliche Benediktionale sieht eine sehr umfangreiche Segnung des Adventskranzes vor. In der Einführung heißt es: »Licht weist den Weg, vertreibt Angst und fördert Gemeinschaft. Licht ist ein Zeichen für Jesus Christus, das Licht der Welt... Der grüne Kranz bedeutet Leben und Gemeinschaft. Der Adventskranz ist ein Zeichen der Hoffnung, daß nicht Dunkel und Tod, sondern Licht und Leben siegen werden.«

Nun hat jede Zeit des Kirchenjahres ihre dreifache Schichtung (s.o.).

Unsere Adventsbräuche nehmen die Schichten der memoria und des mysteriums auf – die der prophetia nicht. Sie gehört aber wesentlich zum theologischen Gehalt des Festes. So hat mein Oberseminar einen Adventskranz vorgeschlagen, an den 12 (aus Ton oder Salzteig geformte) Tore gehängt werden, so daß der Kranz an die heilige Stadt der Endzeit erinnert (Offb 21). Die Tore tragen die Namen der 12 Stämme Israels und Christussymbole, sie sind auf der Basis des Berichts der Apokalypse frei zu gestalten.

Der Adventskranz sollte, wo es möglich ist, selbst gewunden und gebunden werden. Auch die Kerzen können selbst gegossen werden, wenn man z.B. das Jahr über anfallendes Wachs sammelt. Die Tore der heiligen Stadt müssen ohnehin selbst gestaltet werden. Wenn man mit Gruppen arbeitet, sind die begleitenden

Gespräche über den Sinn des Advents und des Adventskranzes besonders wichtig.
Am HeiligenAbend sollte der Adventskranz (eventuell mit vielen Lichtern, wie ehemals im Rauhen Haus)[12] gleichzeitig mit dem Weihnachtsbaum brennen, um den »bleibenden Advent« deutlich zu machen. Auch bei der Mette in unseren Kirchen sollte das Brauch sein.[13]

Die Rorate-Ämter

Das Alter des Brauchs ist nicht eindeutig zu bestimmen. Wahrscheinlich sind schon bald nach der Ausbildung der Adventsliturgie solche Rorate-Ämter gefeiert worden. Das Dogma von 451, das Maria als *Gottesgebärerin* bekannte, hat wohl zur marianischen Ausgestaltung dieser Gottesdienste beigetragen. In Bayern sind Rorate-Ämter seit dem Ende des 15. Jahrhunderts nachzuweisen.[14]
Ihren Namen bekamen diese Ämter vom ersten Wort des Eingangsverses (Introitus): »Rorate coeli desuper« – »Tauet, Himmel, von oben…«, der dem 45. Kapitel des Jesajabuches entnommen ist (45,8). Später hat sich auch der Name »Engelamt« in bestimmten Landstrichen eingebürgert. Er dürfte auf das Evangelium der Rorate-Messen zurückgehen, welches die Verkündigung des Engels an Maria zum Inhalt hat.
Rorate-Ämter (oder Rorate-Messen) waren beim Volk sehr beliebt und wurden meist vor ausgesetztem Allerheiligsten zelebriert. Sie waren so beliebt, daß die Ämter schon lange im voraus bestellt wurden. Oft wurden hochdotierte Stiftungen gemacht, um sich des besonderen Segens dieser Ämter zu vergewissern. Geistliche klagten, daß bei der geringen Anzahl der Adventstage nicht mehr Messen gefeiert werden konnten (kraft päpstlichen Indults war nur die *einmalige* Zelebration am Tage erlaubt und zwar am frühen Morgen), und sie haben wohl nicht selten »angestückt«, d.h. solche Messen (Ämter) noch in der Weihnachtszeit (nach-)gefeiert.
Mit besonderer Feierlichkeit beging man die Rorate-Ämter vom 17. - 24.12.[15] und die Messe am Quatember-Mittwoch der Adventszeit, die sogenannte »Goldene Messe«. Diese war so bedeutend, daß gelegentlich die Rorate-Messe überhaupt den Namen der »gulden mehs« erhielt.

Vieles mag zur Beliebtheit solcher Gottesdienste beigetragen haben:

- Das Fest der Weihnacht war besonders beliebt. Gott kam dem Volk selten so nahe, wie in den Festtagen der Christgeburt. So diente die Feier der Rorate-Ämter zur besonderen Vorbereitung auf das Fest.
- Frommer Glaube (der nie ganz frei von magischen Vorstellungen ist) schrieb diesen Ämtern eine besondere Segenskraft zu, sowohl für die Familie, für die Lebenden und die Toten, als auch für Hof, Stall und Vieh. Auch Fruchtbarkeit für das kommende Jahr versprach man sich von der würdig ausgestalteten Feier.
- Sicher haben auch die gemüthaften Elemente eine große Rolle gespielt: der Gang zum Amt bei oft klirrender Kälte mit tiefem Schnee; das warme, lebendige Licht, das allein den Kirchenraum erhellte; die schlichten Weisen der adventlichen Lieder.

Schon bald wurden die Rorate-Ämter durch Spiele, szenische Darstellungen... bereichert, die im Mittelalter und vor allem in der Barockzeit besonders beliebt waren. Dem meist leseunkundigen Volk wurden die Heilswahrheiten spielend vor Augen geführt – gespielte Armenbibeln. Die bildhaften Szenen der Kindheitsgeschichte Jesu (Verkündigung, Herbergsuche...) haben zu solch szenischer Gestaltung eingeladen. Zu den ältesten Spielen der Adventszeit (11. Jhdt.) gehört das Schauspiel von den »klugen und törichten Jungfrauen«[16]. Das Spiel verband die adventliche Erwartung hier und heute (und die Bereitschaft für sein Kommen) mit der Parusieerwartung.

Im Barock wurde dann oft das Maß des (liturgisch) Möglichen überschritten. So beschreibt Heinrich Pichler eine 1748 bei den Augustinern im Kloster Mülln gefeierte Rorate-Messe: »Dieses ist alle Tag und mit 3 Geistlichen. Gleich bey Anfang dises gehen die Sterne und der Mon recht schön in denen Wolken auf. Vor dem Evangelio zertaillet sich eine Wolken, durch welche sich ein Engel hervorschwinget bis ad corum epistolae (Epistelseite) in der Höch, ad corum evangelii (Evangelienseite) aber kniet unser liebe Frau auf einem Bettschamel. Sobald das Evangelium anfanget, stehet sie auf, und da der Diaconus singet: Ave gratia plena, so siehet man diese 3 Word neben des Engels seyn Maull illuminierter, und wan er singet: Spiritus (sanctus) superveniet in te, fliecht ein Tauben ad Mariam zu dem Gesicht und sie bekomet gleich einen Schein. Da es aber heißt: Ecce ancilla Domini, so seyn eben bey dem Maull Maria dise Wort zu lesen. Dise Figuren thauren das ganze Rorate, der Monschein aber verlihret sich sambt denen Sternen als wan es natürlich were.«[17]

Rorate-Ämter (und Rorate-Messen) gehören heute in vielen Gemeinden wieder zum (beliebten) Adventsbrauchtum. Dabei sollte zu Beginn der alte Eingangsvers, das »rorate coeli…«, gesungen werden, wobei zwischen den Gemeinderufen Verse aus den Büchern der Propheten, der Psalmen… gesprochen werden. Die übrigen liturgischen Texte sollten wohl die jeweiligen Tagestexte sein, damit der Reichtum des Advents sich entfalten kann. Zumindest der Quatember-Mittwoch sollte der »Goldenen Messe«, also der Marienmesse im Advent vorbehalten bleiben, wobei das Gloria zu den alten Gepflogenheiten gehört, die wir hüten sollten.

Auch das szenische Spiel sollte wieder belebt werden – nicht zuletzt auch der Kinder wegen. So kann die Verkündigung im Wechselgesang dargestellt werden oder das Gespräch Jesajas mit Ahas, dem König von Jerusalem… Das geschieht am besten zwischen Lesung und Evangelium.

Im Kirchenraum sollten nur Kerzen brennen. Die Lichtsymbolik, die ja mehr als jede andere Symbolik das Fest der Christgeburt ausdeutet, wird (in welchem Grade der Reflexion auch immer) von der Gemeinde empfunden; auch ist die Sehnsucht nach dem natürlichen Licht wieder gewachsen. Jedenfalls sind die Rorate-Gottesdienste weitaus besser besucht als die andern (Wochen-)Messen des Kirchenjahres.

Herbergsuche und Frau(en)tragen

Die spätmittelalterlichen Weihnachtsspiele stellten eine Szene dar, in der ein hartherziger Wirt (gelegentlich eine hartherzige Wirtin) Joseph und Maria die Herberge für die Nacht verweigerte. Der biblische Hintergrund ist die lukanische Aussage, daß »in der Herberge kein Platz für sie war« (2,7); wobei Lukas sicher nicht die Hartherzigkeit der Wirte von Bethlehem im Blick hatte.

Offensichtlich gehört die »Herbergsuche« nicht zum Urbestand der Weihnachtsspiele. In den ersten Spielen finden wir die Anbetung der Könige; die Verkündigung an die Hirten und deren Anbetung des Kindes; nicht zuletzt die Weissagungen der Propheten und Heiden und die Verteidigung der Messianität Jesu... Aber spätestens im 14./15. Jahrhundert finden wir die ersten Szenen der Herbergsuche.[18] Seitdem gehörte sie normalerweise zum Text eines jeden »ausgebildeten« Weihnachtsspiels.

Solche Herbergsuche war durch ein kirchlich approbiertes Gebetbuch mit dem Titel: »Anmutigste Unterhaltung mit den heiligsten Personen Maria und Joseph in ihrer Beherbergung zur heiligen Adventszeit«[19] tief in das Gemüt der Gläubigen eingedrungen. So löste sich ein eigenständiger Brauch der Herbergsuche aus den Schauspielen heraus. In der Barockzeit wurde dabei eine Bildtafel, welche »die heiligen Leut in der Umfuhr« darstellte, zu bestimmten Häusern der Gemeinde getragen. Dabei wurden Maria und Joseph nach festem Ritus feierlich begrüßt, aufgenommen und am nächsten Abend (beim Aveläuten) wieder verabschiedet. Vielfach war der Brauch mit der Armen-(Wohlfahrts-)Pflege verbunden. Man erhielt Gaben für die Armen; und in verschiedenen Bürgerhäusern wurden (in Erinnerung an die Herbergsuche) je zwei arme Personen im Advent bewirtet und reich beschenkt.[20]

Solche Herbergsuche hat sich in der Form des »Frau(en)tragens« bis heute erhalten. Etwa im 17. Jahrhundert wurden »Empfängnistafeln« oder solche der »Heimsuchung Mariä« (Maria gravida) von Haus zu Haus getragen, gelegentlich auch Statuen der Gottesmutter, wobei man um Aufnahme der (schwangeren) Maria und Josephs bat. Der Ritus war sehr vielfältig. Kinder oder junge Mädchen... brachten die Tafel von Haus zu Haus, oft von anderen Menschen mit Fackeln... begleitet. Der Zug wurde an der Haustür begrüßt, die Tafel (oder die Statue) an einen geschmückten Platz im Haus gestellt. Nach einer Hausandacht wurde ausgiebig gegessen und getrunken, danach nicht selten getanzt. Am andern Abend wurde die Tafel ins nächste Haus getragen.

Das Frauentragen fand gewöhnlich an den letzten neun Tagen vor Weihnachten statt. Am Christtag wurde die Tafel... in die Kirche oder das Pfarrhaus zurückgetragen. Es war jedoch auch üblich, den

Brauch im ganzen Advent zu pflegen. Ja, in Baden ist er für die Zeit vom 16. Dezember bis Mariä Lichtmeß nachgewiesen.[21] Das gleiche gilt für den fränkischen Raum.[22]

Mißbräuche blieben nicht aus. Die häuslichen Feiern arteten bald aus. So wurde der Brauch auch von der Kirche oft verboten, er hielt sich aber zäh. Im Salzburger Land und in der Steiermark wurde er in einigen Gegenden ohne Unterbrechung geübt. In Deutschland war er sehr selten geworden, gehört heute aber wieder an vielen Orten zum beliebten Brauchtum des Advents.

Der Brauch sollte erhalten bleiben. Daß der Herr zu jedem von uns kommen will – hier und heute – bis in der »zweiten Weihnacht« der Kosmos überführt wird in den »Neuen Himmel und die Neue Erde«, wird in diesem adventlichen Brauch vor Augen geführt. Kinder oder Jugendliche (auch Angehörige des Pfarrgemeinderates...) tragen das Bild oder die Statue in die Häuser der Familien, die sich zum Beginn des Advents in Listen eingetragen haben. An der Hausschwelle bitten die Kommenden um Einlaß. Ein fränkischer Text dafür lautet:

O Freundin, nimm sie auf in ihrer kalten Wanderschaft,
die reinste Mutter Jesu in ihrer unbefleckten Mutterschaft.
Verehr sie aber nicht nur heut und morgen,
sondern hilf beständig ihre Ehr besorgen.

Hausfrau (oder Hausherr) antworten:

Sei gegrüßt, o Jungfrau rein,
mit Freuden nehm ich dich in meine Wohnung ein.
Verehren will ich dich von ganzem Herzen,
verlaß auch du mich nicht in meinen Todesschmerzen.[23]

Ein Mundarttext aus der Oberpfalz (hier ins Hochdeutsche übertragen) lautet:

Wir kommen, wir fragen, wir klopfen an,
ob Christus, der Heiland, zu euch kommen kann.
Unsre Liebe Frau ist wieder auf der Reisen,
wir möchten ihr gern eine Herberg zuweisen.

Wir möchten erbitten ein gut's Quartier,
ein offenes Herz, eine offene Tür;
eine offene Tür für den Christus auf Erden,
der aus Maria geboren will werden.

Wollt, liebe Leut, uns eintreten lassen;
die Mutter Gottes steht auf der Straßen.
Und St. Joseph, der heilige Mann,
der fragt bei euch um Herberge an.

Tut ihre Wanderschaft fleißig verehrn
und das heilige Kommen von Christus, dem Herrn.
Drum komm'n wir und klopfen, drum fragen wir an,
ob Christus, der Heiland, zu euch kommen kann.

Frauentragen – Madonna

Die Hausfrau (der Hausherr) antwortet:

O Jungfrau Maria, von Herzen gern!
Tritt ein mit unserem lieben Herrn!
Du bist voll der Gnaden, sei uns gegrüßt,
und gelobt sei dein Sohn, unser Herr Jesu Christ.
Es ist uns Ehre und große Freud,
daß ihr zu uns gekommen seid.
Denn jedes Haus wird gesegnet sein,
in das ihr beide tretet ein...

O liebste Maria, tritt herein,
und wollst unsre Frau und Mittlerin sein,
daß wir eintreten durfen bei deinem Sohn,
wenn Er wiederkommt auf ewigem Thron!

Bild oder Statue werden an einen geschmückten Platz im Hause gestellt. Es folgt eine Hausandacht, die aus adventlichen Texten, Gedichten, Liedern... bestehen kann. Dazu werden Nachbarn und Freunde eingeladen, mit denen man anschließend in geselliger Runde zusammensitzt. Bild oder Statue werden am Abend des nächsten Tages abgeholt. Ein Ave Maria... wird zum Abschied gebetet. Es wäre seelsorglich sehr fruchtbar, wenn der Pfarrer, der Kaplan, der Diakon oder Mitglieder des Pfarrgemeinderates die häusliche Feier leiten und anschließend mit der Familie und den Nachbarn ein Gespräch führen könnten. Aber das wird nur in seltenen Fällen möglich sein, obwohl zu fragen ist, ob hier nicht seelsorgliche Möglichkeiten ungenützt bleiben.

Die Rauh-(Rauch-)Nächte[24]

Es gibt keine Zeit im Kirchenjahr, deren Herkunft und Art so umstritten ist wie die Zeit der Rauh-(Rauch-)Nächte. Es ist unklar, welche Nächte überhaupt gemeint waren. Wo man nicht allgemein alle Nächte des Jahres so bezeichnete, in denen »geräuchert« wurde, d.h. in denen Haus und Hof ausgesegnet wurden (so in der Oberpfalz etwa auch die Nacht vor dem Osterfest[25]), waren ganz verschiedene Nächte so benannt. Es galten die Nacht vor dem Fest des Heiligen Thomas (21. 12.), die Heilige Nacht, die Silvesternacht und die Nacht vor dem Dreikönigstag in besonderer Weise als Rauchnächte. Gelegentlich sind aber auch die Nacht vor St. Luzia oder die vor dem Fest des Heiligen Nikolaus mit einbezogen.[26] Gewöhnlich werden die zwölf Nächte vom Heiligen Abend bis zum Vorabend des Epiphaniefestes als Rauh- oder eben Rauchnächte angesehen, wobei das LThk zur »Zwölftenzeit« die »12 Tage zw. dem Thomastag u. dem Dreikönigstag« rechnet[27]. Die Rauchnächte heißen also häufig auch die »Zwölften« (wobei die »Hauptnächte«: die vor Weihnachten, Neujahr und Epiphanie bis heute offenbar eine besondere Rolle spielen). Nach der »Zeitschrift für die Mundarten (1910)« sind sie schon im vierten nachchristlichen Jahrhundert eine »heilige Festzeit«(?) gewesen.[28]

Der Name der Rauh-Rauchnächte dürfte ursprünglich mit der rauhen (rauchen) Zeit zusammenhängen, den dunklen, oft sturmdurchtosten, frostkalten Nächten des Mitt-

winters. Es muß offen bleiben, ob später die Aussegnung von Haus und Hof einen Einfluß auf die Namengebung (als neue Sinndeutung) gehabt hat.
Wenn das LThK sagt: »(Die Zwölftenzeit) geht auf älteste indogermanische u. germanische Vorstellungen v. der unheimlichen Macht der Nachtgeister über Tag, Licht u. Leben zurück u. hat bedrückende Sagen u. viele Bräuche… bewahrt«, so ist Wichtiges ausgesagt. Das Licht beginnt wieder zu steigen, entringt sich den Dunkelheiten. Dieses Aufsteigen des Lichtes (keineswegs selbstverständlich für unsere Vorfahren) wird von vielen Bräuchen, die oft magisch den Kampf von Licht und Dunkelheit unterstützen, begleitet. Hier haben die vielen lärmenden Umzüge ihren Platz, das Böllern und Schießen zur Abwehr der Unheilsgeister, wobei bei den Umzügen und Darstellungen dieser »rau(c)hen Geister« auch magische »Bannungen« eine Rolle spielen. Hier sind aber auch jene Bräuche einzuordnen, die auf die Förderung der Lebenskräfte zurückgehen, wie das »Füttern« der Elemente (Wind, Feuer, Wasser)[29] und der (Obst-) Bäume, die von den Mägden oft in solchen Nächten (vor allem der Heiligen Nacht) umarmt wurden.
Verständlich ist auch, daß diese Nächte weithin »Losnächte« waren. Man wollte, nachdem nun das neue Jahr (mit dem Aufsteigen des Lichtes) begann, die Zukunft erfragen. In diesen Nächten redeten die Tiere in menschlicher Sprache und sagten die Zukunft voraus… Von all dem ist das Bleigießen geblieben, das vor allem in der Mitte der Rauhnächte, also in der Silvesternacht, geübt wird.
Das Christentum traf auf die Bräuche und Mythen dieser Zeit, die durch das Christentum wohl erst zu den »Zwölften« wurden und in neuerer Zeit ihre Fixierung auf die Nächte von Weihnachten bis Epiphanie erhielten (oder eben vom Thomastag bis Epiphanie, wobei dann einige Festnächte ausgespart werden müssen). Christliches Brauchtum vermischte sich mit dem uralt heidnischen, wobei viel heidnisches Gut bewahrt blieb oder umgedeutet wurde. So wird mit der »wilden Jagd« der Unerlösten, Unbeendeten und »wilden« Geister der Glaube an die »Armen Seelen« und deren Schicksal verbunden.
In allem Tun der Nachtgeister und Spukgestalten ist nun der Satan mit seinen Dämonen am Werk…
Vor allem im südlichen deutschen Sprachraum[30] hat sich das »Räuchern« erhalten.

Am Heiligen Abend, am Silvesterabend und am Abend vor dem Dreikönigsfest geht der Bauer mit Weihwasser und der Räucherpfanne durch Haus und Hof und segnet alle Menschen, Tiere und Dinge, nicht zuletzt die Felder. So soll allen bösen Geistern und Dämonen der Eingang in das Haus verwehrt werden (häufig schreibt man das C – M – B mit der Jahreszahl bei solchen Umgängen auf die Türschwelle oder die Türen). Die Familie betet während des Umgangs in der Stube (meist den Rosenkranz).

Der Brauch hat sich (in sehr vielen Variationen in den einzelnen Gegenden) bis heute erhalten, wurde z.T. auch neu belebt. Er ist offenbar sehr alt. Einen frühen Beleg finden wir bei Sebastian Franck in seiner »Chronica, Zeytbuoch und Geschycht Bibel« von 1531. Dort heißt es: »Die zwölff naech zwischen Weihenacht und Heyligen drey Künig tag ist kein hauß das nit all tag weiroch rauch in yr herberg mache für alle teufel gespenst und zauberey.«[31]

Die Zeit der Rau(c)hnächte spielt im Kirchenjahr keine besondere Rolle mehr. Es ist allzu selbstverständlich geworden (auch im Zeitalter des Ozonlochs und der weltweiten Katastrophen), daß auf den Winter der Frühling und der Sommer folgen, daß das Licht über das Dunkel siegen wird. Da bedarf es keiner magischen Bräuche mehr. So hat sich nur weniges erhalten (oder wird – ein zweifelhaftes Bemühen – zu Folklorezwecken neu belebt, wie Hexentänze u.ä.). Wo Stille bleibt, könnten wir uns daran erinnern, daß der Sieg des Lichtes über das Dunkel ein staunenswertes gnädiges Geschehen ist und daß sich bis heute alles Böse, Dunkle um das steigende Licht versammelt.

Der Brauch der Hausweihe zu dieser Zeit ist im deutschen Sprachraum weithin zum Sternsingerbrauch abgewandert (s.u.). Wo sich das »Räuchern« erhalten hat (z. B. im Berchtesgadener Land), sollte es gepflegt werden, damit deutlich wird, daß Gott allein Segen geben kann, daß er allein Aussaat und Ernte gnädig schenkt. Die alte Weisheit der Bibel, daß an Gottes Segen alles gelegen ist, könnte in solchem Brauch (wieder) deutlich werden.

Sankt Nikolaus[32]

Der heilige Nikolaus ist ohne Zweifel der volkstümlichste und beliebteste Heilige der Adventszeit, vielleicht des gesamten Kirchenjahres. Er war Bischof von Myra in Lykien (Kleinasien), wo er um die Wende zum 4. Jahrhundert gelebt und gewirkt hat. Seine Lebensdaten sind angereichert worden durch die anderer Heiliger, besonders die des gleichnamigen Abtes des nahen Sionsklosters, der später Bischof von Pinara wurde und am 10. 12. 564 gestorben ist.

Bald – schon im 6. Jahrhundert – wurde Nikolaus (nach der Gottesmutter) zum berühmtesten und volkstümlichsten Heiligen der griechischen (morgenländischen) Kirche und des gesamten byzantinischen Reiches. Aber der Kult drang bald auch in die westliche Kirche ein, so daß er in Rom schon im 8. Jahrhundert nachzuweisen ist. Seit dem 9. Jahrhundert mehren sich die Martyrologien und Passionalien, die Leben und Wirken des Heiligen beschreiben. Diesseits der Alpen wird der Kult vor allem durch Theophanu gefördert, die als griechische Prinzessin 972 die Ehe mit Otto II. schließt und die sich leidenschaftlich für den Kult des Heiligen einsetzt. Die ersten Nikolauskirchen (z.B. in Brauweiler bei Köln) entstehen.

Im Jahr 1087 werden die Gebeine des Heiligen von Myra nach Bari in Unteritalien übertragen. Was als fromme Prozession auf Bildern dargestellt wurde, ist wohl ein gut kalkulierter Schachzug der Kirchenfürsten von Bari gewesen, welche die Gebeine den letzten Mönchen von Myra mit Gewalt rauben ließen.[33] Freilich war vor den herannahenden Türken (sie hatten die byzantinischen Heere des Kaisers Romanos Diogenes 1071 entscheidend besiegt) die christliche Bevölkerung wohl schon geflohen, und die vier verbleibenden Mönche waren leicht zu überwältigen. Die »translatio« freilich wurde zu einem der bedeutendsten Ereignisse der Zeit. Sofort nahm die Nikolausverehrung einen so gewaltigen Aufschwung, daß Papst Urban II. schon 1098 ein Konzil nach Bari einberief (nachdem er noch 1089 die neuerbaute Nikolauskiche am Ort geweiht hatte).[34]

Den wichtigsten mittel- und nordeuropäischen Wasserstraßen und Verkehrswegen entlang, nahm der Triumphzug des Heiligen seinen Lauf. Köln und Trier wurden Hauptorte der Verehrung, die bis nach Skandinavien und Island, bis Reval und Riga gelangte. Vor allem die Hanse hat (wohl aufgrund der Legende von der wunderbaren Rettung der Schiffer aus Seenot und vom Kornwunder auf des Kaisers Schiffen) zur Verbreitung des Nikolauskultes beigetragen. In der Zeit vom 11. bis zum 16. Jahrhundert wurden allein diesseits der Alpen mehr als 2200 Kirchen nach dem Heiligen benannt. Nikolaus wurde zum Schutzpatron der Seefahrer, Flößer, Fischer, Brückenbauer, der Kaufleute und Händler, der Bäcker, Apotheker, Tuchmacher... Er wurde zum Patron des »fahrenden Volks« und auch zum Heiligen der Diebe und Verbrecher. Auch die Gebärenden und alle Liebenden riefen zu ihm, um sich seines Beistands zu versichern.

Sein Festtag, der 6. Dezember, ist im Abendland zuerst in Neapel nachweisbar, wo er in einem lateinisch geschriebenen Marmorkalender (zwischen 821 und 841) aufgeführt ist.

Im Hintergrund all dieser Verehrung standen die Legenden, die sich bald um den Heiligen rankten. Sie gehen in der bis heute überlieferten Form auf Symeon Metaphrastes (auch Logothetes genannt) zurück, der in seinem »Menologium seu Vitae Sanctorum« die frühen Legenden um den Heiligen überliefert. Zum Urbestand gehören:

a. die Legende der Errettung von drei unschuldig Verurteilten und drei fälschlich angeklagten Feldherrn (»Stratelatenlegende«);

b. die Legende von der Mitgift, die der Heilige dem Vater von drei Jungfrauen schenkt, damit sie ehrbar verheiratet werden können;

c. die Legende vom Kornwunder, nach der der Heilige in einer Hungersnot den Kapitän kaiserlicher Kornschiffe bewegt, Korn an die Leute von Myra zu verteilen, ohne daß die Fracht geringer wird;

d. die Legende von den Schiffern in Seenot, denen der Heilige erscheint und sie sicher führt, bis der Sturm gestillt ist;

e. die Legende von der Göttin Diana, deren (Baum-)Heiligtum St. Nikolaus zerstört hatte und die sich dadurch rächte, daß sie mit leicht brennbarem Öl die Kirche des Heiligen anzünden lassen wollte, was aber der Heilige vereitelte.

St. Nikolaus mit Szenen aus seinem Leben (Rußland, 15. Jhdt.)

Nach 1087 sind weitere Legenden im Abendland hinzugefügt worden, so etwa die bekannte von den drei Schülern, die einem Verbrechen zum Opfer fielen und nach der Ermordung eingepökelt wurden, aber vom Heiligen wieder zum Leben erweckt wurden. Die Legenda aurea des Jakobus de Voragine kennt um 1298 diese Legende noch nicht.[35]

Die Patronate und Patrozinien des Heiligen gehen weithin auf diese Legenden zurück. Die größte Wirkungsgeschichte dürfte die (späte) Legende von den »eingepökelten Knaben (Schülern)« gehabt haben, da sie zur »Pädagogisierung« des Heiligen im Mittelalter (und bis heute) die Grundlage gab.

Auch zur Darstellung des Heiligen gaben die Legenden wichtige Impulse. Auf den ältesten Darstellungen des Westens ist er bis ins 14. Jahrhundert ohne Attribute in bischöflichen Gewändern dargestellt, mit Buch und (später) mit Stab und Mitra (seit dem 15. Jahrhundert allgemein mit der Kasel). Danach sind die drei goldenen Kugeln aus der Mitgiftlegende die häufigsten Attribute des Heiligen, die meistens auf dem Buch in der Hand des Bischofs liegen. (Seltener sind es drei Goldbarren oder drei goldene Äpfel.) Von den übrigen Legenden dürften am häufigsten die drei eingepökelten Knaben nach ihrer Wiederbelebung mit dem Bischof dargestellt sein.[36]

Es ist bei der Beliebtheit des Heiligen nicht verwunderlich, daß er schon bald in einigen Gegenden zu den 14 Nothelfern gezählt wurde, zu deren Urbestand aus dem 14. Jahrhundert er nicht gehört.[37]

Das jüngere, sich bis heute behauptende, Brauchtum um St. Nikolaus geht weithin auf die Rolle zurück, die er an den Schulen und in der gesamten Pädagogik des Mittelalters und nicht zuletzt der Gegenreformation gespielt hat. Die Beliebtheit des Heiligen, im Verein mit der Schülerlegende, haben ihn zum Heiligen der Schüler und Kinder gemacht, wobei sein Fest altes Brauchtum vom Tag der Unschuldigen Kinder (28.12.) an sich gezogen hat. An diesem Tag gab es schon früh einen »episcopus puerorum«, also einen »Kinderbischof«, der an diesem Tag feierlichen Einzug hielt und die bischöfliche Regentschaft übernahm. Auswüchse solchen Brauchs haben schon bald (867/70 auf einem Konzil zu Konstantinopel) zum Verbot eines solchen Kinderbischofs geführt, dennoch wurde der Brauch später geduldet und hat sich (etwa in Spanien) bis heute erhalten.[38]

Durch solchen Brauch bekam der Nikolaustag einen hohen Stellenwert in den Schulen. Seit dem 17. Jahrhundert sind dann auch »Spiele« belegt, bei denen der Heilige Nikolaus mit Begleitern die Kinder (Schüler) examiniert (vor allem natürlich in Glaubensfragen und über ihr christliches Tun), sie tadelt und/oder Gaben an sie austeilt.

Als Gabenbringer ist St. Nikolaus schon im 13. Jhdt. bezeugt (LThK). 1535 werden Luthers Kinder vom Hl. Nikolaus beschert. 1555 rügt der evangelische Theologe Th. Naogeorgus (Kirchmeyer), daß die Mütter in der Nacht vor St. Nikolaustag den Kindern Geschenke (und eine Rute) bereitlegen. »Verfürn also das jung geblüt/Das sie wenden ir sin und gmüt/Von Gott, den glauben zu verletzen/Ir hoffnung zu den heilgen setzen.«

Die Kinder störte das wenig. Sie freuten sich auf die Gaben und legten ihre »Klausenhölzer, Kerbholz, Betholz, Vaterunser-Hölzle«, in die sie ihre guten Taten eingekerbt hatten, dem Heiligen hin, dazu oft Futter für sein Reittier.

Die Gaben, die St. Nikolaus brachte, sind zunächst Gaben des Herbstes gewesen: Obst (Dörrobst), Nüsse, Kletzenbrot. Aber schon Naogeorgus zeigt, daß auch andere Gaben geschenkt wurden: Hosen, Schuhe, Gürtel und Schleier... Die Augustinernonne Klara Staiger trägt um 1640 in die Klosterbücher ein: »Am St. Niklastag habe ich jeder Schwester ein halbes Pfund Seife, eine Semmel und Äpfel gegeben; dem Gesinde gab ich was in meinem Vermögen stand. Auch den Altarbuben 1 Büchlein und Kreuzer und den Kindern im Dorf jeweils ein Bildlein, eine Semmel und eine Hutzel.«[39]

Seit historisch nicht genau fixierbarer Zeit hat der Nikolaus Begleiter. Es sind in der Regel Schreckgestalten. Zahl und Herkunft sind so vielfältig, daß bis heute (trotz der verdienstvollen Arbeit von Meisen) eine saubere Katalogisierung oder Deutung nicht möglich ist.[40] Ich vermute, daß das Nikolaustreiben, wie es sich im Lauf der Jahrhunderte in den einzelnen Gauen und Ländern ausbildete, schlechthin unüberschaubar ist und kaum gedeutet werden kann.[41] Eine der Wurzeln des Brauchs liegt sicher in der kirchlichen Tradition. Danach tritt der Teufel neben den Heiligen, normalerweise als dessen (oft aufsässiger) Diener. Vielleicht haben Legenden von Teufelsbändigungen des Heiligen zum Brauch beigetragen.[42]

Aber es kann nicht ausgeschlossen wer-

St. Nikolaus mit Nikolo-Weibl und Buttenmandln (Berchtesgadener Land)

den, daß alter heidnischer Glaube an Vegetationsdämonen, Totengeister, das »Wilde Heer«, das bald in den »Zwölften« (den Rauhnächten) die dunkle Welt des Mittwinters durchjagen wird... in solche Schreckgestalten eingegangen ist. Einige dieser Gestalten sind ja zunächst ohne den Heiligen aufgetreten (wie die Buttenmandln des Berchtesgadener Landes), bis sie mit seinem Brauch verbunden wurden oder haben ihn ganz verdrängt, wobei sie seinen Namen okkupierten.[43/44]

Für die Gestalt des Heiligen selbst aber braucht man nicht heidnische Mythologien zu bemühen. Er ist rein christlichen Ursprungs (hier ist Meisen mit Nachdruck zuzustimmen). Er hat keinerlei Beziehung zu Wodan (Odin), dem germanischen Göttervater, noch erinnert der Schimmel, auf dem der Heilige gelegentlich in die Städte und Dörfer reitet, an Sleipnir, das Roß Odins, sondern an das Reittier aller vornehmen Personen: der Päpste, Bischöfe, Kaiser und Könige (wobei der Esel – gegen Meisen – nach dem Einzug in Jerusalem wohl kaum als ursprüngliches Reittier des Teufels gedeutet werden kann).

Exkurs: Nikolaus und Weihnachtsmann

Die Gestalt des so beliebten Heiligen und sein Kult waren den Reformatoren ein Dorn im Auge. Sie versuchten bald, an seine Stelle Christus als Gabenbringer zu setzen. An vielen Orten brachte daher das Christkind in leiblicher Gestalt Gaben, wobei der Geschenktag immer mehr auf das Christfest verlegt wurde. Geschenke katholischer Geber zum Nikolaustag (nicht zuletzt katholischer Fürsten) wurden von Protestanten sehr betont mit »Gaben zum heiligen Christ« erwidert.[45] So wurde der Nikolauskult (eine Ausnahme bilden die Niederländer) in den evangelischen Gebieten immer mehr zurückgedrängt.

Es ist m.W. nicht erwiesen, daß (etwa als Gegenfigur zum Nikolaus) die Gestalt des Weihnachtsmanns auf protestantische Kreise zurückgeht. Eine solche Gestalt wäre im Protestantismus theologisch absurd (allenfalls als Karikatur eines St. Nikolaus zu verstehen); und die Hüter der »reinen Lehre« hätten sich einen Bärendienst erwiesen. Allerdings zeigt eine Kartenskizze des »Wörterbuchs der deutschen Volkskunde«[46], daß sich die Verbreitung der Brauchtumsgestalten Nikolaus und Weihnachtsmann ziemlich genau mit den Konfessionsgrenzen deckt, was aber nur heißt, daß eine Figur wie der Weihnachtsmann in evangelischen Gegenden beim Volk eher Fuß fassen konnte als in katholisch geprägten.

Nach dem Grimm'schen Wörterbuch ist der Begriff »Weihnachtsmann« zum ersten Mal in einem Buch von Bernd über die »Deutsche Sprache in Posen« 1820 nachzuweisen. Dort wird das Christkind (»in Posen und Westfalen« [?]) mit dem Weihnachtsmann gleichgesetzt. »In schwung gebracht« habe das Wort (seit 1837) Hoffmann v. Fallersleben: »so macht uns alle freudenreich/der liebe, der gute weihnachtsmann« und (bekannter): »morgen kommt der weihnachtsmann.« Im übrigen handelt es sich nach Grimm um ein »merkwürdig geschichtsloses wort«.[47]

Offenbar ist das Wort »Weihnachtsmann« – irgendwann – im Zuge der Säkularisierung entstanden, als man auf das Weihnachtsfest nicht verzichten wollte und konnte, wobei sich eine solche Figur auch einer wenig entfalteten Phantasie nahelegte. Züge des Heiligen und seiner Begleiter wurden mit dem Weihnachtsmann verschmolzen. Späteren antichristlichen und atheistischen Systemen war ein solcher Weihnachtsmann willkommen, wenn er nicht durch »Väterchen Frost« und anderen Unfug ersetzt wurde.

Leider hat der wesenlose Weihnachtsmann heute St. Nikolaus und das Christkind weithin ersetzt. Die Sprachverwirrung ist dabei komplett. Die Kleidung, meist roter Mantel mit Kapuze, dürfte eine degenerierte Bischofstracht darstellen.

✳

Das Nikolausbrauchtum hat sich – vor allem in katholischen Gegenden – behauptet. Es sollte erhalten und gefördert werden. Der adventliche Heilige ist Bote und Wegbereiter des göttlichen Kindes, mit dem Gott uns beschenken will. So sollte St. Nikolaus stets der *gütige* Heilige sein, der mit den Kindern/Schülern spricht, sie ermahnt, sie beschenkt (wobei die Gaben sehr einfach sein sollten). Für die begleitenden Schreckgestalten ist (außer in Jugendgruppen oder bei Erwachsenen, denen der Sinn dieser Gestalten erschlossen werden kann) kein Platz mehr. (Eine Ausnahme bilden die Gegenden, in denen der Krampus... seit alters aus dem Nikolausbrauchtum nicht wegzudenken ist. Aber auch da sollte er kleineren Kindern nicht einen – oft bleibenden – Schaden zufügen.)

Der Heilige kommt in bischöflichen Gewändern. Meist wird er sie vor den Augen der Kinder anlegen und mit ihnen das *Spiel* vom Heiligen Nikolaus spielen, wird sie examinieren, sich vorspielen lassen, wird ihnen Geschichten erzählen oder sich erzählen lassen. Es wird eine fröhliche adventliche Stunde um den Heiligen sein, die auf das Fest der Christgeburt vorbereitet.

Bringt der Heilige seine Gaben in der Nacht, sollten die Eltern im Gespräch mit den Kindern die Brücke zur Weihnacht schlagen. Die Geschenke sind Hinweis auf das *eine* entscheidende weihnachtliche Geschenk: das Kind in der Krippe.[48]

Sankt Barbara und die Barbarazweige

St. Barbara gehört zu den beliebtesten Heiligen der (katholischen) Christenheit. Als eine der »Drei Heiligen Jungfrauen« gehörte sie vom Anfang der Verehrung an zu den 14 Nothelfern. Vor allem aufgrund der Legenden, die schon früh ihr Leben umrankten, ist sie die Patronin der Artilleristen, der Archtitekten, der Glöckner und Glockengießer..., vor allem aber der Bergleute geworden. Die Knappen der Salzbergwerke im Berchtesgadener Land erhielten an ihrem Festtag stets das »Barbarabrot«. Das »Barbaralicht« schützte sie vor schlagenden Wettern; und in der Nacht zum Barbaratag stellten die Bergleute den Berggeistern (den Bergmannel) Essen und Trinken bereit.

Der weitaus bekannteste, schöne und zu erhaltende Barbarabrauch aber ist das Aufstellen der »Barbarazweige«. Es sind Zweige von Kirschen (Weichseln) oder anderen Obstbäumen, oft auch Forsythienzweige[49], die am Tag der Heiligen (4.12.) in der Stube aufgestellt werden, damit sie

St. Barbara (um 1420, Pfarrkirche zu Wondreb/Oberpfalz)

Barbarazweige

zum Christfest Blüten tragen. Der Brauch geht auf alte Orakelbräuche zurück. Wenn im Spätherbst das Vieh von der Weide in den Stall getrieben wurde, schnitt man solche Zweige von den Bäumen und stellte sie im Stall oder Haus ins Wasser. Aus der Vielzahl der Blüten, die sie trieben, schloß man auf die Fruchtbarkeit des kommenden Jahres.[50] Seit dem 15./16. Jahrhundert wurde der Brauch mit dem Christfest verbunden. Da nun das Fest der Heiligen Barbara so viele Tage vor der Weihnacht gefeiert wird, wie es etwa der Zeitspanne entsprach, welche die Zweige in den nun mehr und mehr beheizten Räumen brauchten, um Blüten hervorzubringen, wurde der Brauch sekundär mit dem Fest der Heiligen verbunden.

Die Verbindung mit dem Christfest aber gab dem Brauch einen neuen Sinn. Die knospenden und aufblühenden Zweige wurden zum Bild jenes Reises aus der Wurzel Jesse, das nach der Prophezeiung des Jesaja (Blüte und) Frucht bringt (11,1), so wie es das dem 16. Jahrhundert zugehörende Weihnachtslied: »Es ist ein Ros entsprungen…« besingt. Diese jesajanische Prophezeiung durfte auch den Hintergrund all der Sagen bilden, die von Bäumen, Sträuchern und Blumen erzählen, die in der Christnacht aufblühen.[51/52]

2 Das Weihnachtsfest und sein Brauchtum

2.1 Datum, Geschichte, Etymologie des Weihnachtsfestes

Der Tag der Geburt Jesu Christi ist unbekannt. Nach anfänglichem Schwanken der Tradition – in Ägypten und wahrscheinlich auch in Palästina wurde der Geburtstag Jesu im Mai gefeiert[1] – wiesen erste christliche Kalender, die auf judenchristlichen Denkschemata beruhten, den 14. Nissan als Tag der Geburt und des Todes Jesu aus. Aus den kalendarischen Listen der Todestage römischer Bischöfe (Depositio episcoporum) und römischer Märtyrer (Depositio martyrum) des *Filocalus* aus dem Jahr 354 geht hervor, daß in Rom das Weihnachtsfest im Jahre 336 am 25. Dezember gefeiert wurde. Ob man das Fest schon früher (vor 311?) an diesem Datum beging, wissen wir nicht. Es ist umstritten, wie es zum Datum der Geburt am 25. Dezember kam. Die Vertreter einer apologetisch-religionsgeschichtlichen Methode glauben, das Fest sei die Reaktion der Kirche Roms auf die Einführung des Festes »Natale Solis Invicti« (= Geburtsfest des unbesiegten Sonnengottes) gewesen. Kaiser Aurelian hatte dieses hohe Fest im Jahre 274 zu Ehren des syrischen Sonnengottes von Emesa eingeführt, weil er hoffte, dadurch sein Weltreich einen zu können. Die römische Kirche habe das Fest der Geburt der »Sonne der Gerechtigkeit«, des allein »unbesiegten Gottes« Jesus Christus dagegengestellt[2], um so das heidnische Fest von innen her zu überwinden.

Die Vertreter einer *Berechnungshypothese* glauben, der 25. Dezember sei vom 25. März her berechnet worden, der als Tag des Todes und der Empfängnis Jesu gegolten habe. Allerdings ist bisher kein Zeugnis des 3./4. Jahrhunderts bekannt, daß der Todestag Jesu (am 25. März) auch als Tag seiner Empfängnis gegolten hat.[3]

»Der rasche Siegeszug des Weihnachtsfestes erklärt sich vor allem aus der christologischen Situation des 4. Jahrhunderts, in dem die Bekämpfung der arianischen Irrlehre mehr die Person des Gottmenschen in den Vordergrund stellte.«[4] So finden wir das Fest bald in Nordafrika (erste Zeugnisse um 360), Oberitalien (Ende des 4. Jahrhunderts), Spanien (380). In unserem Gebiet (der gallikanischen Liturgie) wurde das Fest nur zögernd angenommen, weil das Festgeheimnis der Weihnacht mit dem Epiphaniefest verbunden war. Auch in den Orient drang das Fest Ende des 4. Jahrhunderts vor. Im Lauf der Jahrhunderte wurde es zum volkstümlichsten und beliebtesten Fest der Christenheit.

Unser Wort »Weihnacht« ist etymologisch wohl die Zusammensetzung eines untergegangenen Adjektivs, das »heilig« bedeutete, mit dem Substantiv »Nacht«. Die Sprachform »Weihnachten« geht offenbar auf einen alten Dativ: »ze wihen na(c)hten« zurück, wobei die »Zwölften« gemeint sein könnten.[5] Wir finden das Wort zum ersten Mal bei Spervogel um 1170:

> er ist gewaltic unde starc,
> der ze wihen naht geborn wart.[6]

Das Fest ist rein christlichen Ursprungs. Es traf um den 25.12. herum natürlich auf viele heidnische Feste des Mittwinters und der Sonnenwende.[7] Wie weit das christliche Brauchtum des Weihnachtsfestes heidnische Elemente übernommen hat, muß im folgenden einzeln untersucht werden.

2.2 Zur Theologie des Weihnachtsfestes

Wenn die frühe Christenheit vom »Anfang« der »Frohen Botschaft von Jesus Christus« sprach, so meinte sie den Beginn seines öffentlichen Wirkens (vgl. den Beginn des Markusevangeliums als des ältesten Evangeliums der Kirche). Erst später fragte die Kirche nach dem »Ursprung Jesu in Gott«, also nach seiner Geburt, seiner Kindheit und Jugend. Diese Frage wurde im Licht des Osterereignisses gestellt und beantwortet.[8] Die dabei berichteten Ereignisse gehören nicht mehr zur »apostolischen Autopsie«[9]. Sie sind Glaubenszeugnisse, Christusbekenntnisse der jungen Kirche. Dabei leitet Lukas und Matthäus nicht primär ein *biographisches* Interesse – alles Berichtete dient der »Entbergung des Christusmysteriums« (H. Schürmann). Die Fachliteratur spricht von einer »homologetischen Geschichtsschreibung« (von gr. homologeo = zusagen, zusichern, frei heraussagen, bekennen).[10] Dabei steht die Geburtsgeschichte Jesu (Lk 2,1-21) zusammen mit der Tempelgeschichte (Lk 2,22-40) im Mittelpunkt. Diese Geburt ist prophetisch angekündigt und direkt vorausgesagt, wobei das Schema: *Verheißung – Erfüllung* die Kindheitserzählungen strukturiert. Ein Nebenmotiv ist die Verbindung mit den Erzählungen von der Geburt des Täufers; dabei wird primär die Zuordnung beider, erst sekundär das »Überbietungsmotiv« deutlich.

Da in Christus die Zeit der Erfüllung und Vollendung anbricht, übernehmen die Hagiographen die Stilmittel der Apokalyptik. Die Engel als endzeitliche Gottesboten sind hier vor allem zu nennen. So wird das Weihnachtsevangelium gleichsam von zwei Scheinwerfern angestrahlt: dem (im Licht milderen) der Prophetie und dem helleren, leuchtenderen der apokalyptischen Erfüllung.

Im Evangelium des Lukas (dem wir den größten Teil der Kindheitsgeschichten verdanken) fällt auf, mit wie kargen Worten die Geburt des Herrn beschrieben wird (2,6 f.) und wie breit der Evangelist die Verkündigung an die Hirten und deren Kommen darstellt (2,8-20). Matthäus erwähnt die Geburt nur in einem Nebensatz (2,1) und wendet sich dann dem Stern der Offenbarung und dem Kommen der Magier zu (2,1-12). Wichtig war das Aufleuchten der Herrlichkeit Gottes, die im Kind sichtbar ist, vor den Juden und Heiden. Selbst die Weltmacht Rom (und damit alle irdische Macht) muß in den Dienst des Kindes treten (Lk 2,1-3).

Für uns macht das Fest der Geburt Jahr für Jahr das entscheidende christologische Dogma deutlich: daß dieses Kind wahrer Gott *und* wahrer Mensch ist – und zwar in unauflöslicher Verbindung.

2.3 Das Brauchtum des Weihnachtsfestes

Die Krippe

Wortgeschichte und Wortbedeutung

Der griechische Text des Lukasevangeliums sagt, daß Maria ihren Sohn in Windeln wickelte und in »he phatne«

legte. Dieses Wort wird zum Stamm *bhedh* gehören, was im Sanskrit »graben, vertiefen« bedeutet.[11] »he phatne« war offenbar eine seichte Grube, eine Vertiefung im Höhlen-(Stall-)Boden (oder in der Wand einer Höhle), aus der die Tiere ihr Futter fraßen.

Die Vulgata übersetzt mit *praesepium* (umgangssprachlich für praesepe), einem Wort, das aus prae-sepes zusammengefügt ist, wobei sepes in alten Wörterbüchern mit Zaun, Hag übersetzt wird.

Praesepe wird dort mit »Stall/Krippe« übersetzt. Gemeint ist ursprünglich wohl ein Umfriedetes, ein Hag (Gehege).

Das deutsche Wort *Krippe* stammt aus der indogermanischen Wurzel *ger-*: »drehen, winden, flechten« und bedeutete zunächst einen *geflochtenen* Futtertrog/Korb...[12]

Wenn Berliner in seinen Untersuchungen über »Die Weihnachtskrippe« sagt: »Mit Sicherheit läßt sich sagen, daß noch um 1600 das Wort ›Krippe‹ im deutschen Sprachbereich nicht die Bedeutung unserer Weihnachtskrippe hatte, weil man diese außerhalb einiger kirchlicher und höfischer Kreise noch kaum kannte«[13], so wird er recht haben, was unsere ausgestaltete Krippenszenerie angeht. Das Wort aber hatte – bezogen auf die Lagerstätte des Kindes in Bethlehem – schon eine lange Tradition, als Luther 1545 übersetzte: »...und leget jn in eine Krippen...«. Es ist wohl kaum zu eruieren, wer das Wort zuerst im Sinne der Geburtsstätte Jesu gebrauchte. Wenn die Herzogin Kunigunde 1491 vom Maler U. Fücterer in München »ain krippen, darinn Unser Herr liegt« geliefert bekommt (wobei wir nicht wissen, ob eine figürliche Lagerstatt mit dem Christkind gemeint ist oder eine Malerei, wie sie an Fürstenhöfen üblich war)[14], so hatte das Wort offenbar schon eine Tradition. Es ist wohl mit der Entwicklung von Krippen in Kirchen oder an den Höfen, endlich in den Häusern, gewachsen und zum Sprachgut geworden.[15]

Es wäre interessant zu untersuchen, wie weit Darstellungen der Christgeburt, die – wie auf dem Fresko im Domkreuzgang zu Brixen (um 1420) – das göttliche Kind in einem Korb, einem Flechtwerk liegend zeigen, auf die Sprachentwicklung eingewirkt haben oder ob sie im Zusammenhang mit der Entwicklung des Wortes Krippe zu sehen sind. Sicher ist ja auch, daß sehr frühe Darstellungen der Christgeburt (s.u.) das Kind in einer *geflochtenen* »Krippe« zeigen.[16] Auch die gotische Bildersprache, in der Korb ein

Zeichen für großen Segen ist[17], ist von Bedeutung.

Neben dem Wort Krippe (und ihm lange vorausgehend) dienten die Worte *praesepe* und *Bethlehem* zur Bezeichnung figürlicher Darstellungen der Christgeburt; wobei diese vor allem als Requisiten der Weihnachtsspiele von Bedeutung waren.[18]

Unter einer Weihnachtskrippe[19] verstehen wir heute Darstellungen der mit der Geburt Christi verbundenen Ereignisse, bei denen im dreidimensionalen Raum Figuren so verteilt sind, daß die Weihnachtsbotschaft dem Betrachter vor Augen geführt wird.[20]

Geschichtliche Wurzeln der Krippe

Unsere Krippe dürfte vier Hauptwurzeln haben.

Frühe Darstellungen des Weihnachtsereignisses

Erste Darstellungen der Christgeburt sind in das 4. Jahrhundert zu datieren. Wir finden sie in der Katakombenmalerei, so in den Katakomben der Priscilla, im Cömeterium San Sebastiano und vor allem in der Sarkophagkunst.[21] Stark betont ist das (faschinierte) Kind, das zwischen Ochs und Esel liegt. Es treten auf den ältesten Bildern ein Hirt oder mehrere Hirten zum Kind. Wenig später kommen die Mutter dazu und sehr bald die Weisen, deren Zahl schwankt.[22] Die Bilder werden in der Folge immer mehr ausgestaltet: der alte, grübelnde Joseph (den das Ereignis zu übersteigen scheint und der auf manchen späteren Bildern von Jesaja in Gestalt eines alten Hirten belehrt wird) kommt ins Bild; die Hebammen, die nach den apokryphen Kindheitsgeschichten[23] von Joseph zur Geburtshöhle gerufen wurden; die Bademädchen (oder -frauen), die das Bad des Kindes zurichten[24]; vor allem aber der Engel der Verkündigung, der den Hirten die Botschaft ausrichtet, wobei Schafe und Böcke (meist auf Mt 25,31 ff. bezogen) zugegen sind. (Vgl. das Bild gegenüber S. 48.)

Weihnachtsspiele

Es liegt in der Natur des Menschen, daß er die heiligen Geheimnisse (vor allem die so »anschaulichen« wie die Verkündigung an Maria und die Hirten, den Gang nach Bethlehem, die Anbetung der Hirten, den Zug und die Anbetung der Könige…) anschauen, begreifen wollte. Schon sehr früh sind daher wohl (von volksnahen Geistlichen) szenische Darstellungen, einfache Spiele… in die Liturgie aufgenommen worden. Nach G. Bernt begann ihre Geschichte »spätestens im 10. Jahrhundert mit einer kurzen dialogischen Erweiterung zum Text des österlichen Frühgottesdienstes. Bis zur Zeit des Buranus (carmina burana) war aus dieser Anregung eine Vielfalt von Spielen entstanden.«[25] Aus dem 9.-11. Jahrhundert sind uns erste Spiele zum Weihnachtsfestkreis überliefert.[26] Zwei davon wurden in einer Freisinger Handschrift gefunden: »Herodes sive Magorum adoratio« und »Ordo Rachelis«. Beide sind in lateinischer Sprache geschrieben. Sie wurden wohl in der Kirche »aufgeführt« (während der Liturgie). Uns bekannter ist das weihnachtliche Spiel, das in den Carmina Burana enthalten (Nr. 227/228) und das dem 12./13. Jahrhundert zuzurechnen ist. Augustinus streitet darin im Verein mit den Propheten und der Sibylle mit den »ungläubigen« Juden (die hohnlachend gestikulierend den ruhig argumentierenden Augustinus verspotten). Die Szene geht in die der Verkündigung und die der Anbetung der Könige und der Hirten über. Der Mord der Kinder in Bethlehem leitet die Flucht nach Ägypten ein. Die ägyptischen Götzen stürzen in sich zusammen. Der König von Ägypten wird durch das von den Weisen gedeutete Zeichen bekehrt. Der König von Babel aber unterwirft sich nicht und will dem Antichrist dienen. Jerusalem wird der Untergang angedroht.[27]

Im 14./15. Jahrhundert entstanden dann viele Weihnachtsspiele, wobei sich langsam die deutsche Sprache durchsetzte. Das erste, fast völlig deutsch geschriebene Weihnachtsspiel auf deutschem Boden stammt aus St. Gallen und ist dem 14. Jahrhundert zuzuordnen (Spamer). Solche Spiele erfreuten sich großer Beliebtheit im Barock (wobei Auswüchse nicht ausblieben)[28], wurden in der Aufklärung fast vernichtet, um danach bis heute wieder zum beliebten Brauch der Advents- und Weihnachtszeit zu werden. Dabei sind die Spiele im liturgischen und überhaupt kirchlichen (Kindergärten, Schulen) Rahmen sehr viel häufiger als im »weltlichen« Raum.

»Kindlwiegen«

Schon früh hat man in Nonnenklöstern den Brauch gehabt, die Nachbildung eines Christkinds in der Weihnachtszeit zu wiegen, zu herzen und zu küssen. Man hat das Kind gebadet, an die Brust gelegt, gewickelt... In besonderer Weise wird solcher Umgang mit dem Kind der Mystike-

Hitda-Codex (Meschede, um 1020)

rin Margarethe Ebner im Kloster Maria-Mödingen bei Donauwörth (um 1291-1351) zugeschrieben. Sie erhielt am 26. Dezember 1344 aus Wien »ein Bettchen oder eine Wiege mit dem Kinde«, das (die) von vier goldenen Engeln umgeben war (die wohl ihren üblichen Platz auf der Spitze der Pfosten einnahmen).[29] Das Kindl-Wiegen ist also schon im frühen Mittelalter in den Klöstern (und gelegentlich an den Höfen) ein frommer Brauch gewesen, der sich verständlicherweise zäh gehalten hat. Wann und wo dieser Brauch Allgemeingut wurde, so daß die Gemeinden in der weihnachtlichen Festzeit das »Kindlein wiegten«, ist nicht bekannt. Nach Berliner »haben (wir) keinen Anlaß anzunehmen, daß er sehr weit ins 15. Jahrhundert zurückreicht.«

Im Jahre 1520 berichtet Johannes Boemus aus Franken, daß man zur Weihnacht eine Kindesfigur auf den Altar stellte, die von der Jugend umtanzt wurde. Sebastian Franck weiß 1534: »... am fest der geburt Christi/da hat man an vil orten seltzam spil/wiegen eyn hultzen kind oder götzlein in der kirchen.« Von 1560 kennen wir eine Anweisung für den Mesner des Brixener Domes: Danach leitet ein Glockengeläut das Kindl-Wiegen nach den Nachmittagsgottesdiensten des 25. Dezember und aller folgenden Sonn- und Festtage bis Lichtmeß ein. »Der Meßner bringt dann die Wiege mit dem Kind aus der Sakristei zum Stephansaltar, auf dem zwei Schüler das Kind wiegen, wobei wieder die Glocken läuten und die Domschüler in dulci jubilo singen. Am Schluß der Feier wird den Kindern das Kind zum Küssen gereicht...«[30] Die protestantische Geistlichkeit hat den Brauch als »katholisches Götzen- und Narrenwerk« abgetan, was einzelne lutherische Gemeinden aber nicht hinderte, ihn weiterhin zu pflegen.[31] Da der Brauch dahin tendierte, ihn vor einer Kulisse zu vollziehen, die an Bethlehem, die Geburtsnacht... erinnerte, könnte auch im Kindl-Wiegen eine der Wurzeln unserer Krippe zu sehen sein.

Die gotische Frömmigkeit, besonders im Werk des Franz von Assisi

Der Übergang von der Romanik zur Gotik ist begleitet von einem gewaltigen Wandel der Frömmigkeit. Während in der Romanik das Kreuz den *König* zeigte: gekrönt mit der Krone der Könige oder Kaiser, das Blut der Wunden wie Schmuck an seinem schönen Leibe tragend, als der Lebende alle an sich ziehend..., hing in der Gotik der »Mann der Schmerzen« am Kreuz. Er trug die Dornenkrone; die Glieder waren ausgerenkt und oft unproportioniert; dick trat das geronnene Blut zutage; der Körper war übersät mit Geißelwunden – ein »Wurm, kein Mensch« mehr. Die gequälte Menschheit, die den »Schwarzen Tod«, die zerbrechenden Ordnungsmächte, Katastrophen und Kriege... erdulden mußte, fand im Gequälten

am Kreuz den Bruder, der in gleicher Weise gelitten hat, den »Gott mit uns«.
Kein Wunder, daß nun auch die Christgeburt neu erlebt wurde, das Kommen des Herrn in der Niedrigkeit, wobei die Armen (und Mißachteten) es waren, die zunächst zur Krippe gerufen wurden. Höhepunkt solch neuen Erlebens war wohl die Krippenfeier des Heiligen Franz im Walde bei Greccio (Rieti). Der Heilige wollte den Brüdern und allem Volk die Armut des göttlichen Kindes vor Augen führen. So baute er (vielleicht in einer Höhle oder Grotte) mitten im Wald die leere Krippe auf und stellte einen lebenden Ochsen und einen lebenden Esel daneben. Seine Predigt deutete das Mysterium.
Berliner weist darauf hin, daß eine solche Feier in der Tradition der Weihnachtsspiele stand und nicht als frühe »Krippe« in unserem Sinn zu werten sei. Das ist sicher richtig; es fehlen auch alle Belege, daß sich der Franziskanerorden in der Folgezeit der Entwicklung von Krippen in besonderer Weise angenommen habe.[32] Dennoch wirkte die Feier des Heiligen Franziskus (die ja schon früh durch die »Legenda prima…« des Thomas de Celano aufgeschrieben und bekanntgemacht wurde), nicht zuletzt durch dessen große Beliebtheit fort und hat auf die Entwicklung der Christgeburtdarstellungen eingewirkt. Das gilt nicht zuletzt für das einfache Volk, denn die Entwicklung der Krippe geht neben Klerus und Klöstern nicht zuletzt auf das Volk zurück (die »paganus-Schicht«).

Die frühen Krippen

Schon sehr früh wird man figürliche Nachbildungen der Krippe mit dem Kind aufgestellt haben.[33] Historisch faßbar wird unsere Krippe im 15./16. Jahrhundert. Nach Spamer sind solche Krippen für Italien schon 1478 belegt, für Belgien (Brügge) 1537.[34] Berliner weist glaubwürdig nach, daß es vor allem die Jesuiten waren, die sich der Pflege der Krippe annahmen. Der Orden hat sicher bald nach der Mitte des 16. Jahrhunderts Interesse am Brauch der Krippenaufstellung gezeigt. Mit gewaltigem Erfolg hat man gegen Ende des 16. Jahrhunderts Krippen in den Missionsgebieten aufgestellt. Die erste »sicher be-

Geburt Christi (Antiphonar aus St. Peter in Salzburg, 1170)

zeugte« Jesuitenkrippe stand 1560 in Coimbra. 1595 finden wir eine Krippe in Japan; 1597 in Goa[35]; 1599 in Ostindien (Lahore). Die erste Weihnachtskrippe in Böhmen geht auf das Jahr 1562 zurück. Für das heutige Deutschland ist eine Krippe 1601 für Altötting bezeugt, dann 1607 für München. Die Krippenart ist uns von Berlaymont S.J. beschrieben: »...in einer Hausruine, an deren strohernem Dach ein in die Höhe ragender Stern befestigt ist, wird zwischen Maria und Joseph die Krippe mit dem Kinde aufgestellt. Hirten und Engel sind anwesend...«[36]

Im Zuge der Gegenreformation haben die Jesuiten mit großem Erfolg auf die bildliche, sinnenhaft erfahrbare und gemüthafte Verkündigung der Heilsbotschaft gesetzt.[37] F.J. Lipowski hat 1813 in seiner »Geschichte der Jesuiten in Bayern«[38] zu Recht gesagt, es sei vor allem für die Ungelehrten gut, ihrem Verständnis durch sinnliche Eindrücke nachzuhelfen, »da niemand beten kann ohne Bild vor seiner Seele, und es gut ist, wenn ein Künstler der kränkelnden Phantasie nachhilft«[39].

Danach trat die Krippe ihren Siegeszug an. In der Barockzeit reich ausgestaltet, in der Aufklärung verfemt und verboten, hat die Krippe ihre Stellung als wichtigster Brauch der Weihnachtszeit behauptet. Unter Einbeziehung der Ursymbolik (Heilige Berge[40], Höhle, Wasser, Baum und Weg) wurden die Krippen oft zu Nachbildungen der heimischen Landschaft und heimischer Menschen: Bethlehem ist überall. Mancher Schnitzer hat sie so reich ausgestaltet, daß man suchen muß, bis man in der Vielzahl der Figuren, Landschaften... das Kind findet.[41] Aber überall sind die Krippen Zeichen großer Frömmigkeit der Schnitzer und ihrer Familien sowie aller Familien, die bewußt den Brauch pflegten und pflegen. Denn bis heute sind die Krippen beliebt, und die Krippen-Ausstellungen erfreuen sich hoher Besucherzahlen.

Der Krippenbrauch heute

Die Adventskrippe

Die Krippe ist seit ihren Anfängen mit den Geschehnissen der *Weihnacht* verbunden gewesen: also der Geburt, der Anbetung der Hirten und der Könige. Dazu kamen in einigen Krippen die Beschneidung des Herrn und seine Darstellung im Tempel, die Flucht nach Ägypten und der Kindermord zu Bethlehem.[42] Selten gab es Darstellungen der Verkündigung oder der Reise von Nazareth nach Bethlehem (wie sie in der Amberger Krippenkunst häufig sind). Die Verkündigung ist vielfach gespielt, gesungen worden – zu einer »Adventskrippe« ist sie nicht gestaltet worden. Dennoch wäre bei der Beliebtheit des Brauchtums heute eine *Adventskrippe* sinnvoll. Am einfachsten ist es, am ersten Adventssonntag eine leere Krippe (als Liegestatt des Kindes) mit Ochs und Esel aufzustellen und in einiger Entfernung davon das heilige Paar auf seinem Weg nach Bethlehem. Sonntag für Sonntag können dann einige der Kommunionkinder des Jahres (oder Ministranten, ein Diakon, der Priester…) Maria und Josef eine Stück näher an die Krippe heranrücken – gegenüber dem Adventskranz würde der *Wegcharakter* der Adventszeit betont.

Es ist auch möglich, durch eine Adventskrippe eine anspruchsvollere Theologie vor Augen zu führen, und zwar für alle wachen, interessierten Betrachter solcher Krippen. Diese Darstellung legen die alten Weihnachtsspiele nahe. Im Weihnachtsspiel der Carmina Burana treten die vorchristlichen Propheten auf, um mit Augustinus Zeugnis für die Wahrheit der christlichen Botschaft abzulegen. Im Spiel von den »klugen und thörichten Jungfrauen«, das wir bereits erwähnt haben, treten zur Verteidigung der christlichen Lehre auf: »Israel, Moses, Jesaias, Jeremias, Daniel, Abakuk, David, Simeon, Elisabeth, Johannes der Täufer. Ihnen schließen sich an Vergil der vates gentilium, Nabukodonosor das os lagene, und die Sibylle.«[43] In einem der mitteldeutschen Spiele aus dem 13./14. Jahrhundert fordert Augustinus den »Heiden« Vergil auf, »den Leuten zu sagen, was ihm von Kristus bekannt sei, und Vergil spricht nun jene prophetische Stelle, die sich in der vierten Ecloge seiner Bukolika findet und von dem Mittelalter auf Kristus gedeutet ward«[44].

Es gibt den Advent der Juden (des Alten Testaments) und den Advent der Heiden (des Heidentestaments). So liegt es nahe, in einer Adventskrippe die Gestalten des Alten Testamentes auf dem Weg zum Kind zu zeigen, dessen Krippe (Lagerstatt) noch leer ist. Auf dem Weg sind: Abraham (eventuell mit Isaak auf dem Weg zum Opfer auf Morija), der Vater des Glaubens; Mose, mit dem der Herr den Alten Bund schloß; König David, aus dessen Geschlecht das Kind ist; Jeremia und Jesaja, die großen Deuter des Kindes. Von den Stammüttern Jesu könnte Ruth den andern zugesellt werden. Johannes der Täufer wird nahe an Höh-

Hauskrippe mit Weggestalten aus dem Alten Testament und dem »Testament der Heiden« (Grub/Oberpfalz)

le/Stall herangerückt. Die Bedeutung all dieser alttestamentlichen Gestalten für den Advent der Juden und Christen könnte in Predigten (oder in Kurzansprachen zu Beginn der Gottesdienste) erläutert werden. Jedenfalls würde deutlich, wie sehr wir dem Volk der Juden geschwisterlich nahe sind, daß wir gemeinsam auf dem Wege sind – auch wenn für die Juden die Krippe leer bleibt.[45]

Aber – je nach der Gemeinschaft, für die eine Krippe geschaffen und aufgestellt wird – könnte (sollte?) es parallel zu diesem Weg den Weg der Heiden geben. Wir könnten viele Gestalten auf diesen Weg stellen: Jason mit dem Goldenen Vlies, das immer schon der Inbegriff allen Glücks, aller Hoffnung, aller Träume der Menschheit war; Orpheus, den Sänger, der mehr als andere als Praefiguration Christi gesehen und dargestellt wurde; Odysseus, dessen Heimkehr in sein Reich und auf seinen Thron zum Weg der Menschheit wird, und der an den Sirenen vorbeifahren kann, weil er an das (Kreuz-)Holz des Schiffsmastes gebunden ist; endlich Vergil, der ja in seiner Heimat Mantua bis heute unter die alttestamentlichen Propheten gezählt wird.[46]

Die zuletzt aufgezeigte Art einer Adventskrippe sollte dann auch Bestandteil der Weihnachtskrippe werden. Das Kind, das heilige Paar, die Hirten, die Schafe… werden dazugestellt. Deutlich wird dann, daß auch die Weihnacht ein *adventliches* Fest ist, daß wir durch den Advent der Weltzeit der »zweiten Weihnacht« entgegengehen: dem endgültigen Kommen unseres Herrn; und daß sich in ihm nicht nur alle Verheißungen erfüllen, sondern auch die Träume und Sehnsüchte einer Menschheit, die heute so sehr dieses Kindes bedarf.

Die Weihnachtskrippe[47]

Wir haben uns hier zu fragen, welche Krippenfiguren der Veranschaulichung und der Verlebendigung der Botschaft dienen. Dieses *theologische* Interesse wird uns immer leiten müssen, ohne daß wir Puristen würden – warum sollte Bethlehem nicht im Bayerischen Wald liegen oder in Pommern, am Rande westfälischer Moore oder im Hochgebirge! Aber es gibt Ausgestaltungen der Krippe, die vom Zentralgeheimnis der Inkarnation ablenken, die nicht mehr im Dienste der Botschaft, sondern allein folkloristischer Interessen stehen. Sie haben im *christlichen* Brauchtum keinen Platz.

Das Kind

Mitte und Inbegriff jeder Krippe ist das Kind auf seiner Lagerstatt. Auf fast allen älteren Darstellungen ist es älter als ein Säugling (Bedeutungsgröße). Das gilt normalerweise auch für unsere Krippendarstellungen. Es liegt mitten in der Höhle oder dem Stall auf Heu oder Stroh, meistens in einer Futterkrippe oder einem Futtertrog. Frühe Maler haben die Futterkrippe als Altar oder als Sarkophag dargestellt – die Passion war angedeutet: In der Krippe war das Kreuz gegenwärtig. Diese Tradition ist von der Krippenkunst nur selten übernommen worden, was theologisch zu bedauern ist. In einer Stadtkirche fand ich statt einer Krippenszenerie eine große Futterkrippe, in der das Kind auf gekreuzten Strohballen lag. Manchmal liegt ein großes Lamm vor der Krippe – ein Paschalamm. Hat das Kind einen Kreuznimbus, so ist ebenfalls die Brücke zum Osterfest geschlagen. Ist das Kind faschiniert, so mag an das alte Flechtwerk erinnert sein – wichtiger ist wohl der Hinweis auf das Gebundensein des Kindes an den Vaterwillen.

Maria

Gewiß wäre eine »Krippe«, die allein das Kind zeigt, heute gelegentlich sinnvoll, um wieder auf das Eine und Entscheidende hinzuweisen. Aber es ginge an Theologie vieles verloren, wenn Maria nicht neben dem Kind stünde. Denn dieses Kind ist *Mensch* geworden, neun Monate ausgetragen von seiner Mutter.

Und so sind all das Dunkle und Lichte, sind Schuld und menschliche Größe, Verderbnis und Heiligkeit von Geschlechtern in das Kind eingegangen, damit es alles entsühne.[48]

Von den acht weihnachtlichen Muttergottes-Darstellungen, die Kastner aus den frühen Darstellungen der Christgeburt eruiert hat[49], ist in unseren Krippen fast ausschließlich die »anbetende« Mutter geblieben. Diese Art der Darstellung wird durch Bonaventura und die »meditationes vitae Christi« des Johannes de Caulibus (13./14. Jahrhundert) literarisch vorbereitet.[50] Der bis dahin noch häufigere Typ der »erschöpften« Madonna wird durch den neuen bald ersetzt. Maria war nicht durch die Geburt erschöpft, sondern durch das Grübeln über das Schicksal ihres Sohnes, von dem sie sich meist (mit schmerzvollem Gesicht) abwendet. Auch hier war die Brücke zur Passion geschlagen – auf Bildern »zwischen Weihnachten und Ostern«. Es war wohl nicht nur ein Gewinn, wenn wir von den frühen Krippen an bis heute fast ausschließlich die *anbetende* Madonna in der Krippe finden. Dennoch ist gerade in der Gestalt der Gottesmutter neben dem Neugeborenen die unendliche Frömmigkeit von Jahrhunderten Gestalt geworden; Glück und Leid der Mutterschaft ebenso wie die demütige Annahme des göttlichen Willens und jener alles überwindende Glaube, der Maria zur »Mutter des Glaubens« machte.

Joseph

Er wurde erst spät in die Darstellung der Christgeburt aufgenommen.[51] Zu spröde war ja seine Gestalt als Verlobter Mariens, als Nährvater Jesu selbst für die frühen Theologen. Erst seit dem 15. Jahrhundert wird Joseph Gegenstand theologischer Untersuchungen (Gerson, Bernhardin von Siena u.a. 1504 erschien das »Officium de Sancto Joseph ex Evangelio et probatis Doctorum«, so daß das Fest liturgisch verankert wurde). Zu dieser Zeit beginnt (nicht zuletzt durch Impulse der Kirche von Italien, Frankreich, Spanien) auch eine rasch wachsende Verehrung des Heiligen in Deutschland.

Dennoch setzt sich schon die älteste Darstellung Josephs im Geburtsbild, die ich kenne, ausführlich mit dem Nährvater auseinander. In den Elfenbeinreliefs des »Werdener Kästchens« aus dem Anfang des 5. Jahrhunderts sitzt Joseph mit Säge neben der Krippe des Kindes. Der Engel des Herrn erscheint Joseph im Traum; und auch beim Gang zur Darstellung im Tempel ist er zu sehen. Auf der Kompositionsskizze eines syrischen Steinreliefs aus dem 5. Jahrhundert sitzt Joseph grübelnd am Rande des Bildes, weitab vom Kind. In einer Darstellung des 6. Jahrhunderts (zwischen 546 und 552) ist Joseph wie beiläufig ins Bild aufgenommen. In dieser Szene am Elfenbeinstuhl des Maximian zu Ravenna zeigt Salome der »gelagerten« Maria ihre verdorrte Hand. Joseph steht darüber beim Kinde und bei den Tieren. Eine Elfenbeintafel im Museum der Universität Bologna (7. oder 8. Jahrhundert) zeigt wieder den *grübelnden* Joseph, fernab vom Kind.[52] Dieser Typ des grübelnden Mannes bleibt in der Folgezeit bestimmend. Auf fast allen älteren Bildern ist Joseph ein alter Mann (Betonung der Jungfrauengeburt!), der kaum etwas begreift, und der gelegentlich von Jesaja, in Gestalt eines alten Hirten, belehrt wird.

In den ersten *Krippen* ist Joseph gewöhnlich mit dargestellt, meist in der Haltung des Anbetenden; gelegentlich mit einer Tätigkeit im Dienste der Mutter und des Kindes. Heute finden wir ihn in allen Krippendarstellungen. Zwar bleibt er theologisch eine Randfigur – aber beide Stammbäume Jesu (Mt 1,1 ff. und Lk 3,23 ff.) führen die königliche Abstammung Jesu aus dem Hause Davids auf Joseph zurück. So gehört er in die Krippe (zumal er in der Neuzeit zu einem der beliebtesten Heiligen der Christenheit wurde).[53]

Die Hirten

Sie gehören zum Urbestand der Weihnachtsdarstellung. Auf sehr frühen Bildern – vor allem der Sarkophagkunst – stehen sie mit Ochs und Esel an der Krippe, auch wenn Maria noch nicht dargestellt ist.[54] Wichtig war den Künstlern – der Intention des Evangelisten Lukas folgend[55] – das Bild des »Urhirten«: das Kind in der Krippe ist *der* Hirt; der Messias wird als *Hirte* in seinem Volk dasein, es zu guter Weide und klaren Quellen führen.

Nun wird immer wieder, in alter und neuer Literatur, darauf hingewiesen, daß Jesus sich in den Hirten gerade den *Verachteten* primär geoffenbart hat. Aber Jesus hätte kaum in Gleichnissen und Bildern so »unbedenklich« von den Hirten reden können, wenn der Hirt nicht insgesamt – auf der Grundlage des Alten Testaments – positiv gesehen worden wäre.[56] Nur auf solchem Hintergrund konnte Jesus als der »gute Hirte« in die Verkündigung und die Kunst der Frühzeit eingehen. Es geht – nach Schürmann – auch »nicht an, vereinzelte abfällige Äußerungen späterer Rabbinen über den Hirtenstand zu verallgemeinern und in die Zeit Jesu zurückzudatieren«[57]. Dennoch bleiben die Hirten die *Armen*, die eine untergeordnete soziale Stellung im Judentum innehatten. Sicher sind die Hirten wegen des messianischen Motivs in die lukanische Erzählung und die frühe Kunst aufgenommen worden. Aber es ist durchaus legitim, in den Hirten *auch* die Armen, Geringen zu sehen, denen sich der Herr als ersten offenbart. Kaum jemand wird heute bezweifeln, daß die Hirten in unsere Krippen gehören.

Die Tiere – Ochs und Esel

Das 19. Jahrhundert hat sie weithin als »Unterstreichung des Stalles« gesehen.[58] Heute neigt man zu der Ansicht, daß die Tiere, die ja im Evangelium des Lukas nicht erwähnt sind, aufgrund der Prophezeiung des Jesaja in die Darstellung der Christgeburt und später in die Krippendarstellung gelangt sind.[59] Der Prophet schreibt im ersten Kapitel seines Buches (1,3): »Der Ochse kennt seinen Besitzer/und der Esel die Krippe seines Herrn;/Israel aber hat keine Erkenntnis,/mein Volk hat keine Einsicht.«

Zum ersten Mal hat wohl Origenes in seinen Predigten zum Lukasevangelium diesen Prophetentext in seine Überlegungen einbezogen. Das geschah etwa zu der Zeit, in der die ersten bildlichen Darstellungen der Christgeburt geschaffen wurden. Andere Theologen folgten ihm. Erst im 8./9. Jahrhundert werden Ochs und Esel durch den apokryphen Pseudo-Matthäus Bestandteil der Weihnachtserzählung: »Am dritten Tage nach der Geburt unseres Herrn Jesus Christus trat die seligste Maria aus der Höhle, ging in einen Stall hinein und legte ihr Kind in eine Krippe, und Ochs und Esel beteten ihn an. Da erfüllte sich, was durch den Propheten Jesaja verkündet ist, der sagt: Der Ochse kennt seinen Besitzer und der Esel die Krippe seines Herrn. So beteten sogar die Tiere, Ochs und Esel, ihn ständig an, während sie ihn zwischen sich hatten.«[60]

Nun gehen die frühen Theologen in ihren Predigten schon über den Verbalsinn des Jesajawortes hinaus. Der Ochs wird zum Bild des Judentums, der Esel zu dem des Heidentums. Auch sieht man im Ochsen das Gesetz verkörpert, im Esel heidnischen Götzendienst. So liegt es nahe, die beiden Tiere an der Krippe in größeren theologischen Zusammenhängen zu sehen.

In vielen der klassischen Religionen wurde Stieren göttliche Verehrung zuteil. Vor allem die Stierkulte des Vorderen Orients (Phönizien, Babylon…) waren eine ständige Gefahr für Israel. Jeroboam I. von Israel ist für das talmudische Judentum einer der vier Könige, die des Reiches Gottes nie teilhaftig werden, da er in Dan und Bethel (im Norden und Süden seines Nordreichs) Stierbilder zur Verehrung aufstellen ließ. Auch wenn es sich (nur) um *Symbole* Jahwes handelte – die kultische Verehrung war den Juden ein Greuel. Und die Geschichte vom »Goldenen Kalb« (Jungstier) kennen wir alle. Nun wird im Bild des Ochsen aller Stierkult an die Krippe des Kindes gebracht. Das könnte um so wahrscheinlicher sein, als die ersten Geburtsdarstellungen im Umkreis Roms geschaffen wurden, zu einer Zeit, als der Stierkult des Mithras einen Höhepunkt erreichte und von den Christen nach dem Toleranzedikt von Mailand scharf geächtet und unerbittlich bekämpft wurde.

Der Esel stünde dann für die heidnischen (priapischen) Eselskulte des Mittelmeerraumes, die ebenfalls mit der Krippe konfrontiert würden.[61]

Das alles sieht heute nur der Kenner in den Krippentieren. Und ein unüberhörbarer antijüdischer Ton in der Heranziehung des Jesajawortes zur Deutung von Ochs und Esel durch die Kirchenväter sollte uns vorsichtig machen. So sollte heute ein anderer Aspekt im Vordergrund stehen. Ein Bild aus der 2. Hälfte des 15. Jahrhunderts, das im Kloster Mondsee aufbewahrt wird, zeigt die hochschwangere Maria an der Seite Josephs und Ochs und Esel, die – durch einen Flechtzaun vom Heiligen Paar getrennt – ihre Köpfe verlangend dem Schoß Mariens entgegenstrecken. Hier ist offenbar das »Harren der Kreatur« dargestellt, wie es in Röm 8,18 ff. in besonderer Weise Wort geworden ist (vgl. Jes 11,1-9). Die Geburt des Herrn wird ein kosmisches Ereignis sein, Angeld des neuen Himmels und der neuen Erde. Der Schalom der Endzeit für Mensch und Tier ist vorbedeutet.

Solche Deutungen sollten die Tiere an der Krippe belassen (wie ja seit alters die Schafe zu den Figuren des herkömmlichen Krippenbaus gehören). Es ist sinnvoll, daß in interessierten Kreisen alle Deutungsmöglichkeiten der Tiere erörtert werden.

Stall oder Höhle?

Die Heilige Schrift sagt nichts darüber, ob die Lagerstätte des Kindes (he phatne) in einem Stall, einem Haus oder in einer Wohnung lag. Heute wird in Bethlehem eine *Höhle* als Geburtsstätte Jesu verehrt. Von der Geburt in der Höhle erzählt das apokryphe Protevangelium des Jakobus, dessen erste (für uns hier relevante) Kapitel (1-20) in die zweite Hälfte des 2. Jahrhunderts verweisen. Danach führt Joseph seine Verlobte »halbwegs« (also wohl auf halbem Weg nach Bethlehem) in eine Höhle und geht aus, eine hebräische Hebamme zu suchen. Sie geht mit ihm. »Und sie traten an den Ort der Höhle und siehe, eine finstere (lichte) Wolke überschattete die Höhle. Und die Hebamme sprach: Erhoben ist heute meine Seele, denn meine Augen haben Wunderbares gesehen; denn Israel ist das Heil geboren. Und sogleich verschwand die Wolke aus der Höhle, und ein großes Licht erschien in der Höhle, so daß die Augen es nicht ertragen konnten. Kurz darauf zog sich jenes Licht zurück, bis das Kind erschien, und es kam und nahm die Brust von seiner Mutter Maria.« (Kap. 18/19)

Später heißt es von den Magiern: »Und siehe, der Stern, den sie im Osten gesehen hatten, zog vor ihnen her, bis sie zur Höhle kamen. Und er blieb zu Häupten des Kindes (der Höhle) stehen.« (Kap. 21)

Dennoch ist die Höhle wohl nicht durch dieses Protevangelium des Jakobus in die Theologie der Weihnacht eingedrungen. Schon der »Barnabasbrief«, der wohl auf die Gruppe der Apostelschüler zurückgeht und der der *ersten* Hälfte des 2. Jahrhunderts zuzurechnen ist, kennt die Geburt Jesu in der Höhle.[62] Ähnlich Justin, der um 165 gestorben ist. Im bekannten Dialog mit Tryphon, der zwischen 155 und 160 geschrieben sein dürfte, heißt es: »Damals, als der Knabe in Bethlehem geboren wurde, nahm Joseph... in einer Höhle in der Nähe des Dorfes Quartier. Als sie damals in jenem Ort weilten, hatte Maria Christus geboren und ihn in die Krippe gelegt. Hier haben ihn die Magier aus Arabien gefunden.«[63]

Da die These, Mt 2,9 habe ursprünglich einen Hinweis auf die *Höhlengeburt* Jesu enthalten, der dann wegen zu großer Nähe zum Mithraskult aus dem Text eliminiert worden sei, nie erhärtet werden konnte und von ernsthaften Exegeten längst aufgegeben ist, ist anzunehmen, daß es sich bei der Erwähnung der Höhle nicht um eine historische Reminiszenz, sondern um eine Symbolaussage handelte, nach der in der Höhlengeburt Jesu alle Höhlenkulte und alle Höhlenmysterien (Demeter/Kore; Mithras...) des Heidentums ihre Erfüllung fanden und überboten wurden.

Das ist um so wahrscheinlicher, als die drei Mutterkirchen der Christenheit Kirchen waren, die über heiligen Höhlen erbaut wurden: die Geburtskirche über der Geburtshöhle in Bethlehem; die Anastasis (»Grabeskirche«) über der Höhle des Grabes und Eleona, die über jener Höhle erbaut wurde, in der Jesus nach alter Tradition die eschatologischen Reden vor seinen Jüngern hielt (Mt 24,1 ff. und Mk 13,1 ff.)[64].

Dennoch zeigen die frühesten Darstellungen der Christgeburt nicht die Höhle, sondern einen Stall.[65]Auch dieser hat seine Symbolbedeutung – er zeigt an, daß das Kind eben nicht im »Haus« geboren wurde, nicht inmitten der Gemeinde (der »Seinen«), sondern außerhalb, bei den Tieren.[66] Aber der Stall kann nie die Symboltiefe der Höhle erreichen.

Die Ostkirche hat seit den Anfängen ihrer darstellenden Kunst das Geburtsgeschehen in die Höhle verlegt, und bis heute hat die klassische Geburtsikonographie die Höhle beibehalten. In der Kunst des Westens ist zunächst gelegentlich die Höhle im Geburtsbild zu finden, obwohl die Darstellung des (schütteren) Stalles eindeutig überwiegt. Noch Fra Angelico (1387-1453) verlegt auf dem Geburtsbild, das sich heute in der Gemäldegalerie des Vatikans befindet, die Geburt in eine Höhle. Die Geburtsszene in S. Marco in Florenz zeigt dann einen offenen Stall vor einer Felsenhöhle, in der die Tiere stehen. Um 1450 stellt in ähnlicher Weise Benozzo Gozzoli im Altar der Kirche Madonna della Cintola (heute in der Pinacoteca Vaticana) eine Art Schutzdach/Stall vor die Höhle mit den Tieren, und um 1500 setzt Niccolo da Foligno in seiner La Nativite ein (Stall-)Dach über den Felsen mit der Höhle, in der die Tiere stehen. In allen diesen Darstellungen liegt das Kind auf der Erde. Im Anfang des 16. Jahrhunderts verschwindet die Höhle ganz aus der Weihnachtsikonographie des Westens.

Die *Krippe* in Kirche und Haus hat das Geschehen der Geburt in den Stall verlegt. Nur in seltenen Fällen wurde und wird die Christgeburt in einer Höhle dargestellt.

Das Höhlensymbol ist von der Westkirche nicht angenommen worden. Die Gründe dafür sind vielfacher Natur. Sicher hat die

Geburt Christi in der Höhle (Ikone, Ende 14. Jhdt.)

Ablehnung der Apokryphen eine Rolle gespielt. Sicher auch die Auseinandersetzung mit den Mysterienreligionen (und ihren Höhlenkulten). Es mag auch die männliche Mentalität der römischen Kirche dem Urbild Höhle nicht entgegengekommen sein.

Wir haben den Verlust bitter erkauft. Das Höhlensymbol macht deutlich, daß dieses Kind zwar von Gott kam, aber auch aus dem Uterus der Erde geboren wurde, daß die Erde das Kostbarste schenkte; daß ihre Herzmitte in diesen Sohn einging, der ja neun Monate im Schoß Mariens Gestalt annahm. Wir haben den Verlust der Höhle mit schleichender Häresie erkauft, da zwar die wahre Gottheit des Kindes, kaum aber sein wahres Menschsein betont wurde.

Wir sollten von daher mit aller Kraft versuchen, die Höhle in unsere Krippen zurückzuholen und ihre Symbolbedeutung zu erklären.

Die Magier – Die Heiligen Drei Könige

Über sie wird im Zusammenhang des Epiphaniefestes eingehend zu reden sein (s.u.). Sie gehören zum Urbestand der Weihnachtsdarstellung. Schon in den frühesten Darstellungen der Geburtsszene sind sie zu finden.[67] Sie eilen dem Stall entgegen oder bringen der Mutter mit dem Kind auf dem Schoß ihre Gaben. Die Zahl der Magier schwankt. Es sind zwei oder vier (gelegentlich auch sechs oder acht) Magier dargestellt. Bald aber herrscht die Dreizahl vor.

Heute werden überall die Heiligen Drei Könige am Tag der Epiphanie den anderen Krippenfiguren beigesellt. Gelegentlich sind sie in großen Krippenlandschaften schon am Weihnachtstag in der Ferne zu sehen. Sie können dann bis zum Festtag der Epiphanie immer näher an die Krippe herangerückt werden.

Der Stern

Nach Matthäus haben »Sterndeuter« aus dem Orient einen Königsstern aufgehen sehen. Sie brachen auf, um den König zu suchen. Nachdem sie von Herodes entlassen worden waren, ging der Stern wieder vor ihnen her nach Bethlehem. Dort blieb er über dem »Ort, wo das Kind war« stehen (2,2.9). Um die Deutung eines solchen »Sternzeichens« ist viel gerungen worden.[68] Sicher ist, daß ein göttliches Licht zur Erleuchtung der Heiden aufgestrahlt ist, daß Gott nicht nur das Volk der Juden (in den Hirten), sondern auch die Heiden (im Stern) zur Krippe berufen hat.

So finden wir den Stern bereits auf sehr frühen Darstellungen der Christgeburt. Auf einer syrischen Stützenkrippe (Mittelrelief aus einem Riefel-Sarkophag des 5. Jahrhunderts) bewundern drei Magier den Stern.[69] Auf einer syrischen Ampulle (um 580) steht der Stern oberhalb der thronenden Gottesmutter mit dem Kind.[70] Das schon genannte »Werdener Kästchen« zeigt die Weisen, die auf den Stern verweisen.[71]

Auch in den ersten Krippendarstellungen (s.o.) finden wir (an bevorzugtem Platz) den Stern, und bis heute ist er – als Zeichen der weltumspannenden Güte und Gnade unseres Gottes – aus unseren Krippen nicht wegzudenken.

Das Bauen und Aufstellen von Krippen sollte einer der wichtigsten Bräuche der Weihnachtszeit sein. Auch das Besuchen anderer Krippen in der Gemeinde oder in Gemeinden in der Nachbarschaft sollte nicht vernachlässigt werden (früher war, vor allem in Süddeutschland, das »Krippengehen« fast selbstverständlich).

Auf der Grundlage des Gesagten können Gespräche (nicht zuletzt mit Kindern und Jugendlichen) darüber geführt werden, welche Figuren zur Krippe in Kirche oder Haus gehören sollen.[72] Das Gespräch ist ergiebig.

»Antikrippen« (etwa solche, in denen das Kind unter Bergen von Geschenken verschwindet) können in Jugendmessen, Weihnachtsfeiern... verwandt werden. Allenfalls sind sie als kritisches Gegenüber zur Kirchen- oder Hauskrippe denkbar. Ich halte es nicht für richtig, wenn die herkömmliche Krippe von solchen Antikrippen verdrängt wird – so sinnvoll (aufrüttelnd) sie im Einzelfall sein mögen.

Der Weihnachtsbaum[73]

Neben dem Aufstellen der Krippe ist das Schmücken des Weihnachts- oder Christbaums der bekannteste Brauch zur Weihnacht. Auch er ist relativ jung, zumindest was seine Verbreitung über die meisten Länder der Welt angeht.

Den frühesten Beleg für einen »familiären« Weihnachtsbaum finden wir in den »Memorabilia quaedam Argentorati observata« aus Straßburg (1605). Dort heißt es: »Auff Weihenachten richtett man Dannenbäum zu Straßburg in den Stuben auf, daran henckett man roszen ausz vielfarbigem papier geschnitten, Äpfel, Oblaten, Zischgolt, Zucker etc. Man pflegt darum einen viereckent ramen zu machen undt vorn...«[74] Aber man spricht hier wie von einem schon längere Zeit bestehenden Brauch.

Bestimmte Gemeinschaften kannten solche »Weihnachtsbäume« (meist »weyhenacht-meyen« o.ä. genannt) schon weit früher. So wird uns in der Beckschen Chronik von 1600 ein solcher Brauch der »Stubengesellschaft« in Schlettstadt berichtet: »Am Weihnachtsabend wurde in der Herrenstuben ein Meyen aufgerichtet und mit Äpfeln und Oblaten geziert und von dieser Feier zogen die Mitglieder, zu denen auch Geistliche gehörten, zur Mette. Am Dreikönigstag kamen dann die Kinder, die meyen zu schütteln.«[75] Von hier dürfte eine direkte Linie zum Straßburger (und Schlettstadter) familiären Weihnachtsbaum führen. So ist der Brauch vom Ursprung her wohl kaum ein »protestantischer« Brauch[76], auch wenn später die evangelischen Familien sehr zu seiner Ausbreitung beitrugen. Der (brauchtumsfeindliche) evangelische Theologe Johann Conrad Dannhauer hatte in seiner »Catechismus-Milch« (5. Teil, Neuauflage 1671) zwar geschrieben: »Unter anderen Lapalien, damit man die alte Weihnachtszeit oft mehr als mit Gottes Wort begehet, ist auch der Weihnachtsbaum, oder der Tannenbaum, den man zuhause aufrichtet, denselben mit Puppen und Zucker behängt und ihn hernach schütteln und abblümen läßt... Viel besser wäre es, man reihete sie (sc.: die Kinder) auf den geistlichen Cedernbaum Christus Jesus.« Aber selbst Dannhauer sagt: »Es ist ein Kinderspiel, doch besser als andere Phantasey.« Und um die Jahrhundertwende empfiehlt der evangelische Theologe J.D. Gebhard, den »Straßburger Brauch« zu dulden, und zwar in dem Maße, »je weniger Idolatrie« sich mit ihm verbinde.[77] Der Brauch wird bald vor allem an evangelischen Fürstenhöfen und in bessergestellten Familien gepflegt. Auf den Dörfern wird er nur langsam angenommen. Die katholischen Familien zögerten. Im Anfang unseres Jahrhunderts war der Baum noch keineswegs überall gebräuchlich. Weil er als »evangelischer Brauch« galt, fanden sich katholische Geistliche kaum bereit, Weihnachtsbäume in ihren Kirchen aufzustellen.[78] Erst in unserem Jahrhundert hat der Brauch wohl allgemeine Anerkennung gefunden.[79] Aber noch 1948 schreibt von Geramb: »Der Christbaum ist im Bauernhause durchaus noch nicht allgemein eingeführt.«[80]

Was auf den ersten bezeugten Weihnachtsbäumen fehlt, sind die Lichter, die Kerzen. Brennende Lichter waren früh mit dem Advent und der Weihnacht verbunden, es ist aber unbekannt, wann die Verbindung mit dem Weihnachtsbaum geschah. Jedenfalls ist die Krippe in der Kirche der Augustiner-Chorherren in Neustift (Südtirol) 1621 von zwei kerzengeschmückten Tannen flankiert.[81] Aus einem Brief der Liselotte von der Pfalz, den sie am 11.12.1708 ihrer Tochter schrieb, geht hervor, daß lichtergeschmückte Weihnachtsbäumchen (hier Buchsbaum) schon um 1650 im Hannoverschen bekannt waren. Liselotte berichtet aus ihrer Kindheit von einem Spiel, das sie »Christkindl« nennt (»L'Enfant-Christ«): »Da richtet man Tische wie Altäre her und stattet sie für jedes Kind mit allerlei Dingen aus, wie: neue Kleider, Silberzeug, Puppen, Zuckerwerk, und alles mögliche. Auf diese Tische stellt man Buchsbäume und befestigt an jedem Zweig ein Kerzchen.« Ein Brief vom 11.1.1711 bestätigt das und weist darauf hin, daß es solche Bäumchen (ohne Lichter?) schon 1551 am Oberrhein gegeben habe.[82]

Die »einst über den größten Teil Süd- und Norddeutschlands (mit Ausnahme von West- und Ostpreußen) verbreiteten« (Spamer) »*Lichterpyramiden*« zur Weihnachtszeit (heute noch in der Gegend des Erzgebirges verbreitet) stellen wie die ihnen ähnlichen »*Klausenbäume*« wohl eigenständige Entwicklungen dar, die nicht mit dem Brauch des Weihnachtsbaums zusammenhängen.[83] Dagegen führen möglicherweise »vielfache Verbindungen... von den Pyramiden, die zuweilen aufgehängt werden, zu den *Deckengehängen*«. Bis in unser Jahrhundert hinein hat man grüne Zweige – z.T. von beträchtlicher Größe – im Herrgottswinkel oder an der Decke aufgehängt. Später sind das Tannenwipfel gewesen, bis man schließlich »im größten Teil des deutschen Raumes die Christkindlbäume selbst an der Decke aufhing.«[84]

Es mag dahingestellt sein, ob solche Weihnachtspyramiden im Symbolzusammenhang des Weltenbaumes zu sehen sind (Huth). Der hängende Baum jedenfalls nimmt uralte Symbolik auf. Nach der jüdischen Kabbala erstreckt sich der »Baum des Lebens...von oben nach unten und die Sonne bescheint ihn ganz.« Nach islamischer Überlieferung tauchen die Wurzeln des »Baums des Glücks« in den obersten Himmel, und der Baum streckt seine

Christbaum (Oberpfalz)

Zweige über die Erde hin. Ähnliche Überlieferungen kennen die nordischen Völker. »Die Lappen opfern jedes Jahr einen Ochsen zugunsten des Vegetationsgottes, und bei dieser Gelegenheit wird neben den Altar ein Baum gesetzt, die Wurzeln in der Luft und die Krone auf der Erde.[85]

Wie weit immer im Brauch solche Symbolik reflektiert sein mag – sie legte sich am Weihnachtsfest nahe, an dem jener geboren wurde, der von sich sagte, er sei der Baum und wir die Zweige; der alle Kraft aus dem »Himmel« nahm und dessen Zweige sich über die Erde erstreckten. Manchmal bedauert man es, daß sich solcher Brauch nicht gehalten hat, sondern durch den des stehenden Weihnachtsbaums ersetzt wurde.

Es ist müßig, sich darüber zu ereifern, ob der Brauch rein christlichen Ursprungs sei. Er *ist* christlichen Ursprungs, hat aber die (Ur-)Symbolik des Baumes übernommen, die überall dort anwesend ist, wo Menschen sehenden Auges (und Herzens) Bäumen begegnen.[86] Auf der Grundlage solcher Symbolik sind beim Weihnachtsbaum vorwiegend zwei Deutungen möglich:

a. Er erinnert an den Baum der Erkenntnis im Paradies, also im Ursprung der Menschheit. Adam und Eva hatten vom Apfel gegessen, und so wurden sie aus dem Paradies vertrieben. Aber »der am Holz gesiegt hatte (sc.: der Satan) wurde auch am Holze (des Kreuzes) besiegt«. So ist im Weihnachtsbaum auch der »Baum des Kreuzes« gegenwärtig. Nicht umsonst hat die Kirche das Gedächtnis der Stammeltern, Adam und Eva, auf den Vorweihnachtstag (24. Dezember) gelegt. Der Baum wurde mit Äpfeln und Oblaten, später mit Kerzen geschmückt. Die Oblaten, die am Baum hingen, sind wohl als Sinnbild der Eucharistie verstanden worden, die wir als Frucht der Erlösung statt des biblischen Apfels essen. Die Lichter verstärkten später die Symbolik. Wenn es stimmt, daß es in alten Weihnachtsspielen einen kleinen Baum gab, der zur einen Hälfte mit Äpfeln, zur andern mit den »arma Christi« (also den Marterwerkzeugen der Passionsberichte) behangen war[87], so ist die Symbolik überdeutlich.

b. Der Weihnachtsbaum ist jedoch auch Bild jener »Lebensbäume« (deren Symbolik ja in den immergrünen Bäumen besonders gegenwärtig ist), die uns die Geheime Offenbarung nennt. Denn in der Zeit der »zweiten Weihnacht«, der Endzeit endgültiger Erlösung, werden am »Strom des Lebenswassers«, der wie Kristall glänzt und der vom Thron Gottes und des Lammes ausgeht, die »Bäume des Lebens« stehn, die zwölfmal Frucht tragen und deren Blätter zur Heilung der Völker dienen (Offb 22,2 f.).

Der Weihnachtsbaum sollte ein immergrüner Baum sein, also hauptsächlich eine Fichte (Tannen sind zu selten geworden) oder eine Kiefer (Föhre). Künstliche Bäume haben im Brauchtum keinen Platz.

Wenn unser (vor allem häuslicher) Weihnachtsbaum an den Baum der Erkenntnis und an das Kreuz erinnert, so sollte er (wie es etwa in der Oberpfalz alte Tradition war) nur mit Lichtern besteckt sein und Äpfel tragen. Die roten Kugeln, mit denen wir die Christbäume behängen, sind stilisierte Äpfel. Das Aufhängen größerer Oblaten ist sinnvoll, auch wenn es im Brauch kaum mehr zu Hause ist. Hier wäre eine sinnvolle Erweiterung des Brauches angebracht.

Erinnert der Christbaum an die Lebensbäume der Endzeit und ihre Fülle, so kann er mit all den Herrlichkeiten behängt werden, die sich die Phantasie bis heute ausgedacht hat. Goldene Christbaumkugeln stehen dabei im Dienste der Symbolik des Baumes.

Alle Weihnachtsbäume tragen Kerzen, die an jenes Licht erinnern, das von Gott her in die Welt kam. Meistens sind es heute elektrische Kerzen, und in Haushalten mit Kindern zum Beispiel werden andere Kerzen kaum tragbar sein. Dennoch sollten am Heiligen Abend und an den Festen der Weihnachtszeit wenigstens einige natürliche Kerzen brennen, wenn eben möglich aus echtem Bienenwachs. So könnte auch das früher so wichtige Anzünden der Christbaumkerzen wieder zu seinem Recht kommen.

»Weihnachtsbäume« brennen in neuerer Zeit (spätestens) vom 1. Adventssonntag an vor vielen Häusern und in vielen Fenstern. Wenn sie als »Adventsbäume« verstanden werden, die wie der Adventskranz auf das kommende Fest hinweisen, so ist gegen sie wenig einzuwenden, vorausgesetzt, daß die Zeiten eingehalten werden. Auch gegen die Lichterrahmen in den Fenstern wird wenig zu sagen sein – dagegen sollte die (vorwiegend amerikanische) Sitte, solche Rahmen mit kitschigbunten Lämpchen zu bestücken, bald eingedämmt werden. Unsere Tradition kennt nur weiße Lichter in Nachahmung natürlicher Kerzen.

In Kirchen, Schulen, Gemeinderäumen, im Gottesdienst und der Katechese ist es sinnvoll, den Baum gelegentlich durch ein Holzgestell o.ä. zu ersetzen, dessen »Äste« Schilder (wie Wegweiser) sind, auf denen all das geschrieben steht, was die Wünsche der Menschheit zum Fest sind: Frieden, Versöhnung, Gerechtigkeit, Liebe…[88]

Der Christblock

Der Brauch, am Heiligen Abend oder am Christfest einen geweihten Holzklotz ins Feuer zu legen, ist sehr alt. Er wird heute kaum noch gepflegt. In Lettland wurde der Weihnachtsabend nach ihm benannt (bluku vakars); und Namen wie »Christklotz; Christbrand oder Mettenstock (Süddeutschland), Kerstavondblok (Flandern)« zeugen von weiter Verbreitung des Brauchs.

In den Capitula des um 580 verstorbenen Bischofs Martin von Bracara wird der Klotz wohl zum ersten Mal erwähnt. Dort wird verboten, auf dem Herd über einem Holzblock Feldfrüchte zu opfern und Wein auszugießen. Solches Verbot wird vor 758 durch Pirmin erneuert, so daß wir voraussetzen dürfen, daß der Brauch in den alemannischen Landen im 8. Jahrhundert üblich war. Danach muß er (in welcher verchristlichten Form auch immer) sanktioniert worden sein, denn 1184 finden wir den Christblock als eine dem Pfarrer von Ahlen i. Westfalen zum Fest zustehende Gabe verzeichnet.

»Moselländische Weistümer« des 15. Jahrhunderts belegen den Weihnachtsblock, und ein Kirchenprotokoll von 1609

Christblock

aus der Gegend von Leinbach und Berbach in der Saarpfalz berichtet, »daß man am Christabend dicke Blöcke zu Christbränden an den Herd lege und ihre Brandreste als Schutz gegen Ungewitter aufbewahre.«[89]

Im Anfang unseres Jahrhunderts siedelt A. Becker den Brauch in Deutschland »zwischen Sieg und Lahn; Westfalen, Meiniger Oberland, Ostfriesland u.a.« an. In außerdeutschen Ländern sei er in »Portugal, Frankreich, frz. Schweiz, Belgien, England, Lettland, Siebenbürgen; Albanien, Serbien, Bulgarien, Griechenland u.a.«[90] beheimatet.

In der Provence wurde der Block feierlich »eingeholt«, das jüngste Kind des Hauses schüttete dreimal Wein über ihn; darauf sprach das älteste (männliche) Familienmitglied den Segen, Gott bittend, sie alle das nächste Jahr überleben zu lassen. »Flammt der Block auf, so macht wiederum das jüngste der Kinder, die Hände zum Ahnvater gewandt, ein Kreuzzeichen über die Tafel, die Speisen zu segnen.«[91] Eine Schilderung des 17. Jahrhunderts beschreibt das Einholen unter dem Gesang zweier Chöre; und »der Segen des Hausvaters erfleht Kinder für die Frauen, Zicklein für die Ziegen, Lämmlein für die Schafe, viel Mehl und Getreide und einen großen Bottich voller Wein«.[92]

Die Siebenbürger Sachsen und die Bulgaren verbrachten die Weihnachtsnacht wachend beim Christblock.[93]

Der Block wird ursprünglich nicht ganz verbrannt. Später mußte er bis zum Neujahr brennen oder bis zum Ende der eigentlichen Weihnachtsfestzeit. In der Gegend zwischen Sieg und Lahn wurde er »in den Herd eingegraben oder so angebracht, daß er kaum in Jahresfrist verkohlte. Die Reste werden jährlich herausgenommen und zwischen Weihnachten und Dreikönig auf die Felder gestreut.«[94]

Wo der Block ganz verbrannt wurde, wurde seine Asche über die Felder und Gärten verstreut. Verbleibende Reste galten als heilkräftig und brachten Segen für Haus und Familie. Gelegentlich wird ein Stück des Blocks aufbewahrt, um damit den Christblock des nächsten Jahres zu entzünden.[95]

Die Bulgaren haben offenbar früher aus seinem Holz Pflugteile geschnitzt, die gegen Hagel schützen sollten. In Westfalen hielt man den Christblock das ganze Jahr über im Hause.

Gräfin S. Schönfeldt faßt zusammen: »Im Mittelalter spielte das Scheit eine große Rolle und sollte die 12 Tage zwischen Weihnachten und Epiphanie im Kamin brennen. Man scharte sich um das Scheit, und alte Feindschaften wurden begraben. Wer auserwählt war, den Stamm zu fällen, wurde beneidet, denn er galt im kommenden Jahr gegen alles Unheil gefeit…, und wer dem Stamm auf dessen Heimtransport begegnete, der grüßte das Weihnachtsscheit, weil er auf diese Weise am Segen teilnahm.«[96]

Der Brauch hat viele heidnische Wurzeln. In der christlichen Adaption hat er teil an einer christlich gedeuteten Baum- und Feuersymbolik. So wird der Block heute mit einem Christuszeichen o.ä. versehen. Wenn seine Asche über die Gärten und Felder gestreut wird, wenn er selbst – angebrannt – im Haus aufbewahrt wird, so mag er Bild jenes großen Segens sein, den *der* Baum und *das* Licht: Jesus Christus in die Welt brachte. In einer Zeit der offenen Kamine könnte der Brauch sehr wohl wieder belebt und mit Inhalt gefüllt werden. Und wenn wie früher »alte Feindschaften begraben (verbrannt) würden« rings um den Christblock – wer würde dann nicht solchen Brauch erneuern wollen!

Die Bescherung

Ohne Bescherung ist, vor allem für die Kinder, das Weihnachstfest kaum denkbar. Offenbar ist der Brauch, am Fest die Kinder zu bescheren, sehr alt – und nicht unangefochten. Möglicherweise ist ein *Verbot* solcher Bescherung die früheste Nennung des Brauches. In einer 1460 in Konstanz erlassenen Verfügung heißt es: »Wer ein kind hept…, sol im och ze Wihenächten weder Bimenzelten, Brot, Käß, Hämpli noch sust nit anders senden an Gevärd.«[97] Später läßt man – wie wir von Straßburg berichteten – zu Dreikönig die Kinder die zur Weihnacht aufgestellten Meyen (mit vielen Gaben) »abblümen«.
Oft war solche Bescherung der Kinder aber mit dem Nikolaustag verbunden (so daß es zur Weihnacht keine Geschenke mehr gab). Vor allem die Reformatoren haben versucht, die Bedeutung des Heiligen Nikolaus einzudämmen. An seine Stelle trat der »Heilige Christ«[98]. Luthers Kinder beschenkte noch im Jahr 1535 der Nikolaus, ein Jahrzehnt später ist daraus der Heilige Christ geworden. Seitdem wanderte die Bescherung immer mehr zum Weihnachtsfest ab.[99]
Nun ist uns von Freiburg berichtet[100], daß der Weihnachtsmeyen von den »Armen« der Stadt abgeblümt werden durfte. Die Bescherung hat offenbar auch eine starke soziale Komponente gehabt. In Skandinavien hatten die Bettler zur Weihnachtszeit besondere Rechte.»Sie kamen im Namen dessen, der alles gegeben hat. Man freute sich, wenn sie soviel sammelten, um selber gastlich sein zu können.«[101]
In Deutschland wurde der Lohn der Hausangestellten oft als Weihnachtsgeschenk ausbezahlt. Wenn die abhängigen Bauern am Weihnachtstag ihre Abgaben brachten, wurden sie reichlich bewirtet.[102]
Es war überhaupt die Zeit, in der man mildtätiger als sonst war. Das Wort des Johannes Chrysostomus zum Weihnachtsfest: »Befreit sehe ich Adam, jubelnd Eva

und weinend die Schlange, die Gefangenen mit Erlaß beschenkt und die Tyrannen verurteilt«, wurde im Maße des Möglichen in die Tat umgesetzt.

Offenbar hat auch die Ausbreitung des Weihnachtsbaum-Brauches dazu beigetragen, daß die Bescherung zum Weihnachtsfest abwanderte.[103] Denn zunächst hingen die Geschenke für alle am Weihnachtsbaum oder lagen doch unter seinen Zweigen. Jedenfalls gibt es bis heute (kleine) Gaben zu St. Nikolaus – die eigentliche Bescherung bleibt (bis auf die Niederlande, Teile Italiens…) dem Fest vorbehalten.

Der Sinn der Bescherung zur Weihnacht wird heute kaum noch reflektiert. Alle Geschenke waren ja einmal Zeichen jenes großen Geschenkes, das Gott an diesem Tag seiner Schöpfung macht: Sinnbilder des Kindes in der Krippe und Zeichen seiner Huld.

Ohne Zweifel ist die Bereitschaft, den Armen, Unterprivilegierten… zu helfen, zum Weihnachtsfest größer als sonst[104]. Die Adveniatsammlung der deutschen Katholiken erbringt mehr Geld als Misereor; und gerade in der Weihnachtszeit wird viel für Behinderte, Kranke, Waisen… gespendet oder für andere mildtätige Zwecke.

Kinder (und Erwachsene) werden zum Fest oft überreich beschert. Dabei ist oft genug die »Kultur« (oder gar die »Kunst«) des Schenkens verlorengegangen. Denn im tieferen Sinn erfreut ein Geschenk nur dann, wenn in ihm die Brücke zwischen dem Schenkenden und dem Beschenkten geschlagen wird, wenn ein Stück des Herzens mitgeschenkt wird. Darum erfreuen selbstgefertigte Geschenke oft so viel mehr als kostbare, gekaufte Gaben.

Oft ist es sehr schwer, unter den Bergen von Geschenken das Kind in der Krippe auszugraben. Es sollte daher in christlichen Familien Brauch sein, zunächst zur häuslichen Krippe und zum Weihnachtsbaum zu gehen und eine kurze häusliche Feier mit Gebeten zu halten, bevor die Geschenke ausgepackt werden. Gerade wenn Kinder im Haus sind, sollte ein solch deutlicher Hinweis auf den Sinn des Festes fester Bestandteil des Heiligen Abends sein.

Weihnacht der Tiere und Bäume

Die »Nutztiere« und die Obstbäume hatten für die Bauern eine besondere Bedeutung. Der Bauer war auf Gedeih und Verderb auf sie angewiesen. So verstehen wir, daß auch die Tiere und Bäume in das weihnachtliche Brauchtum einbezogen wurden.

Das Vieh bekam am Heiligen Abend ein besonders leckeres und reichliches Fressen. Es durfte von aller Fruchtart kosten (Böhmen) oder bekam ein G'leck (Böhmen, Oberpfalz) aus Hafer, Kleie und Salz, oft vermengt mit Stücken von Äpfeln, Nüssen und Semmeln.[105] Gelegentlich wurden die Reste des Weihnachtsessens an das Vieh verfüttert.[106] In Böhmen, in der Grafschaft Glatz und nicht zuletzt in Westfalen hat man in der Christnacht den Tieren das Evangelium der Christgeburt vorgelesen oder ihnen doch die Geburt Christi angesagt.[107] Im Erzgebirge stellte man vor die Krippe der Tiere ein Kerzenlicht.[108] In Mecklenburg deckte man am Weihnachtsabend einen besonderen Tisch (im Stall), stellte ein Licht darauf und ungebundenen Hafer, der dann an die Tiere verfüttert wurde.[109]

Die Reste des Weihnachtsessens wurden allerdings hauptsächlich an die Wurzeln der Obstbäume geschüttet, »damit auch sie Weihnachten haben und damit sie gut tragen«. Man sprach mit den Bäumen, forderte sie auf, Gäste im Haus zu sein oder sagte auch ihnen die Geburt des Herrn an (Holstein). Kriss berichtet für das Berchtesgadener Land vom »Impwekken«: In der Heiligen Nacht wurden die Bienenkörbe und -kästen mit Weihrauch beräuchert, wobei der Bauer sprach: »Auf, auf, in Gott's Nam/ helft's wiederum z'samm,/ bringt's der Kirch a Wachs/ und uns an Hönig,/ an guaten, und net z'wenig.«[110]

Nach der Mette gingen Bauer und Bäuerin mit Knecht und »Dirn« mitunter zu jedem einzelnen Obstbaum[111], klopften dreimal mit einem Stecken an den Stamm und sprachen dazu:

Bam, Bam, wach auf, setz' deine Blüahei
auf!
Trag recht vui Äpfi oder Birn,
net grad für'n Bauer, aa für die Dirn.[112]

Über ganz Deutschland sind Erzählungen verbreitet, nach denen in der Heiligen Nacht Obstbäume und Blumen wunderbar blühen. Schon um 1200 soll ein Knecht der Heiligen Hedwig von Schlesien am Weihnachtstag gemeldet haben, im Garten stehe ein Kirschbaum in voller Blüte. Eine der schönsten dieser Erzählungen aus dem Trierer Land erzählt von einem Klosterbruder, der in der Heiligen Nacht im verschneiten Wald eine blühende Rose fand, die er mit der Wurzel ausgrub und – in einen Topf gepflanzt – vor dem Muttergottesaltar der Klosterkirche aufstellte. So soll eines der schönsten Weihnachtslieder entstanden sein, das wir zum erstenmal in einem Speyrer Gesangbuch von 1599 finden: »Es ist ein Ros entsprungen/aus einer Wurzel zart…«

Aus dem Nürnberger Gebiet ist seit 1430 eine Sage überliefert, nach der ein Baum in der Heiligen Nacht plötzlich Äpfel hervorbrachte. Daß solche Sagen nicht immer idyllischen Charakter hatten, zeigt ein kurzer Hinweis von 1426: »Es blüheten in Bayern (in der Christnacht) fruchtbare Bäume, darauf erfolgte ein starker Sterb.«[113]

Nach uralten Sagen verwandelt sich in der Heiligen Nacht das Wasser in Wein, und die Tiere können reden.

Ein Weihnachtsfest für Tiere, die sogenannte »Lüttenweihnacht« richteten im alten Pommern (vor allem auf der Insel Rügen) die Kinder aus. Der Brauch erhielt sich lange, auch wenn er von den Erwachsenen nicht immer gern gesehen wurde.[114]

Von den erwähnten Bräuchen hat sich wenig erhalten. Die wachsende Verantwortung für die Schöpfung hat aber neue Bräuche entstehen lassen oder alte wieder belebt. So bekommen die Haustiere zur Weihnacht besonders gutes und reichliches Futter (Katzen, Hunde, Sittiche… erhalten gelegentlich auch etwas Spielzeug). Für Jäger ist es selbstverständlich, zum Fest die Fütterungen des Wildes besonders reich zu beschicken.

In Oberbayern, Österreich, Teilen der Oberpfalz… geht der Bauer vor allem am Heiligen Abend[115] durch das Haus und die Ställe, besprengt die Tiere mit Weihwasser und beräuchert sie mit Weihrauch, während die übrigen Hausgenossen in der Stube für Familie, Haus und Hof beten.

In einigen Gemeinden beider großen Konfessionen werden zur Weihnacht gelegentlich Gottesdienste gehalten, zu denen die Kinder ihre Lieblingstiere mitbringen dürfen. Wenn die Grenzen, welche eine Liturgie setzt, beachtet werden, können solche Bräuche Zukunft haben.

»Opfer« an die Elemente sind kaum noch gebräuchlich. Aber es wäre schon sinnvoll, an solch heiligen Tagen etwas Salz oder etwas Honig ins Wasser zu geben oder einen Trank (Wein) ins Feuer. Solche oder ähnliche Bräuche könnten uns daran erinnern, wie wenig selbstverständlich es ist, daß wir klares, reines Wasser haben; wie wenig selbstverständlich, daß es Jahr um Jahr wieder den Frühling gibt, die lebenspendende Sonne und das Feuer; oder eben eine Luft, die wir noch atmen können. Unsere Generation hat vielleicht wieder gelernt, Wasser, Luft, Feuer... als Geschenke anzunehmen, die wir zu *verdanken* haben. Theologisch bleibt die Aufgabe, die *kosmische* Bedeutung der Weihnacht (neu) zu entdecken. Die ganze Schöpfung »wartet ja sehnsüchtig auf das Offenbarwerden der Söhne Gottes... Auch die (außermenschliche) Schöpfung soll von der Sklaverei und Verlorenheit befreit werden zur Freiheit der Herrlichkeit der Kinder Gottes« (Röm 8,19 ff.). Aus solchem Wissen könnte neues Brauchtum geboren werden.

3 Die Zeit nach Weihnachten, das Fest der Erscheinung des Herrn (6. Januar) und das Brauchtum dieser Zeit

3.1 Die Zeit zwischen Weihnachten und »Erscheinung des Herrn«

Zum liturgischen Aufbau dieser Zeit

Neben die Krippe stellt die Kirche seit alters die zwei großen Verwirklichungsweisen der Nachfolge des Kindes:

- die des *Blutzeugen* – das Fest des Erzmärtyrers Stephanus (26.12.) und
- die des *Bekenners* – das Fest Johannes' des Evangelisten (27.12.).

Darauf folgt das Fest der Unschuldigen Kinder (28.12.), die ohne jegliches Verdienst in der Nachfolge Jesu die Vollendung erlangten.

Am Oktavtag des Weihnachtsfestes feiert die Kirche heute das »Hochfest der Gottesmutter Maria«. Jahrhundertelang wurde an diesem Tag das Fest der Beschneidung des Herrn (»in circumcisione domini«) begangen, dessen Evangelium (Lk 2,21), um die Verse 2,16-20 erweitert, auch für das neue Fest beibehalten wurde.

Die katholische Kirche stellt das (bürgerliche) Jahr unter den Schutz der Gottesmutter: Unsere Welt wird nur dann Zukunft haben, wenn sie aus dem Glauben und der Hoffnung dieser »Großen Frau« lebt und ihre Gesinnung des Dienstes annimmt, die Maria auszeichnete.

Das Fest der »Epiphania Domini«, der Erscheinung der Herrlichkeit des Herrn vor den Heiden (6.1.) hat von jeher einen höheren liturgischen Rang gehabt als das Geburtsfest.[1] Während Matthäus die Geburt des Herrn nur in einem Nebensatz erwähnt (2,1), schildert er breit das Kommen der Magier (und mit ihnen der Völker

der Heiden), um dem Neugeborenen zu huldigen.
Die Weihnachtsfestzeit endet mit dem Sonntag in der alten Epiphanieoktav, welcher der Erinnerung der Taufe Jesu im Jordan gewidmet ist. Dieser Sonntag wird liturgisch jedoch schon zu den »Sonntagen im Jahreskreis« gezählt.

Das Brauchtum

Das Trinken der Johannis-Minne

Das Trinken der »Johannis-Minne« war (gewöhnlich am Fest des Evangelisten) in vielen Landstrichen verbreitet. Der Brauch geht auf die alten heidnischen Trankopfer (Libationen) zu Ehren der Götter zurück. Solche Opfer waren u.a. bei den Griechen und bei den Germanen üblich. Auch die Libationen für die Toten mögen eine Rolle gespielt haben.[2] Die Christen des Mittelalters machten daraus das »Trinken im Namen der Heiligen« (»bibere in nominibus sanctorum«) und der Engel. Bekannte Engel- und Heiligenminnen waren die Michaels- und die Martinsminne, die Gertrudenminne, die Benediktsminne und die so verbreitete Ulrichsminne, die Minne zu Ehren des Heiligen Bernhard, des Heiligen Stephan (die im Kapitular Karls des Großen eigens genannt wird), endlich des Heiligen Sebastian.
Solche Minnen waren oft nicht mehr als Trinkgelage, so daß viele Bischöfe, wie etwa Caesarius von Arles, die Gläubigen dringend davor warnten. Zeno von Verona und Gaudentius von Brescia wollten die Teilnehmer solcher Minnen sogar von der kirchlichen Gemeinschaft ausschließen.
Besondere Bedeutung erhielt – wohl aufgrund der Legende, nach welcher der Heilige einen Giftbecher ausgetrunken habe, ohne Schaden zu nehmen und nach der er durch den Giftbecher getötete Schwerverbrecher wieder ins Leben zurückrief – die Johannisminne. Der Johanniswein wurde an seinem Festtag in der Kirche geweiht und zur Abwehr von Gift und Zauber, aber auch für die Gesundheit von Mensch und Vieh, zum Segen der Felder, bei Hochzeit und Versöhnung, nicht zuletzt auch als Vorbereitung auf den Tod getrunken.[3]
Solche »Johannisminne« gab es auch am Tage des Täufers. Wir begegnen ihr schon im 10. Jahrhundert in Liudprands Legatio. Bedeutender aber war die Minne zu Ehren des Evangelisten Johannes. Ihr zeitlicher Ursprung ist dunkel. Wahrscheinlich ge-

Das Trinken der »Johannis-Minne«

hört sie zu den Minnen jener Heiligen, die schon bei Caesarius von Arles (470-542) erwähnt werden. Auch die Zeit der christlichen Legitimierung ist unbekannt. Jedenfalls kennen wir Weiheformulare für die Johannisminne erst aus dem Beginn des 13. Jahrhunderts.[4] Eine kirchliche Johannisminne dürfte auch in Deutschland erst im 12. Jahrhundert aufgekommen sein. Der Brauch jedoch ist auch hier viel älter. Vor dem Kampf und zum Abschied wird dem Ritter die Johannisminne gereicht. So hat der Teufel keine Macht mehr über den Ritter und ruft:

Hättest du den letzten Trunk nicht
gethan,
Wie würde ich mit dir getanzet han,
Mit dir und deinen Gesellen,
Zur Hellen mit dir und deinen Gesellen![5]

Auch zur Eheschließung und bei anderen Anlässen wurde der Johannes-Wein gereicht. So ist verständlich, daß er nach manchen Ritualien an jedem beliebigen Tag geweiht werden konnte. Auch an Festtagen wurde die »Johannisminne« gereicht. So ist sie in St. Emmeram in Regensburg im frühen 16. Jahrhundert am 1. Januar getrunken worden »für ein glückliches neues Jahr«.[6]

Der Brauch ist weithin ein *deutscher* Brauch geblieben. Er muß bald sehr beliebt gewesen sein. 1479 ist er in Hof und Ansbach belegt. Eine Urkunde aus dem oberfränkischen Schönbrunn zeigt ihn schon 1484 als üblichen Brauch. In Coburg ist er heimisch. Das beweist ein Eintrag von

1490: »12 dn (Pfennig) vor 3 kasten weins an sandt Johannstag sand Johanns lib den leuten geben.« Und in der »Hofer Chronik« des Enoch Widmann heißt es: »An s. Johannes des evangelisten tag, weil er ohne schaden gift getrunken, trank man des Johannes segen oder Johannes trunk, nemlich einen bitteren wermutwein oder dergleichen, etwan mit kren, zuvor uf dem altar geweihet.«[7]

Der Brauch war nur noch selten gepflegt worden. Nach dem Zweiten Weltkrieg haben ihn einige Pfarren neu belebt. Die Gläubigen bringen ihren Wein zum Gottesdienst mit und lassen ihn weihen.[8] Zu Hause wird er dann im Familienkreis getrunken oder für besondere Fälle (etwa Hochzeiten) aufgehoben. Man trinkt einander zu mit den Worten: »Trinket die Liebe des Heiligen Johannes!« In einigen Pfarreien wird der geweihte Wein nach dem Gottesdienst an die Gläubigen ausgeschenkt (so etwa in der Ramsau oder in Loipl bei Berchtesgaden).
Im Brauch wird eine Brücke zwischen Altar und Haus geschlagen, zwischen dem Heiligen (dem »fanum«) und dem Pro-fanen. Wenn darüber hinaus die Liebe des Apostels neu erfahren und der Glaube gestärkt wird, durch solche Liebe gegen alles Gift gefeit zu sein, das unser Leben verdirbt, so ist der Brauch sinnvoll und verdient, gepflegt zu werden.

Das Brauchtum der Silvester-/ Neujahrsnacht

Sehr viel *christliches* Brauchtum ist mit der letzten Nacht des bürgerlichen Jahres nicht verbunden gewesen. Nachdem man auch kirchlich den Beginn des bürgerlichen Jahres am 1. Januar anerkannt hatte, ist (in langsamer Entwicklung) ein Jahresschlußgottesdienst üblich geworden. In vielen Pfarren wird dabei der Toten des Jahres in besonderer Weise gedacht.
Üblich ist es in vielen christlichen Familien, vor der Wende des Jahres die Christbaumkerzen anzuzünden und bei der Krippe ein Gebet zu sprechen als Dank, Lob und Bitte. Dann wünscht man einander Gottes Segen für das kommende Jahr.
In Süddeutschland und Österreich (gelegentlich noch in Westfalen) macht der Bauer (in der Mitte der Rau(c)hnächte) zum zweitenmal den »Weihgang« durch Haus, Hof und Stall.

Nach alter Gepflogenheit läuten um Mitternacht die Kirchenglocken das neue Jahr ein.

Die Silvesternacht ist heute eine Nacht des Lärmens und des Klamauks geworden – eines Faschingstreibens zur Unzeit. Der Hauptbrauch ist das »Böllern«, das Abschießen von Raketen und Knallkörpern aller Art. Dahinter mögen sich Reste eines alten Dämonenaustreibens verbergen, da man solche Dämonen in den Rau(c)hnächten in besonderer Weise am Werk sah. Sicher ist es auch eine Flucht aus einer Nacht, die an das Ende erinnert und Fragen stellt. Auch eine Lust am Lärmen und Toben mag Pate gestanden haben – der Brauch hat wohl viele Wurzeln. Es muß aber gefragt werden, ob es angesichts der Not der Welt, des furchtbaren Elends... zu verantworten ist, für solche Feuerwerke Millionen auszugeben. Die kirchlichen Jugendverbände haben mit ihrer Aktion »Brot statt Böller« Fragen gestellt, die gehört und beantwortet werden sollten.

Das Christentum will niemandem die Freude nehmen; und nach einem guten, erfüllten Jahr kann sicher solcher Freude Raum gegeben werden. Nur sind an einem Tag, der ja auch zur Besinnung mahnt, der auf das Ende des einzelnen und der Welt verweist, Klamauk und lärmende Lustigkeit kaum (und sicher nicht ausschließlich) angebracht.

Von den in dieser Nacht (früher) üblichen »Losorakeln«: Bleigießen, Salz-, Mehl-Schattenorakel [9] ist vor allem das Bleigießen geblieben. Es könnte ein fröhliches, kreatives Familienspiel sein – wenn nicht eine Komponente in den meisten Menschen wäre, dem Spiel doch einen Orakelsinn zu unterlegen, so daß der eine oder andere sensible Teilnehmer des Spiels belastet werde könnte. Hier berührt der Brauch Fragen des christlichen Vertrauens, der gläubigen Hoffnung, daß unsere Zeit, daß unser Leben allein in Gottes Händen liegt.

Die Mitfeier des Jahressschlußgottesdienstes und eine wenigstens kurze Besinnung vor der Jahreswende sollten für Christen selbstverständlich sein.

Das Brauchtum des Neujahrstages

Die germanischen Völker kannten – auch in frühchristlicher Zeit – noch keinen genau festgelegten Jahresbeginn. Einen solchen kannten vor allem die Römer. Ihr Jahr begann zunächst am 1. März, an dem die höchsten Beamten ihr Amt antraten. Im Jahre 153 v. Chr. geschah das zum ersten Mal am 1. Januar. Damit wurde (und blieb) dieser Tag der neue Beginn des Jahres. Den damit verbundenen ausgelassenen Feierlichkeiten begegnete die Kirche durch die Einführung eines Bußtages, der das (sehr ausgelassene) Treiben der »Kalendentage« wenigstens eindämmte.

Die Christen feierten zunächst den 6. Januar, dann den 25. Dezember als Jahresanfang. Erst 1691 hat Papst Innozenz XII. den 1. Januar als Beginn des bürgerlichen Jahres anerkannt.

Im Mittelalter ist am Neujahrstag das »Fest der Narren« gefeiert worden.[10] »Bei diesem farbenprächtigen Anlaß... zogen sonst fromme Priester und ernstzunehmende Bürger... Masken an, sangen schamlose Liedchen und hielten überhaupt die ganze Welt mit Lustbarkeit und Spötteleien in Atem. Niedere Kleriker bemalten ihre Gesichter, stolzierten in den Gewändern ihrer Oberen herum und machten sich über die würdigen Gebräuche von Kirche und Hof lustig. Manchmal wurde ein ›Fürst der Unordnung‹, ein ›Spottkönig‹ oder ein ›Bubenbischof‹ gewählt, der den Ereignissen vorstand. Mancherorts feierte der ›Bubenbischof‹ sogar eine Parodiemesse. Solange das Fest der Narren währte, waren keine Sitte und kein Brauch vor Lächerlichkeit gefeit, und selbst die höchsten Persönlichkeiten der Umgebung mußten darauf gefaßt sein, verspottet zu werden.«[11]

Die Gefahr, in der ein solches Fest steht, ist in den Zeilen Cox' überdeutlich; es wird an Auswüchsen, an Geschmacklosigkeiten, auch an Blasphemien nicht gefehlt haben. Dennoch ist der Ansatz des Festes richtig: der Zeit, der Gesellschaft (der kirchlichen, wie der staatlichen) den Spiegel vorzuhalten; Egoismus und Ruhmsucht, Eitelkeit und Machtstreben zu karikieren; alles Unheilige, das im Gewand des Heiligen daherkommt, bloßzustellen; den Menschen ihre Masken (die sie oft genug für ihr Gesicht halten) herunterzureißen. Nicht wenige glauben, daß der »Übermut der Ämter und die Schmach, die Unwert schweigenden Verdienst erweist«, daß alle Anmaßung und Überheblichkeit in Kirche und Gesellschaft erst möglich wurden, als das Fest der Narren in Verruf kam.

Gehalten hat sich der Brauch des Neujahrsansingens – wenn auch nur selten noch als eines öffentlichen Singens. Manche der »Ansingelieder« sind in ganz Deutschland bekannt und verbreitet:

»Seid munter, ihr Christen, und tut nicht erschrecken...«
»Guten Abend in diesem Haus...«[12]

Viele alte Ansingelieder sind in den einzelnen Landschaften bekannt, Lieder ernster und heiterer, gelegentlich auch burlesker Art. Da findet man oft ehrliche Verse, die mit dem Maßstab der Dichtung nicht gemessen werden dürfen; volkstümliche Wünsche und Bitten, die mit »Wunsches Gewalt« vorgetragen werden (und zu Herzen gehen). Aus einem Ansbacher Ansingelied sei – stellvertretend für viele – zitiert:

Segne recht die Kirchenlehrer,
Segne sie und ihr' Zuhörer:
Wort und Tat stimm überein
Lehrreich laß ihr Beispiel sein!
Die in Schulen sich bemühen,
Gute Menschen aufzuziehen,
Bei dem zugemessnen Brot
Segne, lohne sie, o Gott!
Unsre werte Bauernschaft
Stärke sie mit neuer Kraft.
Segne Arbeit, Müh und Fleiß
Zu deines Namens Ehr und Preis!
Mit dem, was Gott uns beschieden,
Sei'n wir allezeit zufrieden,
Sei es wenig oder viel,
Wenn Gott es nur segnen will!
Vor Feuer- und vor Wetterschaden
Hat uns Gott behüt' aus Gnaden;
Und des Königs Haus bewacht
Auch des Landes Wohl bedacht.
Waisen, die um Eltern weinen,
Witwen, die verlassen scheinen,
Tröste sie in Traurigkeit:
Gott, der hilft zu jeder Zeit!
Erhör' die Beter, erhör die Armen,
Sei den Traurigen ihr Erbarmen,
Schließ des Krieges Quelle zu
Gib uns immer Fried' und Ruh!
Sei den Reisenden ihr Stab,
Laß den Witwen nimmer ab,
Gib den Schwangern auch Gedeihen,
Glücklich wollst du sie erfreuen!
Gott kann besser, als wir denken
Alle Not zum Besten lenken
Wer ihn liebt, dem will er spenden
Hilf und Trost an allen Enden!...[13]

Daneben gibt es sehr handfeste Wünsche. Und mit dem Hausgesinde wünscht man allen:

Wir wollen ihm wünschen einen goldenen Tisch,
Auf jeder Spitz ein gebackener Fisch.
Dabei soll steh'n eine Kanne mit Wein,
Da sollen sie alle recht fröhlich sein.[14]

In der Eifel und im Aachener Raum gibt es ein Gebildbrot zu Neujahr (»Neujährle«), das wegen des »Knaufs« an beiden Enden gelegentlich auf den doppelgesichtigen Gott Janus gedeutet wird (Guthausen, mündlich): Rückschau und Ausblick am Neujahrstag. Da es im süddeutschen Raum (Oberpfalz) ein ähnlich gestaltetes Brot gibt, das am Allerheiligentag geschenkt wird und nach Burgstaller[15] als »Knochenbrot« zu deuten ist, das die Form eines (menschlichen) Langknochens hat, könnte beim »Neujährle« auch der Gedanke von Tod und Leben am Ende des alten und dem Beginn des neuen Jahres Gestalt gewonnen haben.

Ein »Fest der Narren« am Neujahrstag wird es nicht mehr geben. Seine Intention hat längst der Fasching/Karneval übernommen. Dort wäre ein Wiederaufleben des echten (hochgeistigen) Narren dringend notwendig, der »mit Scherz Entsetzen treibt«, wenn denn überhaupt noch genügend satirische Kompetenz vorhanden ist.

Das Neujahrsansingen sollte wieder Raum gewinnen, und zwar in der Familie *und* in der Öffentlichkeit. Hier läge eine Aufgabe vor allem für Kinder- und Jugendgruppen in Dorf und Pfarrei.

Es wäre sinnvoll, den Neujahrstag als einen Tag der Besinnung zu begehen. Denken wir daran, daß unsere Bruderreligion: das Judentum das Jahr mit einem ernsten Buß- und Fasttag (Rosch ha-Schana) beginnt, dem acht Fasttage folgen, bis Yom Kippur gefeiert wird, der strengste Fast- und Bußtag des Jahres.

3.2 Das Fest der Erscheinung des Herrn (6.1.) und sein Brauchtum

Die Geschichte des Festes und seine Liturgie

Das Fest stammt aus der Orientalischen Kirche[16], wird aber zuerst für Gallien erwähnt. Nach dem heidnischen Historiker Ammianus Marcellinus hat Kaiser Julian

dieses Fest 361 in Paris mitgefeiert. Der Festinhalt war wohl das »Kommen des Erlösers«, also die Geburt des Herrn.
Für Ägypten ist das Fest durch Johannes Cassianus (zwischen 426 und 428) bezeugt, und zwar mit dem doppelten Festinhalt der Taufe Jesu im Jordan und der Geburt des Herrn. Auf Zypern hat das Fest nach Epiphanios (zwischen 374 und 377) den dreifachen Inhalt der Geburt Jesu, der Ankunft der Magier und der Hochzeit zu Kana. Nach dem Bericht der Pilgerin Ätheria kannte die Kirche von Jerusalem offenbar nur *ein* Festmysterium, das der Geburt des Herrn[17].
Jedenfalls wurde das (sehr früh gefeierte) Festgeheimnis des Kanawunders bald durch das Gedächtnis der Taufe Jesu verdrängt. Als dann gegen Ende des 4. Jahrhunderts das römische Geburtsfest des Herrn am 25.12. von Antiochia aus den Orient eroberte, verbanden sich mit diesem Datum im Osten bald die Geburt des Herrn und die Anbetung der Magier. Dem Epiphaniefest verblieb die Festfeier der Taufe Jesu.[18]
In Rom feierte man seit etwa 336 (s.o.) am 25. Dezember das Geburtsfest Jesu *und* die Anbetung der Weisen; ebenso (wenig später) in Nordafrika. Als noch gegen Ende des 4. Jahrhunderts das Epiphaniefest (unter orientalischem Einfluß) übernommen wurde, löste man die Anbetung der Magier vom Weihnachtsfest und machte sie zum alleinigen Inhalt des Epiphaniefestes am 6. Januar.
Anders freilich ist die Entwicklung in Gallien und in Oberitalien (Mailand!). Hier wurde am 6. Januar die Geburt des Herrn zusammen mit der Taufe im Jordan und dem Weinwunder zu Kana gefeiert. Nach der Einführung des Weihnachtsfestes war die Taufe das wichtigste Festgeheimnis des Epiphaniefestes, aber in Verbindung mit der Huldigung der Magier und dem Wunder zu Kana. Diese »tria miracula« haben im 7./8. Jahrhundert auch in die römische Liturgie Eingang gefunden. Heute liegt der Tenor des Festes eindeutig auf der Huldigung der Magier. Am Oktavtag des Festes feiert die Kirche das Gedächtnis der Taufe Jesu im Jordan.
»In seinem Ursprung stellt das Epiphaniefest … wahrscheinlich die christliche Umformung eines heidnischen Festes am 6. Januar, genauer in der Nacht vom 5. auf den 6. Januar, dar, in der in Alexandrien die Geburt des Gottes Aion, der Verkörperung des Zeit-Ewigkeit-Begriffes, aus der Jungfrau (Kore) gefeiert wurde… Das

Huldigung der Könige (Romanischer Türflügel in St. Maria im Kapitol, Köln um 1000)

auf den gleichen 6. Januar gelegte Dionysoswunder mit dem in Wein verwandelten Wasser wurde christlich auf das Taufwasser umgedeutet; dies führte zum Gedächtnis der Taufe Christi und des Wunders von Kana.«[19]

Das Volk wurde besonders von der Huldigung der Magier in Bann gezogen. Aus der Dreizahl der Gaben (Gold, Weihrauch und Myrrhe) hat man schon im 3. Jahrhundert auf die Dreizahl der Magier geschlossen, denen vom 6. Jahrhundert an auch Namen beigelegt wurden. Aus diesem Jahrhundert sind die Namen: »Thaddadia, Melchior und Balytora« überliefert[20]. Beda Venerabilis kennt schon im 8. Jahrhundert die heute gebräuchlichen Namen. Gleichzeitig werden aufgrund alttestamentlicher Weissagungen (Num 24,17; Jes 49,23 und 60,5 f.; Ps 72,10-15) die Magier (Weisen) zu »Königen« gemacht. Ihre Gebeine sollen nach der Legende durch die Heilige Helena nach Konstantinopel gebracht worden sein. Von dort kamen sie nach Mailand und wurden 1164 durch Rainald van Dassel, den Erzbischof von Köln und Kanzler Friedrich Barbarossas, nach Köln übertragen, wo sie im kostbaren »Dreikönigsschrein« beigesetzt wurden.

Das Brauchtum des Festes

Alter Brauch des Festes ist die Wasserweihe. Sie fand am Vigiltag statt und war fester Bestandteil der orientalischen Liturgie des Festes. Das Wasser wurde geweiht, weil Jesus in seiner Taufe das Wasser des Jordan (und alle Wasser der Welt) geheiligt hatte. Der Brauch wurde im späteren Mittelalter auch im Geltungsbereich des römischen Ritus übernommen. Das bis heute gültige Formular der Weihe geht auf römisches Dekret von 6.12. 1890 zurück.[21]

Sehr früh gab es auch Wechselgesänge und Spiele, die das Mt 2,1 ff. berichtete Geschehen besangen und darstellten. Der früheste dieser Wechselgesänge – zwischen Maria und den Magiern – geht auf Ephräm, den Syrer (gest. 378) zurück. Die dem 9. und 11. Jahrhundert zugeordneten Freisinger (Münchener) Handschriften, deren Text – ergänzt aus den Mysterienspielen von Orleans und den Ritualien von Rouen – bei Weinhold zu finden ist[22], haben die Titel: »Herodes sive Magorum adoratio« und »Ordo Rachelis«. Beide stellen das bei Matthäus Gesagte dramatisch dar. Dreikönigsspiele – oft mit Weihnachtsspielen verbunden oder in ihnen enthalten – sind bis in die Neuzeit hinein

Sternsinger vor dem Kölner Dom

beliebt (gewesen). Für ihre Ausgestaltung und Verbreitung hat die »Dreikönigslegende« des Johannes von Hildesheim (»Historia trium regum« von 1364) wohl entscheidend beigetragen.[23]

Da die Nacht vor dem Epiphaniefest die letzte der Rau(c)hnächte ist, räuchert in Bayern und Österreich der Bauer zum letzten Mal Haus, Hof und Stall, alles Vieh und die Wintervorräte.

In vielen Orten (vor allem Süddeutschlands) wird nach wie vor das »Dreikönigwasser« am Fest geweiht und von den Leuten in das Haus getragen[24].

Dennoch ist der Hauptbrauch des Festes heute das *Sternsingen*. Der Brauch ist im 16. Jahrhundert zuerst urkundlich belegt[25]. Er muß in diesem Jahrhundert weit verbreitet gewesen sein, denn aus den Jahren 1610 und 1616 gibt es zwei Verbote solchen (ausufernden) Singens durch den Stadtrat von Nürnberg.[26]

Der Brauch war zunächst nicht auf den Dreikönigstag beschränkt. Schon vor Weihnachten, mehr noch zwischen Weihnachten und Epiphanie, zog der Schulmeister mit den Schülern von Haus zu Haus, um Lieder zu singen, wobei sie einen Stern mit sich führten. Ein Ratsprotokoll von Ochsenfurth vom 29.12.1640 macht deutlich, daß es allein dem Schulmeister zustehe, »mit dem Stern umb zu singen« (selbst im Dreißigjährigen Krieg fanden also solche Umgänge statt!)[27]. Mitte des Jahrhunderts erschienen im Druck die ersten Dreikönigslieder und fanden bald weite Verbreitung.

Schon Sebastian Franck (1499-1542) berichtet in seinem »Weltbuch« für den Dreikönigstag, daß man ein Kreuz macht »and die düln oder balcken im hauß und stuben, welche creütz für vil unglück und gespenst sollen helffen, werden auch in grosser obseruation gehalte«[28].

Später ist diese Sitte mit den Umgängen der »Könige« verbunden worden. Offenbar hat schon in alter Zeit[29] der Bauer beim »Räuchern« seines Anwesens die Buchstaben C M B und drei Kreuze mit Kreide an die Türschwelle geschrieben. Sie mögen mit C(K)aspar, Melchior und Balthasar in Verbindung gebracht worden sein. Die Kirche hat offiziell darunter die Anfangsbuchstaben des Segensspruches: »Christus mansionem benedicat« verstanden: »Christus segne dieses Haus«.

Der Brauch war in Deutschland fast ausgestorben. Flüchtlinge aus Schlesien haben ihn gelegentlich hochgehalten. In Süddeutschland und Österreich ist die Tradition in wenigen Orten nicht unterbrochen worden. Die Wiederbelebung des Brauchs ist das Verdienst des Päpstlichen Missionswerks für Kinder in Deutschland (Aachen). Dort überlegte man sich Ende der fünfziger Jahre, wie der Missionsgedanke gerade unter Kindern (dazu in den Familien und Gemeinden) gefördert werden könne. Damals wurde die Wiederbelebung des Sternsingerbrauchs versucht[30]. Er war ja besonders geeignet, die Intention des Matthäus, das Aufleuchten der Herrlichkeit des Herrn vor allen Völkern der Erde, wieder ins Bewußtsein zu bringen.

Der Versuch ist in kaum glaublicher Weise gelungen. Heute ist der Brauch in den katholischen Gemeinden Deutschlands wieder heimisch. Jungen oder Mädchen (Ministranten), mancherorts die Firmlinge oder Kommunionkinder des Jahres, ziehen (z.T. unter der Leitung von Erwachsenen) von Haus zu Haus, singen oder sagen ihre Verse und erbitten Geld für die Mission. Die »Sternsinger« werden feierlich ausgesandt; und für sie und alle Gläubigen werden Weihrauch und Kreide in kurzer Liturgie oder in der Eucharistiefeier geweiht. Der Brauch wird heute zusammen mit dem Bund der Katholischen Jugend durchgeführt.[31] Er bringt Jahr für Jahr viele Millionen Deutsche Mark ein.[32]

3.3 Das Fest der Darstellung des Herrn (Mariä Lichtmeß) und sein Brauchtum

Geschichte und Brauch des Festes

Nach dem Bericht der Pilgerin Ätheria[33], der um 400 entstanden sein dürfte, wurde das Fest, dessen Festinhalt die Lukas 2,22-39 berichteten Ereignisse sind, in Jerusalem am 40. Tag nach Epiphanie, also am 14.2., gefeiert, und zwar »wie an Ostern«. Es wurde mit feierlicher Prozession und einer Eucharistiefeier begangen. Nach Franz war das (wie der Vergleich mit Ostern beweise) eine *Lichterprozession.* Eine solche ist jedenfalls seit der Mitte des 5. Jahrhunderts bezeugt. Das Fest hat in dieser Zeit den Namen »Hypapante«: »Fest der Begegnung«. Offenbar hat es Kaiser Justinian auch als Dank für die Errettung von der Pest 542 angeordnet.[34]

In Rom ist ein Fest am 2. Februar möglicherweise schon in der Mitte des 5. Jahrhunderts bekannt. Auch hier wird erst später eine Lichterprozession erwähnt, die offenbar »eine alte heidnische Sühneprozession verdrängen sollte, die alle fünf Jahre als Stadtprozession (Amburbale =

amb urbem, um die Stadt herum) zu Beginn des Februar abgehalten wurde«[35]. Solche Lichterprozession hatte also Sühnecharakter (wie die heidnische), so daß noch bis 1960 die violette Farbe der Prozessionsgewänder vorgeschrieben war.
Eine Segnung der in der Prozession mitgetragenen Kerzen kam noch vor der Jahrtausendwende in Gallien auf. Die Weiheformeln[36] messen der Kerze die Abwehr von Übeln, Krankheiten, Hungersnöten zu, wobei die Kerzen »ihren Trägern die Gewißheit des immerwährenden Schutzes gegen alle Gefahren« verleihen sollten.
Das Fest ist primär ein Herrenfest. Die Lichterweihe und die Lichterprozession führten zur deutschen Bezeichnung »Mariä Lichtmeß«.
Der »höchst unglückliche und mißverständliche« (Adam/Berger) Name »Reinigung Mariens« ist durch die »Grundordnung des Kirchenjahres und des Kalenders« vom 21.3.1969[37] aufgehoben worden.
Zentraler Brauch des Festes ist die Weihe der Kerzen, die mit der Lichterprozession verbunden ist. Urgrund ist das Wort des greisen Simeon: »...ein Licht, das die Heiden erleuchtet,/ und Herrlichkeit für dein Volk Israel« (Lk 2,32).

Exkurs: Die Kerze

Kerzen sind aus der Liturgie und der häuslichen Feier nicht wegzudenken. Die Wurzeln des Kerzenbrauchs liegen offenbar im Heidentum. Vielleicht haben die Etrusker zuerst Kerzen entzündet und sie in den Dienst der Gottesverehrung gestellt.
Der Gebrauch von Lichtern (Kerzen, Öllampen etc.) in der christlichen Liturgie ist wohl so alt wie diese selbst[38], da man ja vorwiegend am Abend Liturgie feierte. Auch in den Katakomben waren Lichter notwendig. »Vielleicht noch vor Konstantin wurden die Lichter aus ihrem *nur praktischen* Dienste als Beleuchtungsmittel zu einer symbolischen Bedeutung im Gottesdienst erhoben.«[39] Nach Wohlhaupter entstand dabei eine »gar nicht mehr entwirrbare Verbindung vorchristlicher und christlicher Elemente«[40].
Im Totenkult ist die Kerze für das Begräbnis Cyprians (258) bezeugt und ist hier Sinnbild des ewigen Lichtes, das Christus ist; Sinnbild endgültiger Herrlichkeit. Im 4. Jahrhundert nennt Hieronymus den Brauch, in der Evangelienprozession Kerzen mitzutragen, »gemeinorientalisch«[41]. Hier dürfte die Sinngebung im Gleichnis

von den klugen und törichten Jungfrauen zu suchen sein (Mt 25,1 ff.). Den Neugetauften wird die Kerze überreicht; und seit dem 5. Jahrhundert ist es bezeugt, daß die Teilnehmer der Osternachtfeier in Jerusalem brennende Kerzen tragen.
Seit dem 11. Jahrhundert wird es Sitte, die sonst (nach dem feierlichen Einzug) rings um den Altar gestellten Kerzen *auf* den Altar zu stellen (zunächst zwei, später mehr Kerzen).
Das Licht ist eines der kostbarsten Güter der Erde. Sein irdischer Träger ist das Feuer. Es war nach der alten Mythologie den Göttern vorbehalten, bis es Prometheus freventlich raubte. Mit der Erfindung des Feuers beginnt die Kulturgeschichte der Menschheit. Wir ahnen, was es bedeutete, als die Kerze erfunden wurde, die sich vom Wachs der Bienen nährte. Sie war so wichtig, daß die Kerzenflamme ebenso »Licht« genannt wurde wie der Leib der Kerze, der schon bald wunderbar gestaltet wurde und seine Rolle in der Volksfrömmigkeit und im Aberglauben zu spielen begann.[42]
In der christlichen Liturgie und im Brauchtum bekam die Kerze eine hervorragende Rolle. Das Licht ist uraltes Christussymbol; gleichzeitig waren im »schmelzenden Wachs« auch die Christen symbolisiert, die sich ganz der Flamme hingaben, damit sie brennen könne in dieser Welt.
Das Symbol der Kerze wird an zwei Festen des Kirchenjahres besonders deutlich:

- in der Osternacht, in der die Osterkerze (die bis heute nie geweiht wurde) mit dem Ruf: »lumen Christi« = »Licht, das Christus ist« in die nachtdunkle Kirche getragen wird;
- am Fest der Darstellung Jesu, an dem er als »Licht, das die Heiden erleuchtet«, bezeugt wird.

Beide Feste kennen die Lichterprozession. Die *Weihe* aller Kerzen, die im Lauf des Jahres auf den Altären und im christlichen Haus brennen, ist dem Lichtmeßtag vorbehalten. So wird ihm eine besondere Würde verliehen, die dem gläubigen Volk (und in ihm dem Liturgen) nicht immer bewußt ist.

✳

Lichtmeß ist heute Werktag – das Fest wird auch am Sonntag nicht nachgeholt. In vielen Gemeinden bleibt es fast unbemerkt. In den Lesungen der Matutin spürt der Beter noch etwas vom Jubel dieses

Festes, wie ihn Sophronius von Jerusalem (gest. 638) besingt:
»Das Licht kam in die Welt und erhellte sie, die von Finsternis umfangen war. Das strahlende Licht aus der Höhe kam zu uns und leuchtete denen, die in Finsternis und im Dunkel des Todes saßen. Das ist unser Mysterium, und darum schreiten wir mit Lampen einher, darum sind wir mit Lichtern herbeigeeilt, um zu zeigen, daß uns das Licht aufgeleuchtet ist, um anzudeuten, welcher Glanz von ihm auf uns übergehen wird... Niemand von uns bleibe ohne die Weihe dieses Lichtes, niemand, den es erfüllt, bleibe im Finstern. Voller Glanz wollen wir alle hervortreten, erleuchtet laßt uns ihm alle zusammen entgegengehen und mit dem greisen Simeon das klare und ewige Licht in Empfang nehmen. Mit ihm wollen wir im Herzen jubeln und dem Schöpfer und Vater des Lichts, der das wahre Licht gesandt , das Dunkel verscheucht und alles zum Leuchten gebracht hat, den Hymnus des Dankes singen...«

Wo immer es möglich ist, sollte eine Lichterprozession gehalten werden, wenigstens im Kirchenraum. Wir gedenken dabei der Verkündigung des Lichtes für alle Völker durch den Propheten Simeon (memoria); bekennen uns hier und heute zu diesem Licht und unserem Dienst an ihm (mysterium); gehen aber auch mit brennenden Lichtern – wie die klugen Jungfrauen – der Wiederkunft des Erlösers entgegen (prophetia).
Auch die Kerzen, die in unseren Häusern brennen werden, sollten am Fest in der Liturgie geweiht werden, so daß auch hier eine Brücke zwischen Kirche und Haus geschlagen wird.[43]

4 Das Osterfest und sein Brauchtum

4.1 Der Ostertermin, die Geschichte und der Name des Festes

Ostern ist (mit Pfingsten) das älteste Fest der Christenheit. Es erwuchs aus dem jüdischen Pascha-/Pessach-Fest, nahm dessen theologische Struktur auf und verchristlichte sie. So wird auch der Name des Osterfestes in den meisten Sprachen mit dem Wortstamm *Pascha* gebildet. Aber auch die Versuche der jungen Kirche, einen Ostertermin festzulegen, zeigen die Verwandtschaft mit dem jüdischen Hauptfest. Wir kennen drei Versuche solcher Festlegung: die quartodecimanische, die frührömische und die genuin christliche. Alle drei gehen im Grunde von jüdischer Berechnung aus. Die »Quartodecimaner«, vor allem in Kleinasien und Syrien, feierten ihr »Osterfest«, primär als Gedächtnis des Erlösertodes Jesu, am 14. Nisan (*die quarta decima*), also am jüdischen Paschafest, ganz gleich, ob es auf einen Sonntag fiel oder nicht. Der 14. Nisan galt als Todestag Jesu (vgl. 1 Kor 5,7 f.).

Diese Christen feierten das Gedächtnis des Erlösertodes mit einer Agape und einer Eucharistiefeier, wobei die Lesung und Erklärung von Ex 12 voraufging[1]. Wahrscheinlich hat die Urgemeinde so »Ostern« gefeiert.

Die frühen römischen Christen, die theologisch die *Auferstehung* Christi stärker betonten, haben ihr Osterfest am 1. Sonntag nach dem 14. Nisan gefeiert (vornehmlich als Feier in der Nacht).

Das Konzil von Nizäa (325) entscheidet dann nach hartem Ringen[2], daß das Osterfest am 1. Sonntag nach dem Frühlingsvollmond zu feiern sei, wobei als Frühlingsanfang der 21. März gilt. Ist dieser 21. März als Vollmondtag ein Sonntag, so wird der darauf folgende Sonntag Oster-

termin. Hier trennt sich die frühe Kirche deutlich vom Judentum.[3]
In den ersten Jahrhunderten wurde Ostern an *einem* Tag gefeiert, und zwar in »seiner ganzen Sinnfülle«: als Leiden und Tod, als Auferstehung und Erhöhung (Himmelfahrt) des Herrn und als Tag der Sendung des Geistes. Die Osternacht als »Mutter aller heiligen Vigilien« war bis Mitternacht von Trauer (mit Trauerfasten) beschattet, danach prägte die Freude über die Auferstehung die Feier.
Diese »Gesamtfeier« wurde im 4. Jahrhundert vom »heiligsten Triduum des gekreuzigten, begrabenen und auferweckten Herrn« (Augustinus) abgelöst. Seitdem sind die »heiligen drei Tage« (vom Gründonnerstagabend bis zum Auferstehungstag) der Höhepunkt des Kirchenjahres. Das Fest der Erhöhung des Herrn (Himmelfahrt) wurde in »historisierender Sicht und nachahmender Darstellungsform« 40 Tage nach Ostern gefeiert, das Pfingstfest am 50. Tage.[4]
Schon im 2. Jahrhundert hatten sich die Christen durch ein zweitägiges Fasten auf die Osternachtfeier vorbereitet. Im 3. Jahrhundert wurde solches Fasten (allerdings nicht als *Vollfasten*, also als totaler Verzicht auf Speise [und teilweise auch Trank], sondern in gemilderter Form) auf die Karwoche ausgedehnt. Das Konzil von Nizäa spricht dann von einer Quadragese, einem 40-tägigen Fasten, als von einer offenbar weitverbreiteten Sitte.[5] Für das Gebiet der römischen Liturgie begann das Fasten am 6. Sonntag vor Ostern. Da aber der Sonntag nie als Fasttag galt, wurden – um die Zahl 40 zu erreichen – im 5. Jahrhundert zunächst Karfreitag und Karsamstag als Fasttage gezählt und danach die Fastenzeit um weitere Tage nach vorne verlängert, so daß sie an einem Mittwoch begann, der dann als *Aschermittwoch* besondere Bedeutung erlangte.[6]
Der Name des Osterfestes wird in den romanischen Sprachen, aber auch im Niederdeutschen, Holländischen, Dänischen und Norwegischen mit dem Wortstamm Pascha gebildet. Das angelsächsisch/deutsche Wort »Ostern« ist in seiner Herkunft umstritten. Die auf Beda Venerabilis zurückgehende, später durch die Deutsche Mythologie der Brüder Grimm verbreitete Ableitung des Namens von einer germanischen Frühlingsgöttin Ostara (Eostre) ist längst aufgegeben worden – eine solche Göttin hat es nie gegeben.[7]
Andere leiten das Wort von Urständ = Auferstehung her[8]. »Nach neueren Forschun-

gen hängt es mit einer falschen Übersetzung der lateinischen Bezeichnung «hebdomada in albis« (= Woche in weißen Kleidern) zusammen. Man habe »in albis« als Plural von alba = Morgenröte betrachtet und es mit dem ahd. eostarun übersetzt.«[9]

4.2 Zur Theologie des Osterfestes

Das christliche Osterfest nimmt die Theologie des jüdischen Pessach-Festes auf und führt sie weiter: Gott ist ein Gott der Befreiung. Als mitziehender Gott leitet er

Christus, unser Osterlamm (frühromanischer Schlußstein aus der Klosterkirche Cluny)

sein Volk durch die Wüste in das Land der Verheißung. Der große Exodus kulminiert im Christus Jesus: In seiner Hingabe am Kreuz erwirkt er die totale Freiheit der Liebe und den Exodus auch aus dem Tod. Im Licht von Tod und Auferstehung Jesu Christi gehen wir mit allen Völkern, geleitet von unserem Gott, dem Land der Endzeit entgegen.
So ist Ostern nicht primär Erinnerung (memoria) an das, was vor 2000 Jahren geschehen ist; der Schwerpunkt liegt auf der jährlichen Feier (mysterium) der Ostern (die memoria und prophetia in sich begreift). Dieses Osterfest faltet sich aus in die Eucharistiefeiern des Jahres, vor allem die des Sonntags als »Klein-Pascha« (»Klein-Ostern«). Ostern sagt, daß Gott nicht Knechtschaft will, sondern Freiheit; nicht Tod, sondern Leben, (endgültiges) Leben in Fülle. Seit Ostern steht die Welt nicht mehr wie seit Adams Sünde im Äon des Todes, sondern im Äon des Lebens (1 Kor 15). So ist Ostern das Fest, auf dem die Hoffnung aller Völker steht.

4.3 Das Brauchtum der österlichen Bußzeit (Fastenzeit und Passionszeit)[10]

Fehlender »Mittebrauch«

Der österlichen Bußzeit fehlt ein »Mittebrauch«, wie wir ihn für die Adventszeit im Adventskranz besitzen. In Südtirol stellt man in der österlichen Bußzeit das Hauskreuz an einen bevorzugten Platz und schmückt es. So werden Hausbewohner und Gäste stets an den Sinn der Zeit erinnert und auf den Tod und die Herrlichkeit des Herrn hingewiesen.
Vielleicht könnten auch die Hungertücher, die – lange Zeit vergessen – heute wieder in vielen Kirchen und Häusern aufgehängt werden, die Rolle des Mittebrauchs übernehmen. Der Brauch, Hungertücher (Fastenvelen) aufzuhängen, hängt möglicherweise mit der Sitte der Verhüllung der Kreuze in der Passionszeit zusammen. »Den Ursprung des Hungertuches sehen manche in der solidarischen Verbundenheit der Gläubigen mit den öffentlichen Büßern, die im Rahmen der Bußriten zu Beginn der Fastenzeit aus dem Gotteshaus verwiesen wurden.« Alle Gläubigen hätten dann – mit den öffentlichen Büßern – auf

den Anblick des Altares und seiner oft herrlichen Bilder und Schnitzwerke verzichten wollen (Fasten der Augen).

Vielleicht gehen die Hungertücher auch auf den (wurzelhaft mit dem eben genannten verbundenen) Brauch zurück, durch die Altarvelen, die im Chorschrankengebälk befestigt waren, zeitweilig den Altar (ähnlich der griechisch-orthodoxen Ikonostase) zu verhüllen.[11] Aus ähnlichen Gründen wurde ja in vielen Kirchen in der »Fastenzeit« das Altarbild gewechselt; oder die Flügel der Flügelaltäre wurden geschlossen.

Heute dient das Hungertuch (vor allem *Misereor* hat den Brauch neu belebt) vornehmlich der Meditation des Ostergeheimnisses. Da die Tücher von christli-

Asche aus den Palmsträußen des Vorjahres

chen Künstlern aus allen Ländern der Welt (nicht zuletzt der »dritten Welt«) geschaffen werden, geht der (kulturbedingt) vielfältige Glaube der Weltkirche in solche Meditation ein. Das Hungertuch wird im Altarraum der Kirchen aufgehängt, kann aber (Misereor bietet preisgünstig kleinere Hungertücher an) auch an bevorzugter Stelle des Wohnhauses seinen Platz finden.

Aschenweihe und Aschenauflegung am Aschermittwoch

In alter Zeit begann die öffentliche Buße der Sünder, die sich schwerer Sünde (einer »Kapitalsünde«) schuldig gemacht hatten, am Montag nach dem ersten Fastensonntag, also am ersten wirklichen Fasttag. Als die Fastenzeit mit dem Aschermittwoch begann, wurde er der Tag der Ausweisung. Im Gebiet unserer Liturgie (Gallien) wurde solche »Vertreibung« aus der Kirche, der Gemeinde, der Ausschluß von der Liturgie oft dramatisch gestaltet. Die Sünder wurden – wie die Stammeltern aus dem Paradies – in Büßergewändern ausgetrieben und dabei mit Asche bestreut. Schon gegen Ende des ersten Jahrtausends hatten sich viele Gläubige, die in der Gemeinde verblieben, ebenfalls mit Asche bestreut, um ihre eigene Sündhaftigkeit und ihre Solidarität mit den Ausgeschlossenen zu bekunden. Als dann die Sitte des öffentlichen Bekenntnisses der Schuld und damit auch des öffentlichen Ausschlusses der Schuldigen verlorenging, wurde das Bestreuen mit Asche festgehalten. Die Männer streuten sich die Asche aufs Haupt, den Frauen wurde ein Aschenkreuz auf die Stirn gezeichnet. Das erste bekannte Gebet zur Segnung der Asche stammt aus dem 11. Jahrhundert. Erstmals im 12. Jahrhundert wird es Vorschrift, die Asche aus den geweihten Palmen der Palmsonntagsliturgie des vorangegangenen Jahres zu gewinnen.

Die Segnung und das Auflegen der Asche sind ein beliebter Brauch im Kirchenjahr. Nach wie vor wird die Asche aus den

Palmwedeln gewonnen, die im Jahr zuvor bei der Palmprozession mitgetragen wurden: die Verherrlichung des Christ-Königs kann nur in der totalen Demut, der Selbstaufgabe, bestehen.

Das Bestreuen mit Asche (Priester) und das Auflegen der Asche in Kreuzform (Laien) haben hohen Aussagecharakter. Das Kreuz sollte deutlich sichtbar die Stirn zieren; und der Priester/Diakon sollte sich die Zeit nehmen, das Begleitwort deutlich zu sprechen: »Gedenk, o Mensch, Du bist Staub, und zum Staube kehrst Du zurück.« Der ganze Mensch (»Du«) ist Staub – so wertlos, so nichtig. Gen 2,7 wird erinnert, ebenso Gen 3,19.

In der Bibel ist die Asche auch sonst Bild des ganz und gar Wertlosen: Gen 18,27; Sir 40,3; auch wohl Hiob 13,12. In der Asche sitzt der tief Trauernde: Hiob 2,8; Jos 3,6 – oder er wälzt sich gar darin. Der Trauernde »ißt Brot wie Asche«: Ps 102,10.[12]

Erst auf diesem Hintergrund wird deutlich, was die Annahme des Menschen, seine Erhöhung durch Gott, bedeuten; und daß der Tod uns allen zuteil wird – am Beginn der österlichen Zeit deutlich als Durchgang in die Herrlichkeit des Auferstandenen.

Die Kreuzwegandacht

Vorläufer unserer Andacht gibt es seit dem 14.-16. Jahrhundert. Schon früh sind wohl markante Stellen des Kreuzwegs Jesu für die Pilger mit Steinen (später Kapellen) bezeichnet worden. Unter Führung der Franziskaner ging man dann den »Heiligen Circulus«, den nach der Tradition Maria nach der Auferstehung Jesu täglich gegangen sein soll (Abendmahlsaal, Haus der Hohenpriester Annas und Kaiphas, Kalvarienberg und Heiliges Grab, Gethsemani, Ölberg, Kedrontal, Sion).[13] Der Kreuzweg Jesu vom Praetorium zum Heiligen Grab war durch 14 Gedächtnisstätten unterteilt, die später (W. Wey) »Stationen« genannt wurden. Man beging diese Stationen (die weithin nicht mit den heute geläufigen übereinstimmen) betend in beiden Richtungen.

In den Nachbildungen im Abendland kannte man zunächst nur den Anfangspunkt des Kreuzweges (Burg Antonia) und den Endpunkt (Kalvarienberg mit Kreuz und Grab). Daraus entstanden im deutschen Sprachgebiet die »sieben Fußfälle«. Die Beschreibung Jerusalems durch Ch. Cruys, genannt Adrichomius (1590), spricht von 12 Stationen, die bald überall

übernommen werden. Der spanische Franziskaner Antonius Daza fügt 1625/26 die restlichen zwei hinzu.
Als die Reformatoren der katholischen Kirche vorwarfen, sie »verdunkle, vertusche und unterdrücke« das Leiden des Herrn, wurde die Andacht geradezu eine »demonstratio catholica«. Jahrhundertelang war sie die beliebteste Andacht der katholischen Christenheit. Besondere Verdienste erwarb sich dabei der Franziskanerpater Leonhard v. Porto Maurizio (gest. 1751), dessen Anleitung zum Beten des Kreuzwegs von Rom zur Norm erhoben wurde, die dann auf die Begehung des Weges in Jerusalem zurückwirkte. Um 1700 begann man, Kreuzwege an den Kirchenwänden abzubilden. Wir finden die Kreuzwegstationen auch auf großen Wallfahrtswegen, vor Wallfahrtskirchen, rings um bekannte Heiligtümer...: Sie geleiten den Beter ins Heiligtum. Der Weg des Christen ist der Kreuzweg – das Annehmen und Tragen des Kreuzes.

Die Kreuzwegandacht wird heute vor allem in der österlichen Bußzeit gehalten; mit besonderer Feierlichkeit am Karfreitag. Eine neue (theologisch richtige) Sicht der Einheit des Paschamysteriums führte dazu, die 14 Stationen um eine 15. zu erweitern: die der Auferstehung Christi. In anderen Gemeinden ist der Kreuzweg zum Teil eines größeren »Heilsweges« geworden, der das gesamte Heilsgeschehen reflektiert und meditiert.[14]
Es ist sinnvoll, den Kreuzweg auch mit Kindern zu gehen, wobei nicht alle Stationen meditiert werden. Es ist allerdings Kritik laut geworden. Es sollte zu denken geben, daß ein so erfahrener Seelsorger wie Jörg Zink in seiner Kinderbibel »Der Morgen weiß mehr als der Abend« die Passion Jesu – bis auf einen kurzen indirekten Hinweis – ausspart. Sensible Kinder können vom Leiden und vom Tod des Herrn zutiefst getroffen sein. Daher sollte – wenn ein Kinderkreuzweg gewagt wird – dieser immer mit einem ausführlichen Hinweis auf die Auferstehung enden. Besser wäre es, einen Heilsweg mit Kindern zu erarbeiten und zu gestalten.
Jedenfalls ist für die Auswahl der Texte und Lieder besondere Sorgfalt notwendig. Mit jüngeren Kindern sollte man den Kreuzweg nur dann gehen, wenn Eltern oder Großeltern beim Kind sind.

Passions- und Osterspiele. Das »Heilige Grab«

Das geistliche Schauspiel des Mittelalters ist aus der Osterliturgie erwachsen .[15] Urbestand der »Osterfeier«[16] ist der tropus[17], der »in Frage und Antwort die Verkündigung der Auferstehungsbotschaft durch den Engel am Grabe Jesu an die Frauen, die seinen Leichnam salben wollen, zum Inhalt hat«[18]. Dieser tropus könnte – falls er zu Recht Tuotilo zugeschrieben wird, aus dem Beginn des 10. Jahrhunderts stammen. Die »Osterfeier« hat ihren Ort zunächst vor dem Introitus der Ostermesse, wird dann aber (erweitert) in der Frühe des Ostertages zwischen dem letzten Responsorium und dem Te Deum der Matutin (also des Nachtgebetes der Geistlichen) gespielt.

Aus diesem Ansatz entwickeln sich die beliebten Passions- und Osterspiele des Mittelalters und der Neuzeit. Sie sind zunächst eng der Liturgie verbunden, beziehen ab 1200 die deutsche Sprache ein (das älteste deutsche Osterspiel, das Osterspiel von Muri, ist fast ganz in deutscher Sprache geschrieben), bis endlich über viele Zwischenstufen[19] die großen, von der Liturgie gelösten oder mit ihr nur noch lose verbundenen) Passionsspiele entstehen, wie wir sie etwa von Oberammergau kennen.

Einer der ältesten Belege für die Osterspiele, die »Regularis concordantia« des Bischofs Ethelword (10. Jahrhundert), die für die Benediktinerklöster Englands gültige Sammlung liturgischer Bräuche, nennt im Zusammenhang vier »liturgische Darstellungen«:

- die *adoratio crucis* – die Verehrung des Kreuzes;
- die *depositio crucis* – die »Grablegung« des Kreuzes;
- die *visitatio crucis* – den Besuch, das Anschauen des Kreuzes;
- die *elevatio crucis* – die Erhebung des Kreuzes (aus dem Grab).

Die »adoratio crucis«, sei es als Einzelverehrung, sei es als Verehrung der Gemeinde, während das enthüllte Kreuz über ihr aufgerichtet ist, ist bis heute fester Bestandteil der Karfreitagsliturgie.

Die »depositio crucis« ist früher als »Grablegung« des Kreuzes geschehen, wobei später das Kreuz durch einen geschnitzten Corpus ersetzt wurde. Dieses »Heilige Grab« ist beim Volk sehr beliebt gewesen. Am Karsamstag, dem Tag der Grabesruhe Jesu, war die Kirche mit Gläubigen gefüllt, die das Heilige Grab besuchten und dort beteten (»visitatio crucis«). Vor allem im südlichen deutschen Sprachgebiet war das Heilige Grab festlich geschmückt. Das Licht der Kerzen wurde (und wird) durch die »Grabkugeln« (Glaskugeln, die mit gefärbtem Wasser gefüllt sind oder deren Glas farbig ist) gedämpft.

Zum ersten Mal wurden wohl im 10. Jahrhundert heilige Gräber errichtet, in die man ein Kreuz oder eine vom Kreuz abgelöste Heilandsfigur legte.[20] Gelegentlich (erstmals bezeugt bei Bischof Ulrich von Augsburg) hat man im Heiligen Grab die von der Karfreitagskommunion übriggebliebenen Hostien aufbewahrt; manchmal in einer Öffnung (Wunde) der Grablegungsfigur.[21] Da man diese Hostien am Ostermorgen feierlich »erhob«, bildete sich später der Brauch aus, das Heilige Sakrament an die Stelle des Kreuzes zu setzen, bis es sich im Süden einbürgerte, während der ganzen »Vierzig Stunden« der Grabesruhe das Allerheiligste in der Monstranz feierlich auszusetzen. Um den Charakter der Kartage zu wahren, war (ist) die Monstranz verschleiert.

Die »Grablegungsfigur« wurde am Ostermorgen feierlich erhoben (»elevatio crucis«); später die Monstranz.

Osterfeiern der alten Form und Osterspiele sind in den Gemeinden weit weniger gebräuchlich als Weihnachtsspiele. Vielleicht ist ein Gespür dafür dagewesen, wie leicht hier Grenzen überschritten werden können. Vieles spricht dafür, daß »das Kreuz aus dem Spiel bleiben muß« (Moltmann). So werden die großen Passionsspiele wohl stets umstritten bleiben, obwohl nicht verkannt werden soll, daß manche Menschen hier einen Zugang zur Passion finden können.[22]

Dagegen sollte die Frage der vier alten »(Spiel-)Zugänge«, vor allem für die Karwoche, genau überlegt werden. Die *adoratio crucis* am Karfreitag sollte sehr ernstgenommen werden. Wo eine Einzelanbetung nicht möglich ist, sollte das enthüllte Kreuz in einer längeren Zeit der Stille (oder beim Gesang der Improperien) über (vor) der Gemeinde aufgerichtet sein, damit diese kniend anbeten und verehren kann.

Das Kreuz wird in unsern Kirchen – nach der Liturgiereform, durch die so manche Bräuche »an Boden verloren haben« (Adam/Berger) – an eine gut sichtbare Stelle gehängt und besonders reich geschmückt. Aber die Gläubigen kommen am Karsamstag kaum noch zur Kirche, um das

Kreuz zu verehren. Der Karsamstag wird pastoral (auch theologisch) immer mehr ein »inhaltsarmer« Tag. So ist zu überlegen, ob nicht das Heilige Grab mit der feierlichen Zeremonie der »depositio crucis« wieder gebräuchlich werden sollte. Dabei kann das Kreuz während der Karfreitagsliturgie in ein solches Grab gelegt werden oder (nach der Liturgie) eine geschnitzte Grabfigur.

Den Karsamstag über könnte dann der Herr im Grab »besucht« werden (»visitatio«).

Eine feierliche »elevatio« des Kreuzes während der Osternachtliturgie ist nur dort möglich, wo das Grab in einer Seitenkapelle, einer »Werktagskirche« ... aufgestellt ist. Dann könnte das Kreuz nach dem Exsultet »erhoben« und in feierlicher Prozession an seinen Ort im Kirchenraum gebracht werden, wo es zumindest während der Festoktav verbleibt.

Wenn im Grab eine geschnitzte Figur liegt, tritt die Osternachtliturgie an die Stelle der »elevatio«.

Die Monstranz mit dem Allerheiligsten im Heiligen Grab oder mit ihm verbunden aufzustellen, ist durch römische und bischöfliche Verlautbarungen untersagt worden. Zu Recht, denn hier wird die Symbolik und damit der Brauch zerbrochen.

Das Brauchtum der Karwoche[23]

Als Vorbereitung auf die österliche Nachtliturgie fasteten die Gläubigen schon im 2. Jahrhundert zwei Tage oder wenigstens 40 Stunden lang. Später, im 4./5. Jahrhundert, spricht man vom *triduum crucifixi, sepulti, suscitati* (Karfreitag, Karsamstag, Ostersonntag). Die aufkommende Neigung, die zentralen Heilsereignisse in chronologischer Folge zu feiern, führte schon bald dazu (sicher auch schon im 4./5. Jahrhundert), die Feier der Osterereignisse bereits mit dem Mahl in Bethanien und dem Einzug Jesu in Jerusalem beginnen zu lassen. So entsteht der Palmsonntag und mit ihm die »Heilige Woche«. Sie sind für Rom allerdings erst im 11./12. Jahrhundert bezeugt.[24]

Die Palmweihe, die Palmprozession und der Palmesel

Eine Palmweihe ist in der westlichen Kirche schon für die Mitte des 8. Jahrhunderts belegt (Sakramentar von Bobbio)[25]. Palmen wurden im Altertum (Babylon) als heilige Bäume verehrt. In Delos galten sie als dem Apoll heilig. Im Orient waren sie Siegeszeichen, die man seit 293 v. Chr. den siegreichen Soldaten verlieh.

In den Heiligen Schriften wird die Palme im 92. Psalm zum Gleichnis: »Der Gerechte gedeiht wie die Palme...«. Seit der Makkabäerzeit ist auch im Judentum die Palme Sinnbild für einen siegreichen Herrscher (1 Makk 13,51; 2 Makk 14,4) und einen errungenen Sieg (2 Makk 10,7; vgl. Offb 7,9). Mindestens seit dieser Zeit hat das Sinnbild der Palme »im Judentum seinen festen Platz«[26].

Nach Joh 12,13 nahmen nun die Festpilger in Jerusalem »Palmzweige von den (Palm-) Bäumen« und gingen Jesus entgegen. Da zweifelhaft ist, ob damals in Jerusalem überhaupt Palmen wuchsen und der Einzug Jesu kaum am jüdischen Laubhüttenfest stattfand, bei dem Palmzweige aus dem Feststrauß (der nach dem Palmzweig *Lulab* genannt wurde) vorhanden waren, ist der Hinweis auf die Palmen wohl symbolischer Natur. Dazu kommt, daß sich im Bewußtsein der Juden auch der Hosanna-Ruf mit dem Palmzweig verband, denn der Feststrauß des Laubhüttenfestes wurde auch »Hosanna« genannt.[27]

Jesus wird also wie ein (siegreicher) Herrscher feierlich eingeholt, wobei Jesus durch sein Verhalten (in der Erfüllung der Prophetie des Zacharias) sein Selbstverständnis deutlich macht.

Eine *Weihe* der Palmen wäre bei der Symbolbedeutung unnötig. Man war aber offenbar der Ansicht, daß alles *Profane* geweiht werden müsse, wenn es in den Bereich des *Fanums* gelangt.[28] Da es in Deutschland und anderen europäischen Ländern keine Palmen gab, ersetzte man sie durch die Zweige der Weiden, vor allem der Salweide (Salix caprea), deren (männliche) Blütenstände zu »Palmkätzchen« wurden, und durch Buchsbaum oder Stechpalme[29]. Die »Palmbuschen« oder Palmsträuße wurden oft mit bunten Bändern, gefärbten Holzspänen u.ä. geschmückt. Man hängte auch Gebildbrote, Eier, Früchte daran (auch Würste, Speck etc., was aber viele Pfarrer wegen der Mißbräuche verboten).

Nach Schönfeldt besteht der »richtige« Palmbusch aus »immer dreierlei vom Gleichen: drei Buchszweige, drei blühende Palmkätzchen, drei Stechpalmenzweige, drei lange blühende Haselruten... drei Wacholderzweige, drei Eichenzweige mit dem roten Laub vom Vorjahr...«[30] Jedenfalls sind die Palmsträuße gerade in den deutschen Landen von großer Vielfalt, oft werden dabei kleine Kunstwerke geschaffen.

Nach der Palmprozession werden die Palmsträuße in einigen Gegenden auf die Gräber gestellt und später an den First des Hauses oder/und in die Äcker und Wiesen gesteckt. Jedenfalls wird der Strauß sorgfältig aufbewahrt, wobei bis heute der Schutz von Haus und Hof von ihm erhofft wird.[31]

Eine Art von »*Palmprozession*« erwähnt schon die Pilgerin Ätheria um 400 in Jerusalem. Die Christen dort versammelten sich am Nachmittag des Palmsonntags auf dem Ölberg zu einem ausgedehnten Wortgottesdienst. Am Abend geleiteten sie den Bischof in feierlichem Zug in die Stadt zurück, wobei die Kinder Oliven- oder Palmzweige in den Händen trugen. Der Ritus verbreitete sich bald in der Kirche des Ostens. Im 8. Jahrhundert ist er in Gallien und Spanien nachzuweisen. Nach Franz[32] ist eine Palmprozession im heutigen Sinne in der lateinischen Kirche an der Wende des 7./8. Jahrhunderts belegt.

»Im Mittelalter nahm die Prozession spielerisch-dramatische Elemente auf. Christus wurde dabei durch ein Kreuz oder ein Evangelienbuch auf einer Bahre symbolisch dargestellt, in England teilweise auch eine konsekrierte Hostie mitgeführt.«[33]

Die »Neuordnung der Liturgie der Heiligen Woche«[34] hat die Palmprozession wieder stärker betont. Dabei steht heute nicht eine (historisierende) Nachahmung des biblischen Geschehens im Vordergrund, sondern das Bekenntnis zu dem Herrn der Welt, der in Demut und Niedrigkeit kommt, der seine Macht als Dienst und Hingabe (bis zum Kreuz) versteht.

Der *Palmesel*, der in der Palmprozession mitgeführt wurde, entspringt dem Wunsch (des Volkes), das Heilsgeschehen vor Augen zu haben, es mit allen Sinnen begreifen zu können. So ist schon früh ein Palmesel, gelegentlich lebend, meist aber als Schnitzwerk mit der geschnitzten Figur des Heilands darauf, in der Prozession mitgeführt worden. Den frühesten Beweis finden wir in der *Vita Sancti Udalrici* aus dem 10. Jahrhundert. Dort wird berichtet, daß der Heilige an einer Palmprozession teilgenommen habe, bei der das Bildnis des auf einem Esel reitenden Herrn (»et cum effigie sedentis dominis super asinum«) mit im Zuge war.[35] Die Versuche, lebende Esel (mit lebenden Darstellern des Herrn) mitzuführen, sind meist bald wieder aufgegeben worden. Geblieben ist in vielen Städten des Mittelalters der hölzerne Esel. Der wohl früheste erhalten gebliebene Esel stammt aus Steinen in der Schweiz; er dürfte in das 12. Jahrhundert zu datieren sein. In wenigstens 300 Städten und Gemeinden ist ein »Palmeselbrauch« sicher bezeugt – aber nur wenige haben den Brauch bis heute erhalten.[36]

Die *Palmweihe* ist heute fester Bestandteil der Palmsonntagsliturgie. Wo eine Tradition für die Fertigung der Palmbuschen/Palmsträuße vorliegt, sollte diese beachtet werden, sonst sind Neuschöpfungen (unter Anregung anderer Traditionen) durchaus sinnvoll. Es sollte allerdings beachtet werden,daß vom biblischen Urgrund her und aus der Tradition *lebendige* Zweige zum Brauch gehören. Versuche, etwa mit farbigem Kreppapier o.a. die Zweige zu umwickeln, so daß allenfalls ein winziger lebendiger Zweigteil sichtbar bleibt, sind kritisch zu beurteilen. Es gibt Fehlentwicklungen unserer Bräuche, die über kurz oder lang zu deren Aushöhlung führen.

Die geweihten Palmsträuße werden in Haus, Hof und Stall aufbewahrt. Für den gläubigen Christen sind sie Zeichen des göttlichen Schutzes, in dem unser Leben geborgen ist.

Die Palmprozession ist mit Recht stärker betont worden. Wo es Filialkirchen gibt oder markante Bildstöcke oder Kapellen, könnte die Prozession von dort ausgehen und zur Pfarrkirche führen. Wichtig ist die Deutung, nach der wir in die Nachfolge dessen eintreten, der seine Macht als Dienst verstand und der sich ganz hingab für alle, die seiner Hilfe bedurften.

Der Brauch, einen hölzernen Palmesel mit geschnitzter Christusfigur bei der Palmprozession (auf Rädern, so daß der Esel von Ministranten o.a. gezogen werden kann) mitzuführen, ist in letzter Zeit in einigen Pfarren neu belebt worden. Abgesehen davon, daß solche historisierenden Tendenzen von der Liturgiereform abgelehnt werden, ist zu fragen, was solcher Brauch heute bewirkt. Wo es beim reinen *Abbildcharakter* bleibt, so daß die Teilnehmer etwas zum Schauen und zum Anfassen haben, so ist der erneuerte Brauch abzulehnen (hier sind andere Bräuche im Jahreskreis entschieden wichtiger). Sollte der Brauch *Inbildcharakter* haben, so daß er uns dem Sinn des Tages näherbrächte, wäre er sinnvoll. Ich bezweifle allerdings sehr, ob dem Betrachter der Palmesel heute das Mysterium des demütigen, dienenden Herrn näherbringt, wie es die Prophetie des Zacharias nahelegt. Der Brauch dürfte einer ehrlichen Reflexion nicht standhalten.[37]

Prozession mit Palmbuschen (Oberschwaben)

Das Brauchtum des Gründonnerstags

Mit der Abendliturgie des Gründonnerstags beginnt das österliche Triduum. Die Herkunft des Namens *Grün*-Donnerstag (spätestens im 12. Jahrhundert nachzuweisen) ist umstritten. Wahrscheinlich ist das Wort vom mittelhochdeutschen Wort *gronan* (weinen) abgeleitet, das heute noch in Worten wie *greinen* oder *grienen* lebendig ist. Dann könnte das Wort auf die Wiederaufnahme der öffentlichen Büßer (der Weinenden) in die Gemeinde am Gründonnerstag zurückgehen.[38] Der Tag heißt auch *Antlaßtag* (von mhd. antlaz = Ablaß, Entlassung, Lossprechung), wobei wiederum an die Aufnahme der öffentlichen Sünder erinnert wird.[39]

In den Bischofskirchen wird – gewöhnlich am Morgen des Tages – die *Chrisammesse* (missa chrismatis) vom Bischof (in Konzelebration mit ausgewählten Vertretern des Diözesanklerus) gefeiert, in der heute das Heilige Chrisam für die Tauf- und Firmsalbung sowie die Öle für die Katechumenen- und Krankensalbung geweiht werden.

Die Abendmesse in den Gemeinden ist von besonderer Feierlichkeit. Zur Erinnerung an die Einsetzung der Eucharistie beim Letzten Abendmahl des Herrn trägt der Liturge weiße Meßgewänder. Das Gloria wird gesungen, wobei alle Glocken läuten, die Orgel erklingt, die Schellen der Ministranten ertönen. Danach schweigen nach alter Tradition die Glocken bis zum Gloria der Osternachtsfeier. Auch die Orgel schweigt, und die Altarschellen werden durch hölzerne Klappern ersetzt, von denen schon Amalar von Metz (vor 850) sagt, daß durch sie besser die »demütige Selbstentäußerung« des Herrn angedeutet werde.[40]

Das Schweigen der Glocken und der Orgel hat man als »Fasten der Ohren« verstanden (wie die Verhüllung der Kreuze als »Fasten der Augen«).[41] Allerdings finden wir weder in alten noch in neuen Meßbüchern einen Hinweis, daß die Orgel an den Kartagen schweigen soll. Ein Hinweis ist lediglich in einem älteren Entscheid der Ritenkongregation zu finden[42]. Es hat den Anschein, daß ein Hinweis in neuerer Zeit bewußt vermieden wurde.

Der wichtigste Brauch des Gründonnerstags aber ist die *Fußwaschung*. Auf sie weist das Evangelium der Liturgie hin (Joh 13,1-15). Vom Gebot des Herrn her: »Ich habe euch ein Beispiel gegeben, damit auch ihr so handelt, wie ich an euch gehandelt habe«, heißt die Fußwaschung auch *mandatum* (Gebot). »Schon im 4. Jahrhundert begegnet uns im Westen (außerhalb Roms) eine Fußwaschung im Rahmen des Taufritus'. Sie lebt in den Klöstern fort als Fußwaschung an Gästen, Armen und Kranken. Das 17. Konzil von Toledo (694) fordert energisch, daß sie in allen Kirchen Spaniens und Galliens am Gründonnerstag vollzogen werde. Für Rom ist dieser Ritus seit dem 12. Jahrhundert bezeugt. Während das Meßbuch von 1570 die Fußwaschung am Ende der Meßfeier vorsah, legen sie die Neuordnung der Karwochenliturgie (1955) und auch das neue Meßbuch hinter Evangelium und Predigt.«[43]

Vorgeschrieben ist eine solche Fußwaschung nur für Bischofs- und Abteikirchen. In den Gemeinden kann sie durchgeführt werden, wenn es pastoraltheologisch ratsam ist. Dabei wird in manchen Bischofskirchen die Zwölfzahl derer beibehalten, denen der Bischof die Füße wäscht.

Im Anschluß an den Abendgottesdienst finden in vielen Gemeinden Anbetungsstunden vor dem auf einen Seitenaltar übertragenen Allerheiligsten statt.

Das Brauchtum des Gründonnerstages ist in allen Gemeinden lebendig. Eine Ausnahme bildet die Fußwaschung. Ob dieser Brauch seinen ursprünglichen Sinn: der Mächtige, ein hohes Amt Bekleidende… verrichtet die Dienste eines Sklaven[44], versteht also seine Macht als Dienst am Bruder und an der Schwester und gerade an den Bedürftigen, noch entfaltet, hängt wohl von dem ab, der den Brauch vollzieht. Er muß ja den Brauch zunächst als Anruf an sich selbst verstehen, dann als Gebot für die Gemeinde.

Heute bedarf ein solcher Brauch sicher einer intensiven Deutung. Dennoch bleibt zu fragen, ob das »Bild« noch tragfähig ist. Vielleicht würde das Gemeinte deutlicher, wenn die Vorsteher der Gemeinden an diesem Tag sich (mit ihren Gemeinden) intensiv den Kranken widmeten oder den Einsamen, den Verachteten in der Gemeinde. Die Bilder haben sich gewandelt.

Sinnvoll ist dagegen der Brauch eines Liebesmahles (Agape), das an diesem Tag nicht nur in Klöstern, sondern auch in Pfarreien und Privathäusern nach der Liturgie (wieder) festlich gehalten wird. Hier könnte das Zeichen der Fußwaschung aufgenommen und aktualisiert werden. Allerdings kollidiert der Brauch

oft mit der nächtlichen Anbetung am Gründonnerstag.
Eine solche Anbetung ist sicher zu begrüßen. Die Texte sollten das Wachen mit dem Herrn betonen und die Bejahung seines ohnmächtigen Leidens. Auch der Gedanke des Dienstes am Nächsten (Fußwaschung) sollte Wort werden.
Vielleicht wäre es gut, den Gedanken der *Vigil* wieder stärker zu betonen. In einer Zeit, in der bis weit in die Nacht hinein ferngesehen wird, müßte es möglich sein, wenigstens bis Mitternacht (und darüber hinaus) Stunden des Wachens (mit dem Herrn) betend und meditierend zu verbringen. Dann könnte die Anbetung nach der Agape beginnen.

Das Brauchtum des Karfreitags

Alter Tradition folgend, wird am Morgen des Karfreitags (gegen 9 Uhr) mit der Gemeinde der Kreuzweg des Herrn nachgegangen. Bei der 12. Station knien alle längere Zeit nieder, um des Todes des Herrn zu gedenken.
Karfreitagsprozessionen (»Kreuztrachten«) sind bis heute in Bayern, nicht zuletzt in Westfalen (Delbrück, Menden, Gehrden...) und in andern Landschaften üblich. Sie dürften in der Zeit der Gegenreformation entstanden sein. Dabei schleppten früher (gelegentlich auch heute, vor allem bei den Kreuztrachten in Jerusalem) viele Gläubige oft schwere Kreuze mit. Dazu traten die Flagellanten auf, die sich während der Prozession geißelten und sich oft schwere Wunden zufügten. Weil bei solchen Prozessionen Bilder aus der Leidensgeschichte des Herrn, aber auch aus dem Alten Testament dargestellt wurden, reichten oft die Gläubigen eines Ortes für die Darstellung nicht aus, so daß Darsteller aus den Nachbarorten gedungen werden mußten.
Die Aufklärung hat den meisten solcher Prozessionen den Garaus gemacht. Das geschah gelegentlich – wegen der Mißbräuche, die den Sinn des Karfreitags aushöhlten – zu Recht. Vielleicht waren auch Überlegungen im Spiel, die wir an anderer Stelle erörtert haben, nach denen das Zentralmysterium unseres Glaubens sich dem Spiel und der spielerischen Darstellung entzieht. Aber: Ist das Kreuztragen am Karfreitag eine solche »spielerische« Gestaltung? Ist hier (wenn die freiwilligen »Darsteller« [deren Gesichter oft verhüllt sind] ihre Aufgabe ernst nehmen) nicht viel mehr ausgesagt? Wird hier ein Bekenntnis

Das »Ratschen« während der Kartage

abgelegt? Hier muß wohl von Fall zu Fall über das Für und Wider entschieden werden. Und es muß wohl auch gefragt werden, ob sich der »Kopf« nicht immer über die Bilder erhaben fühlt und sie um der »reinen Lehre« willen zu beseitigen versucht.

Im Mittelpunkt der nachmittäglichen Feier, die zur Todesstunde Jesu, also um 15.00 Uhr beginnt, steht die Verehrung des Kreuzes.

Schon in den ersten Jahrhunderten der Kirche wurde in Jerusalem am Karfreitag ein Wortgottesdienst gefeiert, in dem nach der Lesung der Johannespassion das Heilige Kreuz verehrt wurde. Rom übernimmt solche Kreuzverehrung im 8. Jahrhundert, wobei der Papst barfuß die Kreuzreliquie vom Lateran zur Kirche vom »Heiligen Kreuz in Jerusalem« trug und zur Verehrung durch das Volk aufstellte.[45] Zur Verehrung wird später der Psalm118 gesungen, der vom »Ecce lignum crucis…« antiphonal umschlossen wird. Seit dem 10. Jahrhundert werden aus dem gallo-fränkischen Raum andere begleitende Gesänge übernommen, so die *Improperien*: »Mein Volk, mein Volk, was tat ich dir..?«, das (heute damit verbundene) *Trishagion*: »Heiliger Gott; heiliger starker Gott; heiliger unsterblicher Gott, erbarme dich unser!« und das *Pange lingua*.

Heute wird das von Ministranten gehaltene oder zwischen Kerzen niedergelegte Kreuz von den einzelnen Gemeindemitgliedern persönlich verehrt oder von der ganzen Gemeinde kniend angebetet.

Ein alter Brauch der Kartage ist das *Ratschen* . Mit großen Standratschen oder kleineren Handratschen werden die Gottesdienste angekündigt. In manchen Orten gehen die Ministranten zu den Gebetszeiten mit Ratschen durch das Dorf (die Stadt) und beten mit den Leuten, die aus ihren Häusern auf die Straße kommen, das Vaterunser, das Ave Maria oder den »Engel des Herrn…«.[46]

Während die Karfreitagsprozessionen und die Passionsspiele (s.o.) auf wenige Orte beschränkt sind, sind in den Gemeinden pastoral vor allem der Kreuzweg am Karfreitag, die Kreuzverehrung und das Straßengebet wichtig. Der Kreuzweg sollte mit dem (den) Liturgen und mit Ministranten gegangen werden. Eine Ansprache kann in den Sinn des Brauchs einführen. Gerade am Karfreitag sollten Zeiten der Stille eingehalten werden und eine größere Meditationsstille während oder nach der 12. Station. Es ist sinnvoll, gerade an diesem Tag die Betrachtungen und Gebete der einzelnen Stationen von verschiedenen Gruppen der Gemeinde (Frauenbund, KAB, Jugend, Ministranten …) vorbereiten und gestalten zu lassen.

Vieles spricht dafür, daß während der Karfreitagsliturgie jedes einzelne Gemeindemitglied das Kreuz persönlich durch die Kniebeuge und eventuell das Küssen der Wundmale verehrt. Allerdings wird das nur in kleineren Gemeinden und Klosterkirchen möglich sein. Sonst könnte der Liturge das enthüllte Kreuz der Gemeinde zeigen, wobei alle knien und schweigend das Kreuz verehren. Während dieser Zeit können die Improperien gesungen werden. Danach wird das Kreuz in das Heilige

Grab gelegt oder an einem gut sichtbaren Platz, geschmückt mit den blühenden Sträuchern und Blumen des Frühlings, zur Verehrung aufgehängt.

Ein Straßengebet an den Kartagen ist in manchen Orten (vor allem in ländlichen Gemeinden) als Brauch gut angenommen worden. Durch solches Gebet wird an die (oft vergessenen) Gebetszeiten des Tages erinnert; es wird aber auch die besondere Bedeutung der Kartage hervorgehoben.

4.4 Das Brauchtum des Auferstehungsfestes

Osterfeuer und Osterkerze

Das Feuer ist eines der größten Güter der Menschheit. Es erhellt die Dunkelheit, die Nacht; es erwärmt und es reinigt. Das Feuer hat das Überleben der Menschheit und vor allem menschliche Kultur erst möglich gemacht. So galt unseren Vorfahren das Feuer als den Göttern eigen. Prometheus, der es freventlich stahl, mußte diese Tat furchtbar büßen.

In vielen Religionen wurde das Feuer als Symbol lebenschaffender und lebenzerstörender Mächte als göttlich verehrt. In Rom hüteten die Priesterinnen der Feuergöttin Vesta als reine Jungfrauen das heilige Feuer. In Griechenland war der Herd mit seinem Feuer die Mitte des Hauses, die Götter des Feuers hatten großes Ansehen.

Das *Urfeuer* war die Sonne, die bei einigen Völkern (Ägypten) ebenfalls göttliche Verehrung genoß.[47]

Im Alten Testament ist das Feuer Symbol Jahwes. Er erscheint dem Mose im brennenden Dornbusch, der nicht verbrennt (Ex 3,2); er zieht in der Feuersäule vor seinem Volk her (Ex 13,21); im Feuer steigt Gott auf den Sinai herab (Ex 19,18). Nach Ps 18,9 kommt aus dem Mund Gottes »verzehrendes Feuer« und »glühende Kohlen sprühen aus ihm«. Und für den Verfasser des Hebräerbriefes ist Gott ein »verzehrendes Feuer« (12,29).

Osterfeuer als Frühlingsfeuer reichen in die heidnische Zeit hinein. Für unsere Vorfahren war es nicht selbstverständlich, daß es nach dem (oft sehr harten) Winter wieder Frühling wurde, daß die Sonne wieder wärmte und Aussaat und Ernte ermöglichte. So versuchte man, im Sonnen-Abbild des Feuers die Sonne magisch auf die Erde, die Äcker, die Saaten… herabzuzie-

Das (liturgische) Osterfeuer

hen. Flammenräder rollten von den Höhen über die Äcker hin – Fruchtbarkeit hinterließ ihre Spur.[48]

Das christliche Osterfeuer hat das heidnische Frühlingsfeuer ablösen sollen. Solche Feuer waren schon um die Mitte des 8. Jahrhunderts im Frankenreich Brauch.[49] Sie wurden am Karsamstag angezündet.[50] In der deutschen Kirche sind solche Feuer im 11. Jahrhundert nachzuweisen. Sie wurden gelegentlich auch am Gründonnerstag (ein Brauch, der sich bis ins 15. Jahrhundert erhalten hat), seltener am Karfreitag, abgebrannt. Das Feuer mußte aus dem Stein geschlagen oder durch ein Brennglas entzündet werden.

Die Weihe des Osterfeuers hat sich als Beginn der Osternachtsfeier in unserer Liturgie erhalten. Die Symbolbedeutung des Feuers ist allerdings in der Deutung der Kirche auf die Lichtsymbolik reduziert. Das Weihegebet sagt: »Allmächtiger, ewiger Gott, du hast durch Christus allen, die an dich glauben, das *Licht deiner Herrlichkeit* geschenkt. Segne dieses Feuer, das die *Nacht erhellt*, und entflamme in uns die Sehnsucht nach dir, dem *unvergänglichen Licht*, damit wir mit reinem Herzen zum ewigen Osterfest gelangen…«

Zahlreiche Osterbräuche sind mit dem Osterfeuer verbunden. So etwa das Osterräderlaufen, bekannt vor allem durch Lügde in Westfalen. Den mit Stroh umwickelten Rädern sind christliche Sinnsprüche eingeschnitzt. Die entzündeten Räder rollen von den Höhen zu Tal. Der Bauer sieht es bis heute gern, wenn solche Räder über seine Äcker laufen, da er sich davon größere Fruchtbarkeit verspricht. Das Werfen brennender Holzscheiben hat sich, trotz vieler Verbote, vor allem im schwäbisch-alemannischen Raum bis heute erhalten. Der verheerende Brand, der 1090 große Teile des Klosters Lorsch vernichtete, geht auf solchen Brauch zurück.

Vor allem in der Oberpfalz wird ein großer, behauener Holzklotz, »Judas« genannt, an das Osterfeuer gelegt und – angesengt – nach Hause getragen, wo aus ihm viele kleine Kreuze geschnitzt werden, die an Haus und Hof und auf die Felder und Wiesen gesteckt werden.[51] Als die Osternachtliturgie noch am Karsamstagmorgen gefeiert wurde (schon der Name der Liturgie zeigt den Widersinn), war es Brauch, alle Feuer und Lichter im Hause zu löschen und sie mit einer Flamme des geweihten Osterfeuers neu zu entzünden. Die Bringer (meist die Ministranten oder die andern Buben des Dorfes, der Stadt) wurden reich beschenkt. Das ist nach der Liturgiereform (aber auch im Zeitalter der elektrischen Öfen und Beleuchtungen) anders geworden. Aber bis heute bringen Gläubige das geweihte Osterlicht in die Häuser, wo es über die Festtage brennt.

Magische Unterschichten der Bräuche haben sich bis heute erhalten.

Die österliche Feuersymbolik ist in der Kirche weithin auf die *Osterkerze* übergegangen, die heute im Mittelpunkt der Osternachtfeier steht.[52] Sie wird wohl zum ersten Mal in einem Brief des Heiligen Hieronymus erwähnt, nach dem sie in Piacenza um 384 üblich war.[53] Au-

Die Osterkerze wird in das Taufwasser eingesenkt

gustinus hat eine »laus cerei« verfaßt, die wir im 15. Buch seiner »Civitas Dei« (c.22) finden. Um 500 schreibt der Diakon und spätere Bischof Ennodius von Pavia zwei wunderbare »benedictiones cerei«, in denen es heißt, daß eine Nacht die alte Nacht der geistigen Gefangenschaft verscheucht habe und zur »Mutter der Freiheit« geworden sei. Das Wachs der Kerze stamme von den »jungfräulichen Bienen«, ihren Docht aus Papyrus habe das Wasser geboren, ihr Licht werde vom Himmel gesandt.[54] In Rom war die Zeremonie der Osterkerze spätestens seit Papst Zosimus (417-418) im Gebrauch. Sie wurde später offenbar von der Weihe des »Agnus Dei« (s.u.) verdrängt, ist aber vom 10. Jahrhundert an beständiger Brauch. Ursprünglich erhielt die Osterkerze ihr Licht von dem Feuer, das am Karfreitag (oder schon am Gründonnerstag) entzündet worden war, später vom neugeweihten Feuer zu Beginn der Osternachtfeier.

Die »allegorische Gestaltungsfreude gallischer und fränkischer Theologen stattete die Osterkerze mit weiteren symbolträchtigen Elementen aus, die auch in der erneuerten Osternachtliturgie in die Lichtfeier eingebaut werden können«[55]. Gemeint ist das Einritzen der Jahreszahl, das Einstecken der Weihrauchkörner etc.

Aus den »laudes cerei« des Ennodius ergibt sich, daß man schon um 500 die Osterkerze zerstückelte und die Stückchen an die Gläubigen verteilte, die dadurch vor Unheil vielfacher Art bewahrt bleiben sollten; auch das von der Osterkerze herabträufelnde Wachs war begehrt. Da solches Wachs bei weitem nicht ausreichte, weihte man neben der Osterkerze größere Mengen kostbaren Wachses und formte daraus kleine Stückchen, denen man ein Siegel in der Form eines *Agnus dei* aufdrückte. Sie traten bald an die Stelle des Osterkerzenwachses. Der Brauch ist zuerst bei Amalar (um 800) belegt. Bald hat man wohl Wachs mit Öl vermischt und daraus Lämmer geknetet. Im 14./15. Jahrhundert wurde deren Weihe sogar von den Päpsten vollzogen.[56] Die Gläubigen bewahrten diese Lämmer in ihren Häusern auf, benutzten sie bei Weihgängen und in jeder Gefahr. Nach der Legende soll Papst Leo III. Kaiser Karl dem Großen ein solches Agnus dei zugesandt haben, das vom Kaiser als kostbarer Schatz gehütet wurde. Der Agnus dei Brauch hat sich gelegentlich bis heute erhalten.

Die Osterkerze wird heute in die nachtdunkle Kirche getragen. Der Liturge (Diakon) singt dabei das »lumen Christi« – »Licht, das Christus ist«. Das Licht der Osterkerze wird an die Gläubigen weitergegeben. Das war schon früh in Jerusalem Brauch, wurde im Mittelalter gepflegt, geriet dann aber in Vergessenheit, bis es die Neuordnung der Osternachtliturgie wieder vorschrieb.

Der Einzug mit der Osterkerze in die nachtdunkle Kirche hat eine dreifache Symbolik:

- Er erinnert an die Feuersäule, in der Jahwe seinem Volk in der Wüste voranzog und es in die Freiheit führte;
- er erinnert an das Wort Christi: »Ich bin das Licht der Welt. Wer mir nachfolgt, wird nicht in der Finsternis gehen, sondern wird das Licht des Lebens haben«;
- er erinnert daran, daß sich der Herr – wie der Wachsleib der Kerze – im Dienst des Vaters ganz verzehrt hat, damit die Welt erhellt werde mit dem Licht der Wahrheit Gottes und daß wir uns in seiner Nachfolge verzehren müssen im Dienste des Nächsten.[57]

Im Anschluß an die Prozession mit der Osterkerze singt der Liturge (meistens der Diakon) das *Exsultet*, das feierliche Lob der Osterkerze (praeconium paschale).

»Dieser hymnische Lobpreis eines noch unbekannten Verfassers ist gespeist vom Gedankengut eines Ambrosius und Augustinus, greift aber zum Teil auf noch ältere Texte zurück. Hierzu gehören vor allem der älteste bekannte Lobpreis auf die christliche Osternacht (H.J. Auf der Maur) aus der ersten Hälfte des 4. Jahrhunderts, der uns in den Osterhomilien des Asterios Sophistes begegnet und selbst wieder abhängig ist von der jüdischen Pesach-Theologie und -Liturgie. Auch das altchristliche, an jedem Abend stattfindende Ritual der Anzündung und Begrüßung des Lichtes (Luzernar), das sein Vorbild in jüdischer und antiker Kultur hat, dürfte diesen Lobpreis beeinflußt haben. Seine heutige Fassung ist wahrscheinlich anfangs des 7. Jahrhunderts entstanden...«[58] Vor dieser Zeit war der Wortlaut des Exsultet (etwa in Spanien und Italien) dem vortragenden Diakon freigestellt. Vom 7. Jahrhundert an setzten sich feste Formeln, später der verbindliche Wortlaut durch.

Während der Liturge das Exsultet in lateinischer Sprache vortrug, wurde vom Ambo eine »Exsultet-Rolle« abgerollt, deren Illustrationen kopfständig angebracht waren: So konnte das Volk sie so betrachten, daß sich ihm der Sinn des Gesanges erschloß.

Die Osterkerze wird nach der Osterfeier an einem bevorzugten Platz im Gotteshaus aufgestellt. Sie brennt während der Osterfestzeit. Die frühere Regelung, ihre Flamme nach dem Evangelium des Himmelfahrtstages zu löschen, wurde nach der Neuregelung der Liturgie aufgegeben. Die Kerze brennt nun bis zum Abschluß der Osterzeit. Danach wird sie meist in der Taufkapelle (beim Taufbrunnen) aufgestellt. Sie brennt bei Taufen; aber auch bei Beerdigungen leuchtet sie als Hinweis auf das ewige Licht, in das der Verstorbene eingeht.

Die Osternachtfeier ist – wie der Name sagt – eine *Nacht*-Feier. Sie kann erst nach Einbruch der Dunkelheit beginnen, da sonst die »großen Bilder« des Feuers und der Osterkerze, die in die *nachtdunkle* Kirche getragen wird, ihre Symbolkraft einbüßen. Ein früherer Beginn solcher Feier ist aus pastoralen Gründen nicht zu verantworten.

Das »Bild« sollte auch insofern gewahrt werden, als ein wirkliches Feuer vor dem Gotteshaus entzündet wird. Die gezähmten kleinen Brände, die oft üblich sind (und von denen keine Funken ausgehen, die Rauchmäntel etc. beschädigen könn-

Ausschnitt aus einer Exsultetrolle (12. Jhdt.)

ten) lassen die Symbolkraft des Feuers kaum erahnen.

Die Gemeinde sollte sich rings um das Feuer versammeln, um dann mit dem Liturgen in das Gotteshaus einzuziehen. Sinnvoll ist es, wenn in der österlichen Bußzeit die Familien eigene kleine Osterkerzen ziehen oder doch gekaufte Kerzen mit österlichen Zeichen (Lamm, crux gemmata, Christuszeichen…) schmücken. Sie brennen während der Osternachtfeier und werden mit in die Häuser genommen, wo sie als Zeichen des immerwährenden Pascha bei vielen Gelegenheiten entzündet werden.

Das Exsultet sollte vor der festlich geschmückten Osterkerze besonders feierlich beim alleinigen Licht der Kerzen gesungen werden. Vor allem für die Kinder ist es gut, in der österlichen Bußzeit (Karwoche) eine Exsultetrolle zu malen und sie während des Gesanges abzurollen.[59] Sie ist auch für Erwachsene eine gute Meditationshilfe.

Es ist ein schöner Brauch, das von der Osterkerze genommene Licht auf die Gräber der Toten zu tragen und sie dort eine Weile brennen zu lassen.

Das Osterlamm

Das Lamm (ob als junges Schaf oder als junge Ziege) ist Symbol des Ohnmächtigen, da es gegen die wilden Tiere ohne Waffen ist, und Bild des Wehrlosen, da es sich willig dem Scherer und dem Schlächter hingibt.

Das Lamm war daher im AT ein bevorzugtes Opfertier (das hauptsächlich in priesterschriftlichen oder kultisch orientierten Schriften genannt wird). Lämmer werden als Brand- und Schlachtopfer dargebracht (Lev 9,3; Num 15,5), um das Volk oder einzelne aus dem Volk zu entsühnen oder zu reinigen (Lev 14,10). Wichtig war seine Rolle beim Auszug aus Ägypten. Dort hatte jede Familie ein fehlerloses Lamm zu schlachten und mit seinem Blut die Türpfosten zu bestreichen, damit der Würgengel des Herrn vorübergehe. (Seitdem verzehrt jede jüdische Familie am Pessachfest ein Lamm und bestreicht die Türpfosten mit seinem Blut.) Ebenso wichtig ist die Erwähnung des Lammes in den Gottesknechtsliedern des Deuterojesaja: »Wie ein Lamm, das man zum Schlachten führt, und wie ein Schaf angesichts seiner Scherer, so tat auch er seinen Mund nicht auf.« (Jes 53,7)

Im NT wird das Lamm zum Symbol Jesu Christi, der viermal als »Lamm« bezeichnet wird: Joh 1,29 weist der Täufer auf Jesus hin und sagt: »Seht, das Lamm Gottes, das die Sünde der Welt hinwegnimmt.« Offenbar ist das Wort auf dem Hintergrund von Jes 53,7 zu deuten: Jesus ist das Lamm, das (als der *Gottesknecht*) die Sünde aller Welt trägt. Apg 8,32 wird das »Lamm « im (4.) Lied vom Gottesknecht von Philippus auf Christus gedeutet. Nach dem 1. Petrusbrief 1,19 sind wir »mit dem kostbaren Blut Christi, des Lammes ohne Fehl und Makel« losgekauft, wobei auf dem Hintergrund der Auszugsperikopen die »Sündlosigkeit und Vollkommenheit des Opfers Jesu« betont wird.[60] In der Apokalypse wird das unbefleckte, geopferte und (dennoch) siegreiche Lamm über dreißigmal erwähnt.

Christus als das Passah-Lamm ist ein Hauptgegenstand der Lehre der Kirchenväter.[61] Von der Sarkophagkunst der frü-

Osterkorb

hen Christenheit an (also seit dem 4./5. Jahrhundert) ist das Lamm Gottes ein bevorzugter Typos christlicher Ikonographie, wobei zur Interpretation die Schriftstellen Joh 1,29 und die der Apokalypse wesensbestimmend sind.

Im Osterbrau[illegible]tum aber hat das »Lamm Gottes« kei[illegible] bevorzugten Platz eingenommen. [illegible] »Agnus Dei« genannten Wachsv[illegible]ben, von denen schon die Rede [illegible] sind wohl ein peripherer Br[illegible]lieben. Im christlichen Altertum hat man Lammfleisch zu Ostern neben oder unter den Altar gelegt, mit besonderer Benediktion geweiht und am Auferstehungstag vor jeder andern Speise gegessen. Wir wissen, daß sich Abt Wala(h)fried Strabo vom Kloster Reichenau (808/9 bis 849) scharf gegen solche Sitte wandte, weil er (wohl nicht ganz ohne Grund) fürchtete, das Volk werde die Konsekration von Brot und Wein und die Weihe des Lammes oder Lammfleisches nicht genügend unterscheiden. Er empfiehlt die Weihe solcher Lämmer oder solchen Fleisches »an jedem beliebigen Orte« (nur eben nicht im Gotteshaus).[62]

Das Lamm war Hauptbestandteil der zur Speisenweihe getragenen Nahrungsmittel.[63] In Rom wurde das Essen eines Osterlammes von feierlichen Zeremonien begleitet.[64]

Das Osterlamm, meist mit Siegesfahne und Wundmalen, ist in vielen Darstellungen in unsern Gotteshäusern zu finden oder wird zur Osterfestzeit im Kirchenraum aufgestellt. Es ist vielen Prozessionsfahnen eingestickt. Ein genuines Brauchtum ist jedoch heute selten. Bekannt ist es allein als Gebildbrot. Ein gebackenes Osterlamm bildet die Krönung des Speisenkorbs, der zur Speisenweihe in das Gotteshaus getragen wird. Zu den Mahlzeiten ziert das Osterlamm auch den häuslichen Tisch. Die Ostereier werden in stärkerem Maße mit christlichen (Auferstehungs-)Symbolen geziert, unter denen das Osterlamm einen wichtigen Platz einnimmt. Jedenfalls sollten die Predigten das Lammsymbol in besonderer Weise einbeziehen.

Die österliche Speisenweihe

Wir haben bereits gesagt, daß das Lamm oder Lammfleisch der Urbestand der Speisenweihe zum Osterfest waren. Es wurden jedoch bald auch andere Speisen zur Weihe gebracht, so die in der Fastenzeit weithin verbotenen Laktizinien: Milch, Butter, Käse, Eier und weitere Fleischspeisen. Gerhard, der Biograph des Heiligen Ulrich von Augsburg, erwähnt schon vor der Jahrtausendwende den Schinken[65] als Osterspeise.

Die gesegneten Speisen sind den Eulogien gleichzusetzen, den schon in der Urkirche gesegneten (nichteucharistischen) Speisen, die zum Beginn der Liebesmähler (Agapen) verzehrt wurden. Gerade nach der langen Zeit der Enthaltsamkeit in der Quadragese wollte man die österlichen Festtage mit dem Genuß geweihter Speisen beginnen. Sicher spielte dabei auch der Gedanke eine Rolle, alles Schädliche von sich und der Gemeinde abzuhalten.[66]

Der Brauch ist zum erstenmal im 7. Jahrhundert bezeugt. Das älteste Zeugnis ist die »Benedictio ad agnum benedicendum in Pascha« im Sakramentar von Bobbio. In Rom wird der Brauch, der für das neunte Jahrhundert belegt ist, nicht vor dem 7. Jahrhundert eingeführt worden sein, da das alte Papstbuch ihn nicht erwähnt. In Deutschland dürfte die Speisenweihe schon im ersten Jahrtausend Brauch gewesen sein. In einer Hofhaltungsrechnung der Straubinger Herzöge ist 1389 (erstmals?) die Zusammensetzung der zu weihenden Osterspeisen vermerkt. Danach gehören dazu: ein »Rankerl» Geräuchertes (Osterschinken), eine dicke Scheibe Osterfladen (aus feinem Hefeteig), Butter (in frisch gehackten Kräutern gewälzt), etwas Salz, Kren (Meerrettich), nicht zuletzt ein rot gefärbtes Osterei. Über allen Speisen thronte das Lamm mit der Auferstehungsfahne.[67] Diese Speisen gehören bis heute zum Osterkorb, der von vielen Familien am Osterfest zur Kirche getragen wird.[68]

Osterkörbe mit Speisen für die Speisenweihe

Der Brauch schlägt abermals die Brücke vom Altar zum häuslichen Tisch, zwischen dem »Sakralen« und dem »Profanen«. Wenn am Ostermorgen (nur) die in der Osternacht oder am Ostermorgen geweihten Speisen gegessen werden, erinnern wir uns des von Gott für uns geopferten Lammes, das uns zur eucharistischen Speise wurde. Aber es ist auch die ganze Freude des gemeinsamen Mahles gegenwärtig, das wiederum auf die eucharistische Gemeinschaft verweist. So sollte der Brauch gepflegt und – soweit möglich – ausgedehnt werden.[69]

Das Osterei

Das Ei ist ein uraltes Fruchtbarkeitssymbol. Wie aus der Eizelle der Mutter alles Leben hervorgeht, kennt der Mythos die Entstehung des Alls aus dem Urei. Nach dem pelasgischen Schöpfungsmythos der Griechen paarte sich die Urgöttin Eurynome mit der von ihr selbst geschaffenen Urschlange Ophion und legte daraufhin in Gestalt der Taube das Weltei, aus dem Himmel und Erde mit allen Kreaturen hervorgingen. Nach dem orphischen Schöpfungsmythos wurde die Nacht vom Wind begattet; sie legte ein silbernes Ei, aus dem der doppelgeschlechtige Eros hervorging, der »Beweger des Alls«.[70] Eine ähnliche Rolle spielt das Ei in den Mythen der Inder u.a.[71]

Mögen die »Brüste« der Magna Mater, der Kybele... nach jüngsten Forschungen auch Stierhoden sein – die langen Reihen von Eimotiven in den römischen Tempeln dürften die Bedeutung des Eies in den Religionen und Mythen der Völker widerspiegeln...

Die frühe Kirche kannte das Laktizinien-Verbot, also das Verbot der Milchspeisen und des Eies. Die Gründe dafür sind unbekannt.[72]

Eine Eierweihe (benedictio ovorum) zum Osterfest ist erst im 12. Jahrhundert nachzuweisen. Seitdem finden wir sie in den meisten Ritualien.[73] Sicher hat das Ei auch in den germanischen Frühlings- und Fruchtbarkeitsriten – wie überall auf der Welt[74] – eine Rolle gespielt; die Eierweihe aber geht nicht auf sie zurück. Sie hat wohl den gleichen Ursprung wie die Weihe der andern Speisen zum Osterfest: Das so lange Verbotene sollte als geweihte Speise genossen werden.[75] Zur Weihe getragen wurden früher vor allem die *Antlaßeier*, also die am Gründonnerstag gelegten. »Die geweihten Eier wurden als Schutz gegen Schäden durch Heben von Lasten getragen, in den Äckern und

Familien-Osterbaum (Hütten/Oberpfalz)

Saaten vergraben, um deren Gedeihen zu fördern und sie vor Unwetter zu bewahren, in die zuerst gebundene Erntegarbe gelegt, um Fruchtbarkeit für das nächste Jahr zu erlangen. Die Schalen der geweihten Eier streute man mit der Asche des am Osterfeuer angezündeten Holzes auf die Äcker, um diese ertragreich zu machen.«[76]

Die *Symbolik* des Eies ist von den Theologen der Jahrhunderte sehr verschieden gedeutet worden. Für die einen war die Schale Sinnbild des AT, der Kern Symbol des NT: das Judentum war überwunden, am Osterfest werde der Kern des Eies, das Christentum, zur »Nahrung der Gläubigen«. Für andere war das Ei Typus der Eucharistie, zu deren Genuß die Christen zur Osterzeit ja verpflichtet waren und Symbol der Auferstehung.[77] Sicher nimmt das Christentum die alte Symbolik des Eies auf: ein Bild des Lebens aus dem scheinbar Toten. So wird das Ei zu einem der wichtigsten Symbole der Auferstehung.

Die Bezeichnung *Osterei* ist nach Grimm schon für 1407 und 1456 belegt[78]. Gemeint ist aber eindeutig das Zinsei, das zum Osterfest den Grundherren (oder Mönchen) gegeben wurde. Luther verwendet das Wort in unserm Sinne: »...denn ich höret rühmen..., sie wollten wol dreimal ostereier essen über dieser oder dieser sachen.«

Gefärbte (Oster-)Eier werden zum ersten Mal von Freidank in seiner »Bescheidenheit« (frühes 13. Jahrhundert) erwähnt. 1389 erwähnt die schon genannte Straubinger Hofhaltungsrechnung das »rot gefärbte« Ei in der Reihe der österlichen Speisen. Neben Luther berichtet auch Th. Naogeorgus (Th. Kirchmeyer) in seinem »Regnum papisticum« (1553) von roten Eiern bei der österlichen Speisenweihe.

Die Nennung eines »buntgefärbten Ostereis« durch den Straßburger Meistersinger W. Spangenberg in seinen »Anbindbriefen« von 1611 kann also – gegen Lefftz[79] – wohl kaum als »erste Nennung« gelten. Aus dem Elsaß kommt der Hinweis von Fritsch 1625: »Zu Ostern werden die Eyer grün, gelb, rot, schwarz und blau und anderer Art gefärbt.«[80] Aber schon 1617 spricht E. Putaneus in »Ovi Euconium« von: »beschrifteten, bemalten und geätzten Ostereiern«.[81]

Ostereier zu färben und in Osternester zu legen oder – schön bemalt – an grüne Birken- oder Forsythienzweige zu hängen, gehört bis heute zum allgemeinen Osterbrauch. Die christliche Sinngebung aber ist weithin zurückgedrängt (obwohl der zähe Fortbestand des Brauches jederzeit einen Brückenschlag ermöglicht). Auch wird es immer schwerer, Symbole zu erfahren. So kann auch die Erfahrung der Symbolik des Eies nicht vorausgesetzt werden – sie muß vorbereitet werden. Das könnte so geschehen, daß Froschlaich (nach Rücksprache mit Verantwortlichen, da er unter Naturschutz steht) in einem Zimmeraquarium ausgebrütet wird. Die Zimmertemperatur (Klassentemperatur) läßt die Froscheier in wenigen Wochen zu Kaulquappen und kleinen Fröschen werden, die dann an geeigneten Stellen ausgesetzt werden.

Brutapparate für das Ausbrüten von Hühner- oder Enteneiern sind preiswert zu haben und leicht zu bedienen. Es ist ein unauslöschliches Erlebnis für Kinder, wenn aus den Eiern Küken oder kleine Enten schlüpfen. So könnte die Symbolik des Eies neu belebt und im anthropologischen und christlichen Sinne gedeutet werden.

Der Brauch, Ostereier an frisch grünende Zweige zu hängen, sollte wegen der doppelten Lebenssymbolik sehr gepflegt werden.

Sinnvoll ist es auch, etwa zehn Tage vor dem Fest Grassamen (oder Gerstenkörner) in mit Erde gefüllte Schalen zu säen. Die Ostereier können dann in »grüne Nester« gelegt werden, wobei auch hier eine doppelte Lebenssymbolik deutlich ist.

Die Kunst, Ostereier phantasievoll zu bemalen, ist vor allem im Osten Europas gepflegt worden. In den letzten Jahrzehnten hat man jedoch auch bei uns wieder großen Wert auf die künstlerische Gestaltung der Eier gelegt. Christliche Familien könnten dabei die Eier mit *österlichen* Symbolen schmücken: Lamm, Kerze, Christuszeichen, Palmkätzchen; vor allem auch Raupe und Schmetterling[82]... Wer keine malerische Begabung hat, kann Worte, Namen... auf das Ei malen, so etwa das Wort für Leben in verschiedenen Sprachen oder das Alleluja, die Worte für Frieden und Auferstehung usw.

Osterbuschen

In Schulen, Jugendgruppen...sollten vor allem ausgeblasene Eier bemalt, geätzt... werden. Kinder und Jugendliche sollten den Umgang mit dem Zarten, Zerbrechlichen (wieder) lernen. Dazu können solche Ostereier unbegrenzt aufgehoben werden.

Wir können zum Osterfest die Gemeindemitglieder bitten, schön gemalte Eier im Namen ihrer Familien oder ihres Hauses an einen *Osterbaum* (grüne Birkenzweige, Forsythien) zu hängen, der neben dem Altar der Kirche aufgestellt ist. Die Eier sollten die Namen der Familien tragen. So ist die Gemeinde auch im Bilde des Osterbaumes um den Altar versammelt.

Hingewiesen sei noch auf die beliebten Eierspiele zu Ostern. Einer der ältesten Bräuche dürfte das (heute noch geübte) »Eierlaufen« sein. Es wird bereits im 16. Jahrhundert bei J. Fischart erwähnt. Und der bekannte Brauchtumsgegner Dannhauer bezeichnet ihn schon 1640 als »Osterfastnacht«.

Wohl in ganz Deutschland und in andern Ländern ist das »Eierpicken« (Eierhärten, -stutzen, -ducken, -kippen…) bekannt, bei dem man die Eier mit der Spitze oder der stumpfen Seite gegeneinanderschlägt. Wessen Eierschale eingedrückt wird, verliert. In Bayern gibt es das »Oarscheibn«, bei dem zwei Holzstangen so nahe zusammengestellt werden, daß die Eier auf ihnen herunterrollen können. Unten treffen sie auf andere aufgestellte Eier, die berührt werden müssen, so daß sie dann dem gehören, der sein Ei hat herunterrollen lassen. Man kann auch kleine Münzen auf die unten aufgestellten Eier legen. Wenn sie bei der Berührung vom Ei fallen, gehört die Münze dem Werfer (Roller) usw. So gibt es in den einzelnen Ländern eine Vielzahl von österlichen Eierspielen. In ihnen mag dunkel die Symbolik des Eies gegenwärtig sein.

Der Ostervogel

Im Hunsrück, in der Pfalz und im Odenwald (wahrscheinlich auch in vielen andern Landschaften) war es Brauch, ein ausgeblasenes Ei (meist ein Gänseei) mit Kopf und Schwanz, vor allem aber mit bunten Papier-(Seiden-)flügeln zu bekleben und das kunstvolle Gebilde als »Ostervogel«[83] unter die Decke zu hängen. Die Symbolik ist deutlich: Das Leben bekommt Flügel, eine »beschwingte« Osterfreude ist in Familie und Haus gegenwärtig. Die Ostervögel bleiben das Jahr über in den Wohnstuben hängen: Ostern ist im gesamten Kirchenjahr gegenwärtig (so

Ostervogel

wie jeder Sonntag ein Klein-Pascha, ein kleines Osterfest, ist).

Wenn ein Gänseei beschafft werden kann, kann es als Grundform für den Ostervogel dienen. Aber auch aus einem Hühnerei lassen sich wunderbare Ostervögel gestalten. Wenn solche Eier nicht zur Hand sind, kann jede schnell erkaltende Masse in Eiform als Grundform dienen. Aus dieser Masse wird dann auch der Kopf geformt. Mit Blumendraht, Papier oder Seide… lassen sich schnell phantasievolle Flügel und Schwänze bilden. Je phantasievoller der Vogel ist, desto besser, denn gerade die beschwingte Osterfreude will Phantasie. Vielleicht kann es ein schöner Brauch werden, sich zum Fest (gerade unter Liebenden) Ostervögel zu schenken.

Der Osterhase

Wie der Weihnachtsmann, ist auch der Osterhase seltsam geschichtslos. Er tauchte plötzlich im Brauchtum auf und eroberte sich in den letzten Jahrzehnten einen Platz, der ihm in keiner Weise zukommt.

Erwähnt wird er zum ersten Mal in der Abhandlung: »De ovis (ovibus) paschalibus. Von Oster-Eyern« des Georg Frank von 1682. Dort heißt es (in der Übertragung von Lefftz): »...im Elsass und den angrenzenden Gegenden nennt man diese Eier Haseneier auf Grund der Fabel, mit der man Einfältigen im Geiste und Kindern weismacht, der Oster-Hase lege solche Eier und verstecke sie in den Gärten im Grase, in den Büschen und anderswo, damit sie von den Kindern zum Ergötzen der lächelnden Erwachsenen desto eifriger gesucht werden.«[84] Nach Lefftz weist allerdings Johann Fischart in seinem Jugendwerk »Aller Praktik Großmutter« (1572) schon auf den Osterhasen hin. Fischart gibt dort den Rat:

»Sorg nicht, daß dir der Has
vom Spieß entlauf,
haben wir nicht die Eier,
so braten wir das Nest!«

Nach Lefftz hätte diese Stelle »ohne Beziehung auf den eierlegenden Osterhasen keinen Sinn«, was allerdings beim Sprichwortcharakter dieser Aussage nicht evident ist.

Während der Osterhase im 18. Jahrhundert noch einen bescheidenen Platz einnimmt[85], wird er im 19. und erst recht in unserm Jahrhundert zu einem der bekanntesten österlichen Brauchelemente. Moser weist (mit G. Korff) wohl zu Recht darauf hin, daß der Osterhase »in den Konditoreien und Zuckerläden wichtige Propagandastationen« hatte[86]. Heute steht er in allen erdenklichen Ausführungen spätestens vom Beginn der Fastenzeit an auf den Ladentischen.[87]

Dabei hatte der Osterhase als »Eierleger« oder »Eierbringer« zunächst Konkurrenten. »Im bernischen Emmental, im Kanton Zug und teilweise im Kanton Luzern lieferte sie der Kuckuck... In Thüringen auch der Storch. In Westfalen stellenweise der Fuchs. Auch die Glocken bringen sie mit,

»Auffahrt-Christus« (Bayern): vgl. S. 139 ff.

wenn sie von ihrer Reise nach Rom zurückkehren.«[88] In Holstein und Sachsen soll es der Hahn gewesen sein, der die Eier legte oder doch: brachte[89].

Wie der Hase zum Osterhasen wurde, ist schwer zu erklären.[90] Die alte Symbolik des Hasen in der christlichen Ikonographie gibt dafür wenig her. Die Kirchenväter sahen im Hasen das Bild des schwachen und ängstlichen Menschen, der vom Teufel und allen bösen Mächten gejagt wird und der sich vor den Verfolgern in den Felsen: Christus, Kirche… flüchtet. Bei einigen (Klemens v. Alexandrien) ist der Hase Bild der Fruchtbarkeit – aber auch der Unkeuschheit. Der Physiologus deutet die Tatsache, daß die Hinterläufe des Hasen länger als die Vorderläufe sind, so, daß sich der Hase nur *bergan* flüchtend vor den Verfolgern retten kann. So soll der Mensch »bergan« (also Christus zu) streben, um sich zu retten. Läuft der Hase bergab, so überschlägt er sich und wird eine leichte Beute der verfolgenden Hunde. So wird es auch dem Menschen ergehen, der sich von Christus abwendet, um sich dem Irdischen (den Niederungen) zuzuwenden.

Auf fast allen alten Schöpfungsbildern finden wir den Hasen, vielleicht als Gottessymbol (was bestritten wird) – vielleicht als Bild des flüchtigen Menschenlebens oder als Symbol irdischer Fruchtbarkeit.

Sonst ist der Hase in der mittelalterlichen Ikonographie Symbol des Lichtes (eine Symbolik, die auch den »Hasenfenstern« verschiedener Kathedralen – wie in Paderborn – zugrundeliegen dürfte) und Christussymbol, so unter anderem Symbol der Auferstehung. Diese letztere Symbolik geht wohl auf Ambrosius zurück, der im Hasen ein Symbol der Auferstehung sah »wegen der mit der Jahreszeit wechselnden Färbung«, eine Deutung, die allein auf den Schneehasen zutrifft, den Ambrosius wohl kaum gekannt haben dürfte.

Für die Verbindung von Ostern, Hase und Ei kann es zwei Gründe geben. Zunächst war der Hase das erste freilebende Tier, das schon im zeitigen Frühjahr (als viele Landschaften noch tief verschneit waren) Junge gebar (»Märzhasen«). So wurde er zum Bild des neuen Lebens nach der Winternacht und damit zum Auferstehungssymbol, womit die Verbindung zu Ostern gegeben war. Vielleicht ist von daher das Amt des »Eierbringers« auf ihn übergegangen.

Bauern bei der Zinsabgabe: Kreuzbrot, Hase, Eier, Geflügel (Holzschnitt, 1479)

Wahrscheinlicher ist, daß für die Verbindung von (Oster-)Hase und Ei der Zinstermin Ostern (Gründonnerstag) maßgeblich war. Denn der Hase war – wie Brot, Geflügel, Eier… – eine der Realabgaben an die Besitzer der bäuerlichen Ländereien. Der Holzschnitt von 1479 belegt dies.

Der Osterhase hat heute das alte Ostersymbol des Lammes fast ganz verdrängt. Das ist für Christen mehr als bedauerlich, da die Theologie des geopferten Lammes, auf die etwa das III. Hochgebet der Eucharistie hinweist: »Schau gütig auf die Gabe deiner Kirche. Denn sie stellt dir das Lamm vor Augen, das geopfert wurde und uns nach deinem Willen mit dir versöhnt hat«, zu den grundlegenden Symbolaussagen der Theologie gehört. Osterkerze (Osterfeuer) und das Osterlamm können uns wohl am ehesten das österliche Geschehen »vor Augen« (und Herz) führen. Aber der Osterhase wird weiterhin das Feld beherrschen. So wird es wichtig sein, seine Symbolik deutlich zu machen (und dem Mißbrauch in den Gemeinden, so gut es geht, zu wehren). So sollte also der Hase wegen der frühen Geburten – oft noch bei Schnee und winterlicher Kälte – als Bild des (Auferstehungs-)Lebens gedeutet werden, das alle Winterkälte und Dunkelheit überwindet.

Das Osterwasser

Wasser spendet Leben. Wo immer sich ein Rinnsal Wassers befindet, bringt selbst die Wüste Leben hervor. Ohne Wasser muß alles Leben vergehen, und uns Menschen ist ein Leben ohne Wasser nur wenige Tage lang möglich.[91] Das Wasser reinigt und heilt – aber es zerstört auch, wenn es in gewaltigen Fluten Äcker und Dörfer überschwemmt.

Wasser als Quell, Bach, Strom oder Meer ist eines der Ursymbole der Schöpfung.[92] Wo immer es Menschen gibt, gibt es heilige Quellen, heilige Ströme, heilige Seen. Es gibt viele Gottheiten der Wasser. Besonders verehrt wurden die Quellen. In Rom wurde ein Quellenfest (Fontinalia) von Staats wegen gefeiert; strenge Gesetze schützten die Quellen. Die Kirche mußte wiederholt Verbote aussprechen, nicht an Quellen zur Gottesverehrung zusammenzukommen.[93]

So geschieht – neben der Reintegration der Welten im Feuer (Vogel-Phönix-Motiv) – solche Wiederherstellung auch im Wasser (Sintflutmotiv). Die alt gewordenen Äonen, von ihrer Schuld verdorben, werden im Bad des Wassers gereinigt und erstehen zu einem neuen Kreislauf des Lebens.

Die christliche Taufe, die vor allem an den großen Tauftagen, Ostern und Pfingsten, gespendet wurde, hat die alte Symbolik des Wassers aufgenommen und in den Dienst des Glaubens gestellt. Der alte Mensch stirbt (wie Christus) im Wasser (des Todes) und ersteht (mit Christus) aus den Wassern zum neuen Leben. Alle Schuld ist getilgt, der Mensch gereinigt zu neuem Sein vor Gott.

Der unerschöpfliche Quell der Gnade (vorgebildet in jeder Quelle) überströmt den Menschen im Überfluß.

So wurde und wird in der Osternacht das Taufwasser geweiht, wird die Taufe vollzogen. Die älteste Weiheformel für das Taufwasser finden wir in der Gebetssammlung des Bischofs Serapion von Thmuis (gest. 362). »Darin wird Gott angerufen, den hl. Geist über das Wasser zu senden, ihm Kraft zu verleihen und es zeugungsfähig und gnadenvoll zu machen. Wie Gott durch seinen eingeborenen Sohn den Jordan geheiligt hat, so soll das Taufwasser heilig und geistig werden, damit die Täuflinge nicht mehr Fleisch und Blut, sondern pneumatikoi, geistige Menschen, seien.«[94] Die späteren Weiheformeln nehmen diese Grundgedanken auf.

Von alters her war es den Gläubigen gestattet, das Taufwasser mit in die Häuser zu nehmen, damit es sie an Leib und Seele schütze und Haus und Hof bewahre. Seit dem 9. Jahrhundert darf das Osterwasser nur *vor* der Mischung des Wassers mit dem Heiligen Chrisam entnommen werden. Das war durch die Jahrhunderte Brauch. Heute kennt die Feier der Osternacht – wenn keine Taufe erfolgt und kein Taufwasser geweiht wird – eine Wasserweihe, in der Wasser gesegnet wird, das an die Taufe erinnern soll.

Aber uraltes Wissen um die besondere Kraft des Osterwassers (im Bannkreis von Tod und Auferstehung) hat viele Bräuche ausgebildet, die bis heute geübt werden, auch wenn ihre Zahl zurückgeht. Am Ostermorgen bei Sonnenaufgang mußte von den Quellen das Wasser geholt werden, das das Jahr über gut blieb und heilende und bewahrende Wirkung hatte. Es mußte schweigend geholt werden – schon ein Wort machte aus ihm Plapper-(Schlatter…)Wasser, das alle Wirkkraft verloren hatte. Man wusch sich in solchem Quell das Gesicht, um vor Pickeln, Malen… bewahrt zu bleiben. Tiere wurden in die Quellwasser (Teiche) getrieben, damit sie das Jahr über gesund blieben…[95]

Es mag viel uraltes Wissen über die Kraft und das Geheimnis des Wassers in solchen Bräuchen fortleben. Auch die uralte Sehnsucht des Menschen nach Reinheit und bleibender Jugend ist in ihnen verkörpert. (»Und in dem Schneegebirge, da fließt ein Brünnlein kalt; und wer vom Brünnlein trinket, wird jung und nimmer alt«.)

Osterbrunnen (Fränkische Schweiz)

Nicht zuletzt aber hat – auf der Grundlage der Symbolik des Wassers – die österliche Theologie solche Bräuche mitgestaltet und durchwirkt. Recht verstanden und recht gedeutet, sind sie auch vom christlichen Standpunkt nicht einfach abzulehnen. Sie sollten eher als »Spiel« vollzogen werden. Pastoral wichtig bleibt die Erschließung der Wassersymbolik und deren christliche Deutung.

Das Osterlachen (risus paschalis)

Zum Schluß der Betrachtungen über die Bräuche der Osterzeit soll eines Brauches gedacht werden, der viele Jahrhunderte hindurch in den Kirchen üblich war: des Osterlachens. Der Prediger versuchte am Osterfest, die Gemeinde durch komische oder groteske Körpersprache, später ausschließlich durch sogenannte »Ostermärlein«, derb-lustige Geschichten, zum Lachen zu bringen. Der Sinn ist deutlich: Am Fest der Freude und des Jubels sollte die Gemeinde von Herzen lachen und fröhlich sein.

Die Geschichte des Osterlachens ist allerdings keine rühmliche Geschichte. Nach Ludovicus a Seckendorf hat das Osterlachen vom 14. - 17. Jahrhundert zur (Oster-)Liturgie gehört. Er schreibt 1694: »In dieser Zeit verwendeten auch die Mönche, um ihre Predigten angenehm zu machen, freizügige und direkt skurrile Erzählungen, vor allem an Ostern, an einem Fest, bei dem es Brauch war, die Zuhörer zum Lachen zu bewegen, das sie Osterlachen nannten.«[96]

Näheres über solches Lachen erfahren wir in einem Brief, den Johannes Hausschein (gen. Oecolampadius oder gräzisiert Oikolampadios) 1518 dem Wolfgang Capito (besser unter dem Namen Fabricius bekannt) übergeben hat, der ihn an einen gewissen Candido weiterleitete. Darin setzt sich der ehrenhafte katholische Priester, der 1521/22 den reformierten Glauben annahm, mit dem Vorwurf auseinander, daß er ein »zu ernster Prediger« sei.[97] Offenbar war auch Capito, ein Freund Oekolampadius', dieser Meinung. Der Streit ging vor allem um das Ostergelächter. So erfahren wir aus dem Brief des Oekolampadius (und dem Begleitbrief des Capito) Genaueres über die Art des Ostergelächters in diesem frühen 16. Jahrhundert. Nach Capito weigerte sich Oekolampadius, »Geschichten und Witze zu erzählen, die aus dem Küchenmilieu stammen. Er treibt die Zuhörer nicht zu lautem Lachen an während er Christus verkündet, er scherzt weder mit schlüpfrigen Worten, noch ruft er durch Nachahmung eines Mannes, der sich selbst befriedigt (imitatione molli)[98], wie ein Possenreißer die Dinge vor Augen, die die Eheleute in ihrer Kammer und ohne Zeugen zu tun pflegen.« – Oekolampadius führt dann weitere Arten solchen »Gelächters« an:

»Einer (der Prediger) schrie immer Kukkuck… Ein anderer legte sich auf Rindermist, tat, als sei er im Begriff, ein Kalb hervorzubringen (also wohl zu gebären)… Wieder ein anderer zog einem Laien eine Mönchskutte an, machte ihm dann vor, er sei nun Priester und führte ihn zum Altare. Wieder einer erzählte, mit welchen Mitteln der Apostel Petrus die Wirte um die Zeche betrogen…«[99]

Oekolampadius hatte sich (wie eine Anzahl von Hörern) angewidert von solchen Possen abgewandt. Er hat in seinem Brief offenbar die »noch obszöneren Dinge« weggelassen.

Capito (auch er trat zum evangelischen Glauben über und war später einer der Autoren der *Confessio tetrapolitana*, der protestantischen Bekenntnisschrift der Städte Straßburg, Memmingen, Lindau und Konstanz zur Vorlage beim Reichstag in Augsburg 1530) verteidigt den Brauch (wenn auch sicher nicht seine Auswüchse). Es müsse erlaubt sein, den auferstandenen Herrn mit Possen (Späßen) zu empfangen. »Wir haben nicht die Milch hyrkanischer Tiger eingesogen, daß wir aus unserm Antlitz alle Anmut tilgen und aus unsern Predigten jeden schmückenden Ausdruck entfernen und aus unsern Zusammenkünften jede Freude verbannen müßten!«[100]

Es hat den Anschein, als enthalte diese früheste Auseinanderetzung um das Osterlachen schon im Keim das ganze Für und Wider dieses Brauches.

Vordergründig wurde er dadurch begründet, daß die (offenbar auch am Fest recht leeren) Kirchen durch ihn gefüllt werden könnten (Capito verteidigt den Brauch, weil »die Prediger (sonst) in leeren Kirchen sprechen würden«) und dadurch, daß die Hörer sonst einschliefen.[101] Hintergründiger ist der Hinweis, daß am Fest des Auferstandenen der Scherz auch in der Predigt angebracht sei, daß der Erlösungstat Gottes das Lachen der Menschen korrespondiere.

Man hätte vermuten können, daß gerade am Ostertag die Botschaft als eine »Frohe« Botschaft ausgelegt werde, daß also der Scherz, die humorvolle Geschichte...dazu dienten, das Mysterium bereiter aufzunehmen, es tiefer verstehen zu lehren. Aber schon Oekolampadius schreibt, daß bei einem Gespräch über das Osterlachen, bei dem er gefragt habe, ob »diese Dinge« (die von den Predigern getan und geredet würden) *Allegorien* seien, er die Antwort erhalten habe (von einem »alten Mann«), daß dieser von Predigern gehört habe, »nicht die Erschließung der Mysterien sei der Zweck der Osterpredigten, sondern lediglich die Belustigung der Zuhörer«.[102]
Und da die meisten Menschen sich eben vor allem durch Sexuelles belustigen, war die Entwicklung vorgezeichnet.[103]
Die Reformatoren haben sich in der Mehrheit gegen solchen Brauch gewandt. Es muß auch gerechterweise gesagt werden, daß sich viele kirchliche Verlautbarungen (bei grundsätzlicher Billigung des Osterlachens) gegen die Auswüchse wandten.[104]
Im 18. und 19. Jahrhundert standen immer mehr die »Ostermärlein«, also skurril-humorvolle Geschichten, im Mittelpunkt des Osterlachens.
Dabei war es oft schwierig, neue, die Zuhörer noch interessierende »Märlein« zu finden. So schrieb 1698 der Pfarrer Andreas Strobl aus Puchbach (Bayern) sein Predigtbuch mit dem Titel »Ovum paschale novum« (Neues Osterei), in dem er 40 gelehrige Predigten niederschrieb, die allesamt ein kleines »Ostermärlein« enthielten. Es waren oft naive, oft recht humorvolle Geschichten, die nach dem Willen des Autors »den Predigern zu (lassen sollen), ihre Zuhörer mit einem erfreulichen oder kurtzweiligen Gedicht und Oster-Märlein auffzumunteren, damit die hernach auff die darauff folgende geistlich Lehr und Wort Gottes auffmerksahmer werden.«
Dennoch: Die Ostermärlein wurden immer wieder durch kirchliche Verlautbarungen verboten (wohl wegen ihres immer noch platten, oft sexuell geprägten Inhalts), so 1853 in Regensburg: »Wir ermahnen und bitten (!) im Herrn alle Prediger..., nicht auf Fabeln, gereimte Dichtungen oder Obskures zurückzugreifen. Es sollen niemals Osterpredigten gehalten werden, die das Volk *Ostermärlein* nennt.«[105] Aber das Osterlachen erhielt sich an einigen Orten, so in der Steiermark, wo es nach einem Bericht der Frankfurter

Zeitung vom 29.5.1911 noch lebendig war. In jüngster Zeit ist es in einigen Pfarren neu belebt worden, wobei allerdings großer Wert darauf gelegt wird, daß die erzählten Witze, Anekdoten, Geschichten... streng im Dienst der Auslegung der österlichen Mysterien stehen.[106]

Es ist schwer, den Brauch gerecht zu beurteilen. Sicher wäre es richtiger, das Jahr über die »Frohe Botschaft« des Glaubens so zu verkünden, daß der Hörer eine Freude empfindet, die dem Lächeln korrespondiert. Dennoch werden unsere Predigten heute oft genug »Worte am Rande der Tränen« sein. Die Frohe Botschaft muß dem Haß, der Gewalttat, der Erniedrigung des Menschen, muß nicht zuletzt (und immer wieder) Auschwitz abgerungen werden. Auch die Freude weint.

Wenn die Osterfreude auch solche Tränen überwindet, wenn ich lachen kann, weil die österliche Botschaft (und sie allein) die Opfer der Geschichte in ihr Recht einsetzen kann, weil die sinnlosen Tode ihren einmaligen Sinn bekommen, dann muß ein Osterlachen möglich sein. Aber es ist sehr schwer, Geschichten zu erzählen, welche nicht einfach Belustigung sind, sondern (wie die großen Clowns) »mit Scherz Entsetzen treiben« oder die voller Humor uns das Wesen des Menschen aufzeigen, dem die heilende und erlösende Botschaft Gottes antwortet.

5 Das Fest Christi Himmelfahrt und sein Brauchtum

5.1 Zur Theologie des Festes

Es gibt »keinen wirklichen Unterschied zwischen Auferstehung und Himmelfahrt. Beide Aussagen wollen mit je verschiedenen Bildern und innerhalb eines je verschiedenen Vorstellungshorizontes ausdrücken, daß Jesus nicht im Tode geblieben ist, sondern gerade in seinem Tod den letzten Sinn aller Geschichte, nämlich Gott, erreicht hat.«[1] In den Festen der Auferstehung und der Himmelfahrt feiern wir die im Tod auf Golgotha sich ereignende Erhöhung Jesu Christi zum Kyrios, seine »Inthronisierung« zur Rechten des Vaters. So bleibt Himmelfahrt ein Teilaspekt des einen österlichen Mysteriums.

Von den Evangelisten berichtet – außer der kurzen Erwähnung im sogenannten »Markusschluß« (Mk 16,19) – nur Lukas ausführlicher vom Ereignis (Lk 24,50 ff. und Apg 1,6 ff.). Stammelnd versucht hier der Evangelist, ein Ereignis Wort werden zu lassen, daß sich unserer Vorstellungswelt, unserer irdischen Wirklichkeit entzieht.

5.2 Zur Liturgie des Festes

Bei den Eucharistiefeiern der Urgemeinde war das Grundthema (wie es sich vor allem im Hochgebet darstellt) die »passio domini«, die in Tod und Auferstehung gewirkte Erlösung.[2] So beging die alte Kirche die 50 Tage nach Ostern als eine einzige (ungegliederte) Festzeit. Seit dem 4. Jahrhundert (wahrscheinlich früher) gibt es das Bestreben, einige Aspekte des einen österlichen Geschehens eigens zu betonen und sie in eigenen Festen zu feiern. So wurden in Jerusalem am 50. Tag nach Ostern die Erhöhung des Herrn und die Sendung des Geistes als eigenes Fest gefeiert – in den übrigen Kirchen setzte sich aber eine Festfeier der Himmelfahrt am 40. Tage nach Ostern durch. Anlaß dafür war – neben der Bedeutung der Zahl 40 in der Heiligen Schrift – Apg 1,3: »Ihnen (den Aposteln) hat er nach seinem Leiden durch viele Beweise gezeigt, daß er lebt; vierzig Tage hindurch ist er ihnen erschienen und hat vom Reich Gottes gesprochen.« Nach Augustinus[3] wird »dieser Tag« schon zu seiner Zeit »auf dem ganzen Erdkreis« gefeiert.

5.3 Das Brauchtum des Festes

Das Fest hat wenig Brauchtum ausgebildet. Manche Bräuche – wie etwa die bekannten »Umritte« – sind sekundär mit dem Fest verbunden worden.[4] Der in Niederbayern, im Bayerischen Wald und einigen andern Landschaften lange übliche Brauch, am Fest nur »fliegendes Fleisch«, also Geflügel, zu essen, könnte lächelnd übergangen werden, wenn er nicht zeigte, wie sehr ein solides theologisches Fundament des Festes fehlt.

So bleibt als nahezu einziger christlicher Himmelfahrtsbrauch das bis heute noch gelegentlich geübte Hochziehen einer Figur des Auferstandenen zu einer Luke in der Decke des Gotteshauses. Die Figur wird – unter wechselnden Zeremonien[5] – nach dem Ende des Gottesdienstes (Kappl bei Waldsassen), in einer Nachmittagsandacht (Aufhausen)[6] oder in der Vesper[7] nach oben gezogen.

Der Brauch ist alt. Nach A. Mitterwieser[8] ist er in Bayern schon 1433 sicher zu belegen. Sebastian Franck berichtet 1534 in seinem »Weltbuch« von ihm. Nach Franck ist nach dem Aufzug »des erstanden bild« ein »scheutzlich bild« des Teufels herabgeworfen worden, das dann von den Umstehenden geschlagen und zerrissen wurde. Solcher Brauch hatte den theologischen Hintergrund, daß der Teufel nun endgültig überwunden sei und der Kyrios die Herrschaft über den Kosmos angetreten habe.[9] An andern Orten wurden Heiligenbildchen, Äpfel oder Blumensträußchen herabgeworfen. Die Kinder, die sich darum rauften (und dabei wohl Lärm machten), wurden bald von oben her mit Wassergüssen bedacht.

S. Franck berichtet auch, daß man Oblaten herabwerfe, die »das hymel brot« versinnbildeten. Auch dieser Brauch hat sich wohl eine Weile gehalten, denn nach persönlicher Mitteilung von O. Schmidt weist die Kirchenrechnung der Hauptkirche in Amberg/Oberpfalz für 1674 einen Betrag von 1 1/2 Gulden für solchen Brauch aus, und 1676 sind urkundlich 303 »Oblatenplatten« für das Fest gekauft worden. Wegen der Verwechslungsgefahr mit konsekrierten Hostien und weil solche Oblaten oft an »ungewöhnliche Plätze« (Schmidt) fielen, wurde dann ein Amberger Schreiner beauftragt, einen »Kranz von Oblaten« zu schaffen und ihn vom Kirchboden herabzulassen. Da Kosten für solche Oblaten Jahr für Jahr aufgeführt werden, ist dieser Kranz wohl von den Kirchenbesuchern geleert worden.

Ein »Auffahrtritus« solcher Art hat bis zum Beginn des 19. Jahrhunderts eine starke Verbreitung erfahren[10], um dann fast überall auszusterben.

In einigen Orten ist solche »Auffahrt« durch einen andern Ritus ersetzt worden. Moser zitiert ein Schreiben des Passauer Generalvikars Adalbert Freiherr von Pechmann von 1835. Nach ihm hat »die Himmelfahrts-Ceremonie mittelst Aufziehens einer hölzernen Christus-Statue... in unserm Diözesan-Sprengel gemäß Allerhöchster Verordnungen gänzlich aufgehört«. Statt dessen wird nun die Statue »auf einem mit vier Armen versehenen Postumente aufgestellt, nach abgesungener Non incensiert, unter dreimaliger Anstimmung des ascendo ad Patrem etc. dreimal emporgehoben, sodann von vier Geistlichen (oder wo dieß nicht thunlich ist, von vier Schulknaben, oder von jenen Gemeinde-Männern, die bei den Prozessionen den sogenannten Himmel tragen) auf den Schultern durch das Schiff der Kirche, und auf dem Rückwege in die Sakristey hineingetragen.«[11] Da die Statue von Ostern bis zum Fest »auf dem Hochaltare oder einem anderen schicklichen Ort« stand, wird durch solche Zeremonie sinnenfällig bekundet, daß der Herr nun nicht mehr unter uns ist. So ist solcher Brauch vielleicht sinnvoller als der »Auffahrtritus«, auch wenn Moser meint, daß es sich »bei dieser feierlichen und steifen Zeremonie um einen recht schwachen Ersatz für den überkommenen Brauch« gehandelt habe.

Heute wird aus dem Festtag immer mehr der »Vatertag«. Man muß viel Humor haben, oder man muß von der Wirklichkeit nicht viel verstehen, wenn man mit Moser die »Herrenpartien« dieses Tages als »in der Tradition der Apostelprozessionen stehend« ansieht[12]. Der »Vatertag« ist als Gegenstück zum Muttertag geschaffen worden mit indiskutablen »Bräuchen«. Leider hat er schon heute im Bewußtsein vor allem der Kinder das Festgeheimnis völlig überlagert.

Der »Auffahrtritus« wird heute in einigen Gemeinden wieder praktiziert. Die Geistlichen berufen sich dabei auf die Notwendigkeit, die verkopfte Theologie wieder in den Sinnen zu behausen und nicht zuletzt darauf, daß solche Bräuche wieder volle Kirchen bescheren (was zu überprüfen wäre). Aber christliche Bräuche dürfen nur dann wiederbelebt werden, wenn sie seelsorglich zu verantworten sind (wobei volle Kirchen nur sehr bedingt ein Argument sind). Von daher aber ist der Auffahrtritus strikt abzulehnen. Das hat vielfache Gründe:

a. »Oben« und »unten« sind in der Sprache des Glaubens Qualitätsbegriffe. Sie können daher nur sehr bedingt in räumliche Dimensionen übersetzt werden.
b. Wenn wir die Einheit der Osterereignisse anerkennen, dann geht der Herr in Tod und Auferstehung als Kyrios in die Vorbehaltenheit des Vaters ein. Wir sollten nicht sinnenfällig ein Tun demonstrieren, das selbst die Evangelisten mit größter Zurückhaltung und im Zerbrechen der Sprache darzustellen versuchen.[13] Jedenfalls darf nicht der Eindruck entstehen, daß der Herr wie ein Astronaut (so viele Schüleraussagen) zum (Wolken-)Himmel schwebt. Gott ist um uns und in uns – er durchwirkt alles. Und der Akzent des Festes liegt theologisch eindeutig auf der Erhöhung des Herrn, auf der Kyriotes, der Herrschaft über das All, in die der Auferstandene eingesetzt wird. Diese Akzente sollten nicht verschoben werden, gerade wegen der anerkannten Bedeutung sinnlicher Repräsentation. Unerleuchtete Wiederbelebung falschen Brauchtums führt zur Desavouierung des Brauchtums überhaupt.
Interessant ist, daß sich am Himmelfahrtstag viele Prozessionen gehalten haben. Nun ist es gewiß eine günstige Jahreszeit, in die das Fest fällt – aber diese Prozessionen dürften doch einen theologischen Hintergrund haben. Denn der Auferstandene geht ja (in der »Himmelfahrt«) zu seinem und unseren Vater, um uns eine »Wohnung zu bereiten«. So wird unser

Leben zum Weg, sind wir alle in statu viatoris, ist die Kirche das wandernde Gottesvolk. So sind Prozessionen (die ja letzten Endes immer Weg zu Gott sind) gerade an diesem Fest sinnvoll und sollten weiter gepflegt werden.

Exkurs: Bittage und Bittgänge

Bittgänge in der österlichen Zeit sind schon im christlichen Altertum gehalten worden.
Die ältere Bittprozession (litania[14] maior) fand am 25. April statt. »Sie wurde wahrscheinlich schon im 4. Jahrhundert in der römischen Kirche eingeführt, um eine heidnische Flurprozession[15] ... zu Ehren des Gottes Robigus (oder der Göttin Robigo) zu verdrängen bzw. zu verchristlichen. Termin und weitgehend auch der Weg stimmen überein.«[16] Papst Gregor der Große (um 600) hat sich sehr um die Ausgestaltung dieser Bittprozession, die mit einer Meßfeier in St. Peter schloß, bemüht. Auf diese Prozession ist erst mit der Neuordnung des Kirchenjahres (1969) verzichtet worden, wobei der Verzicht so begründet wird, daß diese Bittprozession »in einem rein lokalen Brauch der stadtrömischen Kirche ihren Ursprung hat«.
Die jüngeren Bittprozessionen (rogationes oder litaniae minores) stammen offenbar aus Gallien, wo sie Mamertus, Bischof von Vienne (461-477 ?), 469 einführte. Das geschah im Anschluß an Erdbeben und Feuersbrünste, die Vienne weithin verwüstet hatten. Der Brauch wurde bald von andern Kirchen übernommen[17]. Schon 511 wurden die Bittgänge für ganz Gallien vorgeschrieben und um 800 auch in Rom eingeführt. Sie haben sich bis heute erhalten.
Die Tage, an denen solche Prozessionen stattfanden, hießen bald »Bittage«; sie hatten Bußcharakter. In Gallien waren sie mit Fasten verbunden, was allerdings Rom später nicht übernahm. Solche Bittage in der österlichen Festzeit wurden allerdings mancherorts als »unpassend« empfunden. So legte Spanien seine Bittage in die Woche nach Pfingsten (also in die erste Woche nach der Osterfestzeit).
Der Brauch der »Bittgänge« aber hat sich erhalten. In der Jahreszeit, in der die Saaten aufgehen und von vielen Krankheiten und Schädlingen bedroht sind, hat sich das gläubige Volk bittend an den Herrn der Schöpfung, den Herrn allen Lebens, gewandt.[18]

Es ist theologisch wohl auch der Gedanke prägend gewesen, dem in der Himmelfahrt von uns gehenden Herrn alle Bitten, alle Sehnsüchte der Christen anheimzugeben, daß er sie vor den Vater trage.

Bei den Prozessionen wurde gelegentlich das Allerheiligste mitgeführt. Auch die Statuen vieler Heiliger gehörten lange zum Bild solcher Bittgänge.

Die Umritte, die in dieser Zeit stattfinden, wie etwa der Heilig-Blut-Ritt in Weingarten am Freitag nach Christi Himmelfahrt, sind meist sekundär mit dem Fest verbunden worden. Allerdings war der »Schauerfreitag« vor allem in Bayern sehr beliebt. Nach J. Schlicht[19] brachte er »im Altbayernlande das größte und stärkste Volksbeten vom ganzen Jahr«.

Die Bittgänge sind bis heute beliebt. Sie führen durch die Fluren zu Kapellen oder zu den Kirchen der Nachbargemeinden; oft werden sie auch im Weichbild des Dorfes oder des Stadtteils gehalten. Die neue liturgische Grundordnung von 1969 sagt dazu: »An den Bitt- und Quatembertagen betet die Kirche für mannigfache menschliche Anliegen, besonders für die Früchte der Erde und für das menschliche Schaffen; auch eignen sich die Tage für den öffentlichen Dank« (Nr 45). Damit sind die Akzente vorzüglich gesetzt.

Auch der christliche Landwirt wird sich versichern; und er wird sein Feld im Maße des Möglichen und Vertretbaren düngen – aber er weiß auch, daß alles Wachsen und Gedeihen »letzten Endes« von Gott abhängen und daß wir für das keineswegs Selbstverständliche – Aussaat und Ernte – zu danken haben, wie für alles in unserm (verdankten) Leben. Und es ist gut, sich gerade in den Tagen üppiger Fülle daran zu erinnern.

Aber Bitte und Dank greifen an diesen Tagen – wie die »Grundordnung« sagt – weiter aus auf alles menschliche Schaffen, für das wir den Segen Gottes erflehen und für das wir danken. Die Gebete und Lieder sollten diese Anliegen aufgreifen. Eine einseitige Betonung marianischer Gebets- und Liedmotive entspricht nicht der Theologie solcher Bittgänge.[20]

6 Das Pfingstfest und sein Brauchtum

6.1 Zur Liturgie und Theologie des Pfingstfestes

Pfingsten ist Teil und feierlicher Abschluß des Osterfestes. Der als Kyrios zum Vater Erhöhte kommt wieder zu uns in der Weise des Geistes. Dieser wurde nach Apg 2,1 ff. am 50. Tage nach dem Auferstehungstage auf die Jünger ausgegossen. Die Juden feierten an diesem Tage ihr *Wochenfest* (Schawuot) im Zeichen des Dankes für die Weizenernte und (später) zum Gedächtnis des Bundesschlusses am Sinai.[1] Für die Christen war der Neue Bund in Christus geschlossen worden, und am Pfingsttage wurde wohl die erste große Ernte der Missionierung eingebracht (Apg 2,41).

Die *Einheit* des Osterfestes wird dadurch betont, daß die Liturgiereform für alle Lesejahre als Evangelium des Pfingstfestes Joh 20,22 bestimmt hat: Danach empfangen die Jünger am *Abend des Auferstehungstages* den Heiligen Geist.

Nach den Erzählungen des NT kommt der Geist unter den Symbolen von Wind/Sturm, Atem und Feuer auf die Gemeinde herab.[2] Das AT kennt für Wind, Sturm, Atem (Lebenshauch) und Geist nur *ein* Wort: *(die) ruach.*

Der Geist wird in Wind, Sturm und Atem erfahrbar, wie auch diese geschöpflichen Wirklichkeiten stets auf den Geist (Gottes) verweisen. Nach deutlicher Hypostasierung des Geistes in den jüngeren Büchern des AT werden im NT Wind, Sturm, Atem

Die Sendung des Geistes (Reichenau, um 1020)

zum *anemos*, während der Geist als *pneuma* (hagion) eigens benannt wird (und dadurch der Symbolhintergrund verblaßt). Wie sehr jedoch die ruach-Erfahrung des AT noch bewußt ist, zeigt die Tatsache, daß in zwei wichtigen neutestamentlichen Schriftworten über das Wirken des Geistes die (ruach-) Einheit wiederhergestellt wird. Im Vers Joh 3,8: »Der Wind weht, wo er will; du hörst sein Brausen, weißt aber nicht, woher er kommt und wohin er geht. So ist es mit jedem, der aus dem Geist geboren ist.«, wird für *Wind* und *Geist* dasselbe Wort (pneuma) gebraucht. Und nach Apg 2,2 kam »vom Himmel her ein Brausen« = *pnoe*, ein Wort, dessen Wurzelgleichheit mit Pneuma unverkennbar ist.

So wird der Geist in der Symbolsprache der Schrift am ehesten in Wind, Sturm und Atem erfahren. Dazu kommt das Feuer[3]. Belebend, befruchtend (wie Wind und Sturm etwa über die Kornfelder hingehen); (das Herz) erwärmend und kühlend ist der Geist; er erhellt und zerbricht das Dunkel, weist Wege in der Nacht; aber er zerbricht auch das Morsche, läutert wie Feuer…, denn Gott ist nicht bequem zu haben.

Dieser, so erfahrene Geist will uns nach der Prophetie des Ezechiel das Herz von Stein aus der Brust reißen und uns ein neues, *menschliches* Herz geben. Er treibt die Geistbegabten – den Herrn und seine Jünger – an, »den Armen die Frohe Botschaft zu bringen, zu heilen, die zerbrochenen Herzens sind, den Gefangenen Befreiung und den Gefesselten Erlösung anzukündigen; auszurufen ein Jahr der Gnade von Jahwe, einen Tag der Rache für unsern Gott, die Betrübten zu trösten…« (Jes 61 f.; vgl. Lk 4,16 ff.).

Und so erneuert der Geist das Antlitz der Erde (Ps 104,30) und gibt uns und dem Kosmos Zukunft und Perspektive.

6.2 Das Brauchtum des Pfingstfestes

Genuines Brauchtum ist zum Fest kaum ausgebildet worden. Das ist bei der theologischen Bedeutung des Pfingstgeistes, der uns durch die Weltzeit das Mysterium Christi erschließt, verwunderlich.[4] Das Volk hat offenbar die Theologie des Heiligen Geistes nie tiefer begriffen (oder diese hat nie das Herz des Volkes erreicht), obwohl doch die alte Sequenz von Pfingsten (»Veni, Sancte Spiritus…«), dieses vielleicht schönste Lied der Kirche, »zu Herzen geht«. Weil ein Brauchtum nie ausgebildet wurde, konnten von ihm keine Impulse ausgehen, die auf das Festgeheimnis zurückwirkten. So ist Pfingsten heute eher das »liebliche Fest« des Reineke Fuchs als das Fest des großen, umwandelnden Geistes Gottes.

Fast alle heute noch geübten Pfingstbräuche sind von Frühlingsfesten (Maien) übernommen oder sekundär mit dem Fest verbunden worden.[5] Es hat eigentlich nur zwei genuine Pfingstbräuche gegeben: a. das Herablassen einer hölzernen Taube während der Pfingstliturgie (oder das gelegentlich geübte Freilassen lebendiger Tauben, die dann den Kirchenraum durchflogen) und b. das Pfingstfeuer.[6]

Der Pfingsttauben-Brauch

Der Brauch, während des Singens der Pfingstsequenz, während der Verkündigung der Epistel oder des Evangeliums oder in der Vesper… eine hölzerne Taube aus dem »Heiliggeistloch« des Kirchengewölbes herbzulassen, dürfte aus dem Mittelalter oder dem Spätmittelalter stammen.[7] H. Kindermann hat auf ein geistliches Schauspiel von 1379 hingewiesen[8], bei dem in Vicenza das Pfingstwunder dramatisch dargestellt wurde. Dort ließ man vom Turm des erzbischöflichen Palais eine hell beleuchtete (hölzerne?) Taube herabschweben. Sicher ist in dieser Zeit der Brauch in vielen Kirchen lebendig gewesen. Auch er ist in der Aufklärungszeit stark zurückgedrängt worden, ist aber auch nach dem Zweiten Weltkrieg noch gelegentlich geübt worden.[9]

Um das Pfingstgeschehen zu vergegenwärtigen, hat man gelegentlich auch brennende Wergflocken auf die Gemeinde herabschweben lassen (in Sizilien rote Rosenblätter). Nicht selten mußten die Ministranten durch allerlei Geräusche dabei das »Brausen des Geistes« hörbar machen.[10] Der Brauch, Blumen, Lebkuchen, gedörrtes Obst »herabregnen« zu lassen, sollte wohl an die Gaben des Geistes erinnern, die in Fülle am Fest ausgegossen werden.

Vor allem der Brauch des Herabschwebens einer Taube ist sehr fragwürdig[11]. Die Taube ist nach dem Zeugnis der Heiligen Schriften *kein* pfingstliches Symbol. Sie wird nur in der Perikope von der Taufe

Jesu erwähnt (Mk 1,10 parr.). Dabei wird im Text die apokalyptische Vergleichspartikel *hos* gebraucht, mit der »Himmlisch-Unsichtbares durch Vergleichen als sichtbar vorgestellt wird. Innerhalb der Vision muß der Geist eine Gestalt, ein *Eidos* ... haben; für die Katabase (Herabkunft) des Geistes kommt nur der Vogel als das dem ... Luftraum zwischen Himmel und Erde zugehörige Geschöpf in Frage.«[12] Da die Taube ein reines Tier nach jüdischem Gesetz ist und der einzige Vogel, der als Opfertier verwendet werden durfte, lag es nahe, sie als *eidos* des Unsagbaren und Undarstellbaren zu gebrauchen. Alttestamentliche Assoziationen werden für die Wahl der Taube kaum eine Rolle gespielt haben. Nach Strack-Billerbeck läßt es sich nur »in sehr beschränktem Maße wahrscheinlich machen, daß die Taube im Judentum als Symbol des Geistes Gottes gegolten habe.«[13] Es ist auch kaum wahrscheinlich, daß antike Symbolik eine entscheidende Rolle gespielt hat.

Die Kirchenväter mußten gegen ein materialistisches Mißverständnis der Taube (Taube = Geist Gottes) die *Symbolik* der Taube herausstellen. Das geschah auf der Grundlage der »naturwissenschaftlichen« Erkenntnisse der Zeit, die heute fast alle überholt sind.[14] Aufgrund des Berichts der Genesis (8,6 ff.) wurde die Taube zum Symbol des Friedens in der Vätertheologie.

Nun wird – im Anschluß an Mk 1,10 parr. – die Taube durch die Konzilien von Nizäa und Konstantinopel zum Symbol des Heiligen Geistes.[15] In der Folgezeit wird sie zum beherrschenden Symbol des Gottesgeistes in der christlichen Ikonographie. Seit dem 6. Jahrhundert (Rabbula-Codex von 586) gelangt sie ins Pfingstbild.

Im Mittelalter wird der Geist gelegentlich in einer menschlichen Gestalt dargestellt[16], manchmal (wie in der ostkirchlichen Ikonographie) als Elwesen (nach Gen 18,1 ff.). Wir finden auch Dreifaltigkeitsdarstellungen als Leib mit drei Köpfen. Solche Bildtypen werden durch Papst Urban VIII. 1628 verboten. Seit Benedikt XIV. (1745) ist die Einzeldarstellung des Heiligen Geistes nur mehr als Taube gestattet. Die Taube ist in der Folgezeit gebräuchlicher topos des Pfingstbildes.

Eine verhängnisvolle Entwicklung! Denn die Taube ist kein Geistsymbol, nahezu nichts verweist auf den Gottesgeist. Und am wenigsten ist sie ein Symbol des Friedens.[17] Je mehr die Taubenhaltung von einer Liebhaberei der Fürsten zu einer solchen des Volkes wurde (und endlich zu einem kaum zu bewältigenden Problem der Städte), mußte das Symboldefizit deutlicher werde. Die Bräuche verloren ihren Symbolhintergrund und starben folgerichtig aus. Das Pfingstfest verarmte; der Heilige Geist wurde zum »unbekannten Gott«. Es ist unsinnig (und um unseres Brauchtums willen scharf abzulehnen), wenn heute einige Pfarrer versuchen, alte »Taubenbräuche« wieder zu beleben. Wir sollten uns vielmehr wieder auf die genuine pfingstliche Symbolik besinnen, wie sie uns die Heilige Schrift nahelegt. Hier bietet sich das Pfingstfeuer an.

Der Brauch des Pfingstfeuers[18]

Der Brauch des Pfingstfeuers sollte dringend eingeführt oder neu belebt werden. Im Symbol des Feuers – dem Wind verschwistert[19] – ist die Geistsymbolik der Heiligen Schrift am ehesten sinnenfällig zu machen. Die Gläubigen erfahren die Glut des Geistes; seine Macht, das Dunkel der Sünde, der Einsamkeit, des Leides… zu zerbrechen. Der Geist ist es, der das »vor Frost Erstarrte« erwärmt und »in der Hitze Kühlung zuhaucht«. Aber der Geist ist auch eine gewaltige Macht, die niederreißen kann. Und wenn die Funken fliegen und überall neue, kleine Brände entzündet werden, sind die Worte Jesu im Bild gegenwärtig.

Dabei müssen die großen Bilder gewahrt werden. Ein Pfingstfeuer ist erst in der Dunkelheit sinnvoll. So kann es bei der (immer noch üblichen) Sommerzeit erst spät entzündet werden. Das hat jedoch den Vorteil, daß der alte Gedanke der Vigil mit dem Feuerbrauch verbunden werden kann. Der Feier des Osterfestes ging schon in der Mitte des 2. Jahrhunderts eine Nachtwache (Vollvigil) voraus. Ihr Kern war ein lang andauernder Wortgottesdienst mit vielen alttestamentlichen Lesungen. Die Nachtwache ging am Morgen in die Eucharistie des Festes über. Bald erhielten andere Feste ebenfalls Vigilien, die der Ostervigil als der »Mutter aller Vigilien« nachgestaltet waren. Außerhalb Roms waren das die Feste der Epiphanie und der Weihnacht, in Rom vor allem Pfingsten (als zweiter Tauftermin) und die Quatembertage. Die Tendenz, die Eucharistie vorzuverlegen (um die Nachtwache und den voraufgehenden Fasttag abzukürzen), ist schon im frühen Mittelalter deut-

Pfingstfeuer

lich. Heute nehmen die Vorabendmessen auch den Vigilgedanken auf.[20]

Eine Vollvigil (im Sinne einer durchwachten und durchbeteten Nacht vor dem Fest) ist heute wohl nur in kleinen Gemeinschaften möglich. Eine *Stunde* des Wachens aber, der Besinnung auf das Festgeheimnis und der Bereitung dafür, ist den Gemeinden sehr wohl zuzumuten.
Es kostet einige Mühe, Psalmen, Gebete, Liedtexte, vor allem aber Meditationsgedanken zusammenzustellen, die das Mysterium des Geistes erschließen. Solche Stunde aber ist wohl wertvoller als manche Predigt und manche Katechese über das Mysterium des Geistes.
In manchen (nicht zuletzt städtischen) Gemeinden wird es oft nicht möglich sein, ein Pfingstfeuer abzubrennen. In solchen Fällen könnte ein Geist-Feuer mit Freizeiten, Landheimaufenthalten, Familienwochenenden... verbunden werden, da wir dabei nicht unbedingt an den Pfingsttermin gebunden sind (obwohl dann der Gedanke der Vigil und der Bereitung für das Fest fortfällt). Im übrigen ist es sinnvoll, daß sich Gemeinden zusammentun, um den Brauch durchzuführen. Es muß wohl nicht darauf hingewiesen werden, daß ein solcher Brauch keinen Ausschank o.ä. duldet.
Der neue Brauch der Gestaltung einer *Pfingstkerze* sollte erwogen werden. Solche Kerzen könnten im Altarraum der Gotteshäuser aufgestellt werden (am Platz der Osterkerze, deren Flamme ja am Pfingstfest gelöscht wird). Analog zum Osterkerzenbrauch könnten mit Kindern, Gruppen... kleinere Pfingstkerzen gestaltet werden, die dann in den Familien zu festlicheren Gelegenheiten brennen würden.
Mit dem Pfingstfest werden heute in stärkerem Maße Tage charismatischer Erneuerung, der Meditation, und anderer geistlicher Übungen (Exerzitien) verbunden. Das sollte nachdrücklich gefördert werden. Es bleibt abzuwarten, ob sich daraus neues Pfingstbrauchtum entwikkelt.

7 Das Fronleichnamsfest und sein Brauchtum

7.1 Theologie und geschichtliche Entwicklung des Festes[1]

Die Urkirche feierte die Eucharistie als Herren- und als Brudermahl. Sie lebte vom Wort des Herrn und von der Gegenwärtigsetzung seiner Heilstaten, vor allem seines Todes und seiner Auferstehung. Eine Verehrung der verwandelten Gaben außerhalb der Eucharistie war der Urkirche fremd. Im Mittelalter änderte sich das Verständnis. »Die Begegnung mit Christus wird weniger im Vollzug der aufgetragenen Feier gesucht, als im Schauen der eucharistischen Gestalten…«[2] Dabei wendet sich das Interesse ganz dem Heiligen Brot zu. Folgerichtig wird um 1200 in Paris das verwandelte Brot dem Volk zum erstenmal in der Eucharistiefeier gezeigt (Elevation). Neben die eucharistische Frömmigkeit tritt in immer stärkerem Maße eine Andachtsfrömmigkeit.

In solcher Situation hat nun die Augustinernonne Juliane von Lüttich im Jahre 1209 eine sich öfter wiederholende Vision. Sie sieht die Scheibe des Vollmondes (als Bild der Kirche), auf der ein dunkler Fleck das Fehlen eines Festes zu Ehren der Eucharistie anzeigt. Auf Drängen Julianes führt Bischof Robert von Lüttich 1246 ein solches Fest in seiner Diözese ein. Papst Urban IV., früher Archidiakon in Lüttich, schrieb in der Bulle Transiturus das Fest für die ganze Kirche vor. Durch den Tod des Papstes wird die Einführung des Festes verzögert. Erst Papst Johannes XXII. gibt ihm durch die Veröffentlichung der Bulle seines Vorgängers allgemeine Geltung in der Kirche (1317). Im Hinblick auf die

Einsetzung der Eucharistie wird ein Donnerstag als Festtag gewählt, und zwar (gegen Lüttich) der Donnerstag nach der Oktav des Pfingstfestes.
In Deutschland setzt sich für das Fest der Name Fronleichnam (vron/fron = Herr, auch heilig, hehr und lichnam = lebendiger Leib) durch.

7.2 Das Brauchtum des Festes

Der einzige Brauch des Festes ist heute[3] die Fronleichnamsprozession. Sie wird überall in der Welt in bunter Vielfalt begangen und ist nicht zuletzt im deutschen Sprachraum sehr beliebt.

Die Geschichte der Fronleichnamsprozession

Prozessionen sind uraltes Brauchtum. Die Juden des Alten Testaments wallfahrten dreimal im Jahr nach Jerusalem[4]. David bringt in feierlicher Prozession die Bundeslade nach Jerusalem... So sind auch Prozessionen so alt wie die Kirche selbst. Sie waren Symbol unseres Weges zu Gott, Symbol unseres irdischen Daseins. Sie waren Symbol des wandernden Gottesvolkes auf dem Weg zum neuen und endgültigen Zion.[5]
Eine Prozession zum Fronleichnamsfest wird erstmals in Köln gehalten (1277). In Benediktbeuern ist sie 1286 nachzuweisen, in Würzburg 1298, in München vielleicht 1343[6]. Schon früh werden Bilder, Kreuze, Reliquien mitgeführt – zunächst nicht das Allerheiligste. Dann begann man, die verhüllte Hostie mitzutragen[7], bis sie schließlich in kostbaren Schaugefäßen (Monstranzen) mitgeführt wurde.
Im 15. Jahrhundert werden Elemente der Flur- und Bittgänge mit der Fronleichnamsprozession verbunden. An vier Altären, die am Prozessionsweg aufgebaut sind, werden nach den vier Himmelsrichtungen die Evangelienanfänge gelesen, werden Fürbitten gesprochen, wird endlich der sakramentale Segen erteilt. Der Segen des Herrn soll nicht zuletzt die Saaten schützen und in Fülle reifen lassen – der im heiligen Brot Gegenwärtige möge unserm täglichen Brot seinen Segen geben.

Fronleichnamsprozession (Sarntal, Südtirol)

Schon in der Spätgotik, vor allem aber im Barock, wurden die Prozessionen sehr reich, oft burlesk, ausgestaltet. Veit/Lenhart schildern eine Prozession in Mainz, in der neben allen Zünften und Ständen der Stadt unzählige Gestalten des Alten Testaments und des Neuen Testaments auftraten, auch Szenen der Heilsgeschichte vor Augen geführt wurden. Engel und Teufel wurden mit Vorliebe dargestellt. Geschwänzte Teufel eröffneten und beschlossen die Prozession in Freiburg. In der Mainzer Prozession von 1613 schritten neun Engelchöre vor dem Allerheiligsten her, Scharen anderer Engel warfen Blumen auf den Weg.[8] Und das alles zu wiederholten Malen, denn oft wurden diese Prozessionen am Fest, am Sonntag danach und am Oktavtag, dem »8. Corpustag«, gehalten.

Bald blieben Derbheiten nicht aus[9]. So hatten die Aufklärer oft leichtes Spiel,

solche Prozessionen zu diffamieren, so daß der Brauch stark zurückging. In der Zeit des Kulturkampfes und in der Zeit des Nationalsozialismus wurde dagegen die Prozession in Deutschland (wie schon in der Zeit der Gegenreformation) zu einer »demonstratio catholica«.
Heute wird der beliebte Brauch in unseren Gemeinden gepflegt.[10]

Zur Diskussion um den Brauch

Nur wenige bezweifeln, daß der Brauch in den meisten Gemeinden einen hohen religiös-christlichen und gesellschaftlichen Stellenwert hat. Das Aufstellen und Schmücken der Altäre (meist mit großem Eifer vollzogen), das Schmücken der Häuser und der Straßen, das Beten und Singen während der Prozession... können die Verehrung des eucharistischen Herrn vertiefen. Und das »Prangen« in Uniform und Ehrenzeichen hat zumal auf den Dörfern eine nicht zu unterschätzende Bedeutung (gehabt). Dennoch bleibt – oft gerade bei der jungen Generation – ein Unbehagen:
a. Die Kyrios-Frömmigkeit der letzten Jahrzehnte, die Reformen Papst Pius X. und nicht zuletzt die »Liturgische Bewegung« unseres Jahrhunderts haben zu einer Rückbesinnung auf das Zentralmysterium der Kirche, die Eucharistie, geführt. Die christliche Jugendbewegung hat entscheidende Impulse aus der Feier des Herrenmahles erhalten. Auch das gläubige Volk hat gelernt, die Messe mitzufeiern und darin nicht nur den Anlaß zu privaten Gebeten zu sehen.
Das führte dazu, daß die Vermischung von eucharistischer und Andachts-Frömmigkeit aufhörte. Die früher so beliebten Eucharistiefeiern vor ausgesetztem Allerheiligsten (Rorate!) wurden (zu Recht) verboten. Das Austeilen der Kommunion schon vor (oder nach) der Eucharistiefeier wurde auf Notfälle eingeschränkt...
Aber die starke Betonung eucharistischer Frömmigkeit führte (neben anderen Gründen) auch zum Auszehren der Andachtsfrömmigkeit. Die Andachten an den Sonntagen wurden immer schlechter besucht und verschwanden. Selbst die so beliebten Maiandachten und die Andachten im Rosenkranzmonat hatten und haben bei weitem nicht mehr die Bedeutung früherer Zeiten. Zwangsläufig geriet auch die Fronleichnamsprozession in eine Krise.

Fronleichnamsprozession auf dem Chiemsee

Wäre es – so wird gefragt – nicht viel richtiger, eine große Eucharistie (etwa im Freien) zu feiern, in der Raum bliebe für Meditationen, allgemeine Fürbitten (wie am Karfreitag)? Eine Feier, die vielleicht das Herz eines Tages der Begegnung wäre, so daß Gemeinde wüchse nach dem Willen des Herrn?

Vieles an solchen Einwänden ist richtig; und in den Städten werden ähnliche Versuche gemacht. Aber warum soll, wenn die Akzente richtig gesetzt werden, innerhalb solcher Feiern die Prozession keinen Platz haben? Gewiß muß deutlich werden, daß sie aus der Eucharistie erwächst und in sie mündet. Dann aber könnte die Symbolik der Prozession (unsern Weg mit Gott und zu ihm abzubilden) ein gut Stück christlicher Erfahrung bringen. Dazu kommt das Bekenntnis, das mit der Fronleichnamsprozession verbunden ist: Ich bekenne mich zur Nachfolge (zum Nach-Gehen) jenes Herrn, der im *zerbrochenen* Brot unter uns ist, der sein Leben als Dienst am andern ansah; der uns die Liebe vorlebte, die sich für andere kreuzigen läßt. Und der als der Ohnmächtige in dieser Welt ist.

b. Suspekt ist das »Prangen« dieses Tages (der in Bayern noch heute »Prangtag« heißt). Dabei geht es primär nicht um eine Ablehnung all der Eitelkeiten, die bei solchen Anlässen zutage treten. Es geht mehr um die kostbaren Monstranzen und Priestergewänder; um die Lieder, die eine »theologia gloriae« aussingen (»Ein Haus voll Glorie schauet/weit über alle Land...«) – eben um eine Kirche, die sich glanzvoll darstellt mitten in unserer Welt. Wenn Kirche ihrem Herrn treu bleiben wolle, müsse sie eine »theologia crucis« vertreten und leben. Sie könne (und solle) wallfahren, aber auf die Prachtentfaltung solcher Prozessionen verzichten.
Auch bei solcher Argumentation ist vieles richtig, und sicher hat in dieser Weltzeit die theologia gloriae (die es ja unter österlichem und endzeitlichem Aspekt in der Kirche auch gibt) nicht die Bedeutung der theologia crucis.
Aber es sind im Lauf der Geschichte gerade die Armen gewesen, die mit ihren Spenden geholfen haben, die Kirchen und Kapellen wunderbar auszuschmücken. Viele der kostbaren Gefäße, Monstranzen und Gewänder sind Zeugnisse der Frömmigkeit, die zur größeren Ehre Gottes gefertigt und gebraucht wurden.
Aber es ist wichtig, in Wort und Lied der theologia crucis Raum zu geben und so eine Kirche darzustellen, die nicht Macht oder Ansehen will – die vielmehr ihren Dienst leistet an dieser unserer Welt.

c. Endlich wird gefragt, ob nicht die Segnung der Fluren, Wettersegen u.a. zu den Dingen gehören, die sich (nicht zuletzt im Bewußtsein unserer Gläubigen) überlebt haben. Dabei geht es nicht nur um die (banale) Argumentation, daß das Wetter, das Gedeihen der Saaten... von wissenschaftlich erforschbaren natürlichen Gegebenheiten abhängen und zum Teil vom menschlichen Tun. Es geht mehr um die Frage, ob wir mit allen Bitten, Segnungen, Weihen nicht von unserer Verantwortung für die Schöpfung ablenken und (guten Gewissens) die Sorge für die Umwelt auf Gott abschieben.

Auch hier sind Gefahren signalisiert. Dennoch: Wer könnte und dürfte leugnen, daß an Gottes Segen nach wie vor alles gelegen ist? Ist es heute nicht notwendiger denn je, uns daran zu erinnern, daß es keineswegs selbstverständlich ist, daß es Regen, Sonne und Wind im rechten Maße gibt, daß wir die Welt und unser ganzes Leben zu verdanken haben? Und ist es für den Verkündiger wirklich so schwer, deutlich zu machen, daß das Erflehen des göttlichen Segens kein Alibi für fehlendes Engagement für die Umwelt sein kann, die wir als Gottes Schöpfung zu »bebauen und zu pflegen« haben?

So wird unsere Aufgabe nicht die Abschaffung der Fronleichnamsprozession sein. Das wäre töricht in einer Zeit, in der die Beliebtheit von Wallfahrten wieder ansteigt, in der wir (nicht zuletzt durch das Brauchtum) versuchen, unserem Glauben wieder einen ganzmenschlichen Ausdruck zu verleihen. Wir sollten uns jedoch um die rechte Sinngebung des Brauches bemühen. (Und eine Gemeindepastoral braucht, das sei zum Schluß gerade dieses Abschnitts gesagt, auch einigen Humor).

Viele Gemeinden versuchen heute, den oben diskutierten Einwänden Rechnung

Prozession mit dem Evangelienbuch in Rurberg/Eifel

zu tragen. Gemeinden einer Stadt (oder verschiedener Dörfer) ziehen in Prozessionen – gelegentlich mit dem Evangelienbuch, um die Bedeutung des Wortes Gottes zu betonen – zu einem zentralen Platz, auf dem die Eucharistie gefeiert wird. Beim Heimweg führen die Prozessionen das Allerheiligste mit.

In vielen (nicht zuletzt dörflichen) Gemeinden ist die alte Ordnung beibehalten. An den vier »Stationen« mit ihren (meist festlich durch Blumenteppiche geschmückten) Altären werden die Fürbitten gesprochen, wird der Segen erteilt. Die eindringlichen Bitten und die Segensworte haben nach wie vor einen hohen Stellenwert im Leben der Gemeinde.[11]

Besonderer Wert sollte auf die Auswahl der Gebete und Lieder gelegt werden, die auf dem Weg zwischen den Stationen gebetet und gesungen werden. Hier sollten in stärkerem Maße Litaneien, eucharistische Betrachtungen, Psalmen u.a. herangezogen werden.

Das feierliche »Te deum...« schließt die Prozession im Gotteshaus ab.[12]

8 Das Geburtsfest Johannes des Täufers und das Brauchtum des Festes

8.1 Zur Theologie des Festes

Ein Fest zur Feier der *leiblichen* Geburt finden wir im Heiligenkalender nur bei der Gottesmutter und bei Johannes, dem Vorläufer. Bei allen andern Heiligen gilt der Tag des Todes als eigentlicher Geburtstag (des neuen, verklärten Menschen). Maria und Johannes aber waren so wichtig im Heilsgeschehen, daß ihre Geburt (von Gott vorausbestimmt) gefeiert wurde.

Johannes, mit dem Beinamen »der Täufer«, war eine der großen Gestalten des Judentums. Durch seine asketische Lebensweise (von Jugend an?), durch seine Predigt vom nahe herbeigekommenen Reich Gottes und von der Notwendigkeit der Umkehr, fand er eine gewaltige Resonanz in seinem Volk (Mk 1,1-7). Die von ihm gespendete »Taufe der Umkehr zur Vergebung der Sünden«, die mit einem öffentlichen Schuldbekenntnis verbunden war (Mt 3,6), machte dem Volk seine Erlösungsbedürftigkeit tiefer bewußt. Dabei erwartete der Täufer das Kommen des Reiches Gottes und damit des Messias, als Gericht über alles Sündige und Böse (Mt 3,7 ff par.). Gott werde endlich ein »reines Volk« schaffen.

Die junge Kirche verstand Johannes als Vorläufer Jesu. Nach der Heiligen Schrift sah er sich selbst als dessen Wegbereiter (Joh 1,19-24) und wies auf Jesus als das kommende »Lamm Gottes« hin (Joh 1,29-34). Von Geburt an war er auf Jesus hingeordnet, wobei Lk in seinem »Kindheitsevangelium« auch deutlich macht, wie sehr Jesus den Täufer überragt (Überbietungsmotiv).

Das Selbstzeugnis des Täufers: »Er (Jesus Christus) muß wachsen – ich aber muß abnehmen« (Joh 3,30) gibt zusammen mit dem Herrenwort Mt 11,11: »Amen, das sage ich euch: Unter allen Menschen hat es keinen größeren gegeben als Johannes den Täufer; doch der Kleinste im Himmelreich ist größer als er.« seinen Stellenwert in der Theologie der Urkirche an.[1]

8.2 Das Datum des Festes und seine theologische Bedeutung

Ein liturgisches Gedächtnis des Täufers ist schon im 4. Jahrhundert durch einen ägyptischen Papyrus bezeugt. Als Begleitfest zu Epiphanie (vielleicht um den Teilaspekt der Taufe Jesu an diesem Tag zu betonen) wurde es am 5. Januar begangen.[2] Das Geburtsfest des Täufers am 24. Juni ist in der Kirche des Westens entstanden. Gemäß Lk 1,36a datierte man das Fest genau 6 Monate vor Christi Geburt, wobei beide Termine nach römischer Kalenderzählung der 8.Tag vor dem ersten Tag des folgenden Monats sind (dies VIII ante Kalendas).

Solche Sicht ist nicht unbestritten. Nach Schönfeldt legte man das Fest auf dieses Datum (24.6.), weil auf diese Weise der Mittsommertag, »das uralte Fest der Germanen, der Kelten und der Sklaven« (Slawen? d.V.)»eine christliche Bedeutung bekam«[3]. Nach v. Geramb war dieses »Volksfest« bei der Übernahme des Christentums durch die germanischen Völker »so tief und kraftvoll entwickelt, daß die Kirche um seinetwillen den Tag Johannis des Täufers auf den altdeutschen Sonnwendtag... und die vigilia Sti. Johannis Bapt. in die Nacht vom 23. auf den 24. Juni verlegte. Nicht der Kirchenkalender, sondern das Volk hat diesen Tag bestimmt.«[4] Dabei hat Geramb mit großer Akribie nachgewiesen, daß »von den ältesten schriftlichen Nachrichten bis herauf ins 19. Jahrhundert... bei allen germanischen und deutschen Stämmen nur der Abend und die Nacht vom 23. auf den 24. Juni als Mittsommertag oder Sonnwendnacht galt, in der die Sonnwendfeuer entzündet wurden«.[5]

Solche Überlegungen sind nur mittelbar richtig. Die Kirche hat den Termin gemäß Lk 1,36a festgelegt. Da aber das Weihnachtsfest nach langem Ringen in die zeitliche Nähe der Wintersonnenwende gelegt worden war, war es zwangsläufig, daß das Geburtsfest des 6 Monate älteren Täufers mit der Sommersonnenwende zusammenfiel (wobei gefragt werden muß, warum nicht das astromisch richtige Datum des 21. Juni für den Sonnwendbrauch genutzt wurde). Durch die Festlegung des Termins auf den 24.6. findet nach Augustinus die Gestalt des Täufers ihre kosmische Bestätigung, da die Sonne nun abnimmt, wie er, Johannes, nun abnehmen muß, um des Herrn willen.

8.3 Das Brauchtum des Festes

Das Fest hat kein genuines Brauchtum entwickelt, was angesichts des theologischen Inhalts des Festes verständlich ist. Dabei gibt es kaum Tage im Jahr, die reicher an Brauchtum wären. Aber es ist durchgängig das Brauchtum der *Sonnenwende*, das nach der Christianisierung langsam mit dem Fest des Täufers verbunden wurde. Mit feinem Gespür haben die steirischen Bauern die an diesem Tag entzündeten Feuer *Sunnawendhansl-Frohfeuer* genannt.[6]

Nach Geramb ist »die ganze Zeit zwischen jenen Vortagen« (etwa dem Fest St. Veits) »und dem eigentlichen Sonnwendtag (Johannistag...) von der Zauberkraft all der holden und unholden Geister erfüllt, die den Hochstand der Sonne begleiten. Hühneropfer, Kulttänze und Kultfeuer, Opferspeisen und Opferfrüchte haben sich in mannigfachen Restformen... bis heute in diesen Tagen erhalten. Auch Hirtenfeste als Überbleibsel eines sehr alten Hirtenmahles zur Mittsommerzeit sind in einigen Gegenden nachzuweisen, und vor allem spielt die um diese Zeit aufs höchste blühende Kraft verschiedener geheimnisvoller Kräuter (namentlich des Farrenkrautes und des Johanniskrautes) überall eine große Rolle im Volksglauben. Im allgemeinen herrscht in der Sommersonnenwende eine heitere Stimmung vor, die Freude am Gedeihen und Wachsen der Feldfrüchte. Doch sind auch blasse Spuren einer Seelenverehrung und Opfergebräuche gegen Wassergeister erkennbar. Im Mittelpunkt aber steht das Sunnawend- oder Johannisfeuer, das Heils- und Reinigungsfeuer für Mensch und Tier.«[7]

Später, als viele Feste – wie etwa der im Bauernjahr so wichtige Tag des Heiligen Vitus (Veit) – nicht mehr begangen wurden, wanderte das Brauchtum zum Tag und vor allem zur Nacht der Sonnenwende ab. Diese Nacht war eine der *Losnächte.* »In ihr hat man die Zukunft erschließen, in die Tiefe der Natur schauen, wundertätige Kräfte wecken können.«[8] In dieser Nacht »öffnen sich im Märchen die Berge; Elfen und Zwerge treiben ihr Wesen und verraten verborgene Schätze, ... in den Seen hört man versunkene Glocken läuten, man kann die geheimnisvolle Wünschelrute finden, kann die Sprache der Tiere verstehen und Liebenden wird auf jeden Fall geholfen.«[9]

Wir könnten fortfahren.Das Brauchtum dieses Tages ist in den verschiedenen Gegenden so reich und vielgestaltig, daß es unmöglich ist, es hier auch nur annähernd darzustellen. Der Tag und die Nacht der Sonnenwende waren eben mit aller Angst des Menschen und seiner Hoffnung, mit seinen Träumen und Sehnsüchten verbunden. Und hinter allem stand die Furcht vor dem Tod, dem Ende der Welt, das in der Winterstarre vorgebildet war, und dem eigenen Ende.

Der wichtigste Brauch der Nacht war stets das Sonnwendfeuer, das in christlicher Zeit auch Johannisfeuer genannt wurde und wird[10]. Es gehört zu den uralten Feuerbräuchen, die wir schon besprochen haben. Die nun am höchsten stehende Sonne ist im Bilde des Feuers gegenwärtig; alle ihre Kräfte sollen dem einzelnen, den wachsenden Saaten, den Tieren... zuteil werden. Die Sitte der alten »Notfeuer«, die bei einer Viehseuche oder anderen Krankheiten der Tiere angezündet wurden und durch die man die kranken Tiere trieb[11], ist bald zu regelmäßig wiederkehrenden (vorbeugenden) Notfeuern geworden, zu denen das Sonnwendfeuer gehörte.

Vor allem aber waren die Feuer dieser Nacht wohl magische Sicherung des Lichtes, der Wärme an dem Tage, an dem die Sonne endgültig abnahm und die Winterkälte und der Wintertod sich ankündigten. Da jeder neue Frühling ein Wunder war, sollte die Magie helfen, der Sonne die Kraft zu geben, erneut den Winter zu überwinden.[12]

Aber auch für den Menschen hatte dieses Feuer besondere Kraft. Es bannte Unheil und Krankheit und gab den Paaren (nicht zuletzt denen, die durch das Feuer sprangen) Fruchtbarkeit.

Der Brief eines Pfarrers Flick aus Sandbach (Odenwald) an die gräflich-erbachsche Regierung aus dem Jahre 1582 gibt uns einen

Einblick in die Art der Feier solcher Sonnwend-/Johannisfeuer. Es heißt dort: »Jährlich uff Johannis Baptiste Abend fangen sie an, uff einem besonderen Platz außerhalb den Flecken und Dörfern ein Feuer anzuzünden, treiben solches drei Abend nacheinander also und solchergestalt: Diejenigen, so darzu laufen, beide von Manns- und Weibspersonen, tragen ein Bürde Holz und sonsten dergleichen Materie dazu, werfens ins Feuer mit den Worten, daß all ihr Unglück im Feuer verbrennen solle, tanzen und springen darnach um und über das Feuer, und währet solche Handlung oftmals wohl bis Mitternacht. Treiben, sonderlich das junge Gesindlein, wie denn gut zu crachten, große Schand und Mutwillen darbei, zerstreuen letztlich die ausgelöschten Kohlen gegen dem Fruchtfeld aus, welches für Hagel, Ungewitter und allerlei zufällige Schäden sonderlich gut sein soll. Ein Teil tragen die Bränd und Kohlen mit sich heim, brauchen sie auch zu besonderer Abgötterei, welche mir nit alle bewußt oder bekannt.«[13]

Außer den Sonnwendfeuern, die gelegentlich den Namen behalten haben, sonst aber zu »Johannisfeuern« geworden sind, hat sich wenig vom vielfältigen Brauchtum erhalten[14]. Die Feuer dieser Nacht sind selten wirklich »getauft« worden, sind selten zu christlichem Feuerbrauch geworden. Einen solchen Versuch schildert Bronner (1908) aus dem Walsertal: »Dort wird an einem recht schönen Abend in der Zeit um Johanni auf einer Almweide ein großes Feuer aus Reisig angezündet. Alle Leute, welche zur Alm gehören, setzen sich ums Feuer. In dieses wird der Rest vom geweihten, vorjährigen Kräuterbüschel geworfen; dann besprengt man das Feuer mit Weihwasser und betet, während eines ein geweihtes Wachslicht hält, einen Rosenkranz für die armen Seelen. Nun wird in die Sennhütte zurückgekehrt. Da kommt schließlich doch die jugendliche Freude und Fröhlichkeit zu ihrem Recht: man singt und tanzt.«[15]
Ein Bezug zum Fest des Täufers Johannes ist nicht zu erkennen, solche Feuer sind eher zufällig in die Nähe(!) des Festes gelegt worden. Aber solche Versuche sind selten. Immerhin wird berichtet, daß in Gernsheim bei Mainz das Feuer schon im frühen Mittelalter von einem Priester gesegnet wurde.[16] Sonst aber ist in den Berichten wenig genuin Christliches zu finden. 1401 ging der Bayernherzog Stephan mit seiner Gemahlin im »Johannis-

reigen« (Geramb) des Volkes mit. 1471 wird das von Kaiser Friedrich III. beim Reichstag zu Regensburg berichtet. 1490 ließ der Bischof von Würzburg ein besonders großes »Sonnwendfeuer« (Geramb) vor seiner Burg abbrennen. 1496 eröffnete in Augsburg Erzherzog Philipp von Österreich den Feuertanz mit der Bürgerlichen Ursula Neidhard »um einen fünfundvierzig Schuh hohen Sonnwend-Scheiterhaufen«. Und 1609 nimmt das Stift Klosterneuburg das »sonabetfewr« gegen das Verbot des Stadtrichters (der um seine Gemeindewälder fürchtete) in Schutz. – In Paris wurde das Feuer feierlich vom Gouverneur der Stadt entzündet. War der König dabei, so zündete er eigenhändig den Holzstoß an.[17]

Der Brauch eines Sonnwend-/Johannisfeuers (die Bezeichnungen wechseln, sind austauschbar)[18] hat sich vor allem in Süddeutschland erhalten. Obwohl das Benediktionale einen Segen für das Johannisfeuer anführt, ist der Brauch fast überall säkularisiert. Er dient der Geselligkeit (was ja sinnvoll ist) örtlicher Vereine und nicht zuletzt der Aufbesserung der Vereinskassen. Da alles oft genug in ein (wüstes) Gelage ausartet, hüten sich viele Geistliche (zu Recht), einen Segen über solche Feuer zu sprechen.

Es ist auch nicht leicht, dem Johannisfeuer einen *theologischen* Sinn zu geben. Von der dem Feuer eigenen Symbolik: zu erwärmen, zu erleuchten, (als Licht) Leben zu zeugen… bleibt allenfalls eine Wegweisung in der Nacht, die dem Johannes eigen war. Dennoch ist es schwer, eine Feuer/Licht-Symbolik mit dem zu verbinden, von dem der Evangelist sagt: »Er war nicht selbst das Licht/er sollte nur Zeugnis ablegen für das Licht…« (Joh 1,8).

Sicher ist es wichtig, deutlich zu machen, daß Johannes (wie jeder Christ) abnehmen muß, damit der Herr zunehme, leuchte in der Welt, so wie nun die Sonne (*das* irdische Licht schlechthin) abnimmt – aber ist das auflodernde, alles erhellende Feuer dafür ein Sinnbild? Da das Bild hier nicht *einleuchtet*, bedarf es vieler erklärender Worte, um einen theologischen Sinn herauszuarbeiten.

Es ist sicher richtiger (und theologisch sehr viel wichtiger), den Brauch des *Pfingstfeuers* (s.o.) zu pflegen (oder zu initiieren), als sich um die christliche Rehabilitierung eines Feuerbrauchs zu bemühen, der (zumindest heute) mehr als fragwürdig ist.

9 Das Fest der Himmelfahrt Mariens und sein Brauchtum

9.1 Zur Theologie des Festes

Nach früh bezeugtem Glauben der Kirche wurde Maria »am Ende ihres irdischen Lebenslaufs«[1] mit Leib undSeele in die Herrlichkeit des Himmels (Gottes) aufgenommen. Dieser Glaube betont die besondere Würde, die Maria, die Gottesmutter, in der Gemeinschaft der Kirche besitzt, und ihren Anteil an der Erlösungstat des Sohnes. In ihrer Aufnahme in Gottes Herrlichkeit wird exemplarisch deutlich, wozu Mensch und Welt durch Gottes Gnade berufen sind.[2]

9.2 Zur Entwicklung des Festes

Für die Mitte des 5. Jahrhunderts ist in Jerusalem ein »Tag der Gottesmutter« am 15. August bezeugt. Dieses – mehr allgemeine – Mariengedächtnis wird bald zu einer Feier des »Natale« Mariens, im Sinne von »Heimgang« (lat. dormitio). Kaiser Maurikios (Mauritius) (582-602) schrieb das Fest für seinen Herrschaftsbereich vor. Nachdem das Konzil von Ephesus (431) Maria endgültig den Titel »Gottesgebärerin« zuerkannt hatte, kam das neue Fest dem Verehrungswillen des Volkes entgegen.

Die Liturgie Galliens feierte im 6. Jahrhundert ein Marienfest am 18. Januar, das vom 7. Jahrhundert an als »Fest der Aufnahme Mariens« gefeiert wurde. In Rom wird das Fest seit der Mitte des 7. Jahrhunderts am 15. August gefeiert. Im »Gregorianischen Sakramentar«, das Papst Hadrian I. (772-795) Kaiser Karl dem Großen übersandte, heißt das Fest: »Aufnahme der heiligen Maria«.[3]

Als »demonstratio catholica« gegen die »Schmähungen«, welche die Gottesmutter durch die Reformatoren erleiden mußte, »wurde... Mariä Himmelfahrt... der Lieblingsvorwurf des Barock. Höfische Luft umweht die hohe Frauengestalt, die sich zu den Höhen des Himmels schwingt«[4].

Das Fest bekam früh eine Vigil und eine Oktav. Es gehörte und gehört zu den beliebtesten Festen des Kirchenjahres. Es erhielt durch die Verkündigung des Dogmas von der ganzmenschlichen Aufnahme Mariens in den Himmel am 1.11.1950 einen starken Aufschwung. In einigen deutschen Ländern (z.B. Bayern) ist es bis heute auch staatlicher Feiertag.

9.3 Das Brauchtum des Festes: die Kräuterweihe

Eine Kräuterweihe war früher mit mehreren Festen des Kirchenjahres verbunden. Die Mindener Agende von 1522 kennt eine solche Weihe am Osterfest; die Straßburger Agenden um 1500 und von 1508 wissen um eine Kräuterweihe am Fest des Heiligen Petrus.[5] Das Dreifaltigkeitsfest kannte eine Kräuterweihe und nicht zuletzt das Fest Johannes des Täufers, bei dem das Farnkraut, der Beifuß und das Johanniskraut eine große Rolle spielten.

Warum eine Krautbundweihe[6] mit dem Fest der Aufnahme Mariens verbunden wurde, wissen wir nicht. Die legenda aurea berichtet, daß auf Weisung des Engels eine Palme vor dem Leichnam Mariens einhergetragen worden sei und daß beim Herabkommen des Herrn am dritten Tag (um seine Mutter in den Himmel zu führen) sich ein »unausprechlicher Duft« verbreitet habe.[7]

Aber es ist unwahrscheinlich, daß aufgrund solcher Legenden die Kräuterweihe mit dem Fest verbunden wurde. Da in der Zeit des Festes das (so lebensnotwendige) Getreide seine Reife erlangte und die Natur überall in höchster Blüte stand, lag der Brauch nahe, zumal Maria schon immer als »Blume des Feldes und Lilie in den Tälern« (Hld 2,1) verehrt wurde und schon in Zeugnissen des 5. bis 7. Jahrhunderts als »guter oder heiliger Acker« apostrophiert wird, der uns solch wunderbare Ernte brachte (woraus später die Darstellung der »Madonna im Ährenkleid«[8] entstand).

Die Wurzeln des Brauchs liegen in dunkler Vorzeit. Schon immer haben die seltsamen

Maria im Ährenkleid (Soest, um 1473)

Blüten- und Wurzelformen mancher Gewächse die Phantasie der Vorfahren angeregt; ein »von Gott gegebener Instinkt« (A. Franz) hat die Menschen auf die Heilkraft der Kräuter verwiesen. Die Unheilskräfte der Pflanzen (ihre Gifte etwa) sind mit tiefem Entsetzen erfahren worden. Da die ganze Natur als belebt galt, waren nach uraltem Glauben die Pflanzen von Göttern und Dämonen umgeben, welche durch Opfer versöhnt oder durch Zauber abgewehrt werden mußten.[9] »Beim Suchen und Graben, beim Pflücken und zuletzt beim Kochen des Suds hing alles Gelingen am wirksamen Wort, an der zauberkräftigen Formel. Bräuche und Formen vererbten sich als kostbares Geheimnis von Generation zu Generation im bevorzugten Geschlecht der Weisen… Sie bannten die Krankheit, und oft genug bannten sie wirklich, weil sie echtes Wissen um die Heilkräfte der Natur von den Ahnen ererbt hatten.«[10]

Viel heidnisches Erbe ist bei der christlichen Adaption des Brauches geblieben, so wie ja das uralte Wissen der Weisen übernommen wurde. Das hat zu einem sehr ehrfürchtigen Umgang mit den Kräutern geführt, denen wir wegen ihrer Heilkraft großen Dank schulden.[11]

Erste historische Belege für eine Kräuterweihe am Fest der Aufnahme Mariens in den Himmel finden wir bereits im 10. Jahrhundert.[12] Der Brauch ist *deutschen* Ursprungs. J. Pascher übersetzt ein Segensgebet, das wir im römisch-deutschen Pontifikalbuch (das etwa in dieser Zeit zusammengestellt wird), finden:

Allherrschender Gott,
den Menschen Urheber allen Heils
und aller Gesundheit,
du Arzt für Seele und Leib,
in unerforschlicher Weisheit
hast du eine Fülle von Pflanzen
geschaffen
als heilwirkende Medizin
für die Kranken.
Wir bitten dich:
Erfülle diese Kräuter, die du
geschaffen hast,
mit deinem heilsamen Segen;
und jedem Kranken,
der sie braucht,
seien sie Arznei für den Leib
und Kraft für die Seele,
auf daß er Dank abstatte
und alle guten Geister
loben unsern Herrn
Jesus Christus.[13]

Die Krautbundpflanzen erhalten zusammen den kirchlichen Segen (»Segne diese Kräuter…«). Nur eines wird mit Namen genannt, und für diese Pflanze gibt es eigene Segensgebete. Sie muß also einen besonderen Rang gehabt haben. Gemeint ist das »Gnadenkraut« (oder »Gottes Hilfe«) = gratiola (aus graciosa) officinalis.[14]

Schon Franz schreibt: »Welche Pflanze damit gemeint ist, läßt sich nicht mit Sicherheit nachweisen. Gratiola oder Gratia Dei soll Wild-Aurin oder Roßminze (menta equina) sein.«[15] Vom Aurin (gentiana centaurium) schreibt das Grimmsche Wörterbuch, daß diese Pflanze als *roter* Aurin sonst »tausendgüldenkraut und erdgalle genannt« wird. Es wird aber darauf hingewiesen, daß der *weiße* Aurin … die gratiola oder gratia dei meint (1/817). Das wird bestätigt durch den »Hortus Eystettensis« von 1713, der die Pflanze mit weißen Blüten abbildet und ihren deutschen Namen mit Wild-Aurin angibt. Die Abbildung zeigt, daß auf keinen Fall das Tausendgüldenkraut gemeint sein kann. Es ist jedoch aus der Zeichnung nicht mit Sicherheit zu erschließen, welche Pflanze dargestellt ist. Das in neueren Bestimmungsbüchern verzeichnete »Gnadenkraut« (gratiola officinalis)[16], welches auch in Büchern über die Heilkräfte der Pflanzen mit der *graciosa* des Mittelalters gleichgesetzt wird, kann nach der Blütenform, der Blütenfarbe (weißlich, rot geädert) und dem Aufbau der Pflanze die gesuchte Pflanze sein. Sie wird heute zu den »vom Aussterben bedrohten Arten« gezählt, so daß sich eine Verwendung im Krautbund verbietet.

Ähnlich wichtig ist für die Gläubigen das Eisenkraut (= verbena officinalis) gewesen. Es war schon bei Griechen und Römern berühmt als Zauberpflanze, die vor allem zum Liebeszauber verwendet wurde. Man ließ das Kraut weihen, »nachdem man am Vorabende unter allerlei Förmlichkeiten die Wurzel der Pflanze freigelegt hatte. Man umgab dann die Wurzel mit Gold und Silber und sprach eine Beschwörung. Dann ließ man das Gold und das Silber bei der Wurzel liegen. Am Morgen des Festes vor Sonnenaufgang grub man die Wurzel ohne Eisen – weil dieses den Zauber bricht – völlig aus, wusch sie mit Wein und ließ sie weihen – ordinari – , wie es in der Handschrift heißt.« [17] Man legte solche Kräuter auf den Altar (gelegentlich unter das Altartuch, um der Weihe sicher zu sein) – bis das verboten wurde, und die Krautbunde nur *neben* den Altar gelegt werden durften. Später werden einige der anderen Pflanzen genannt, die zum Krautbund gezählt wurden. So nennt der Codex Florianus aus dem Chorherrenstift St. Florian in Österreich (III 221, Bl. 191):

Graciosa, vinca (Immergrün), verbena, ypericon sive perforata (Johanniskraut), sponsa solis wegwart (Wegwarte, Cichorie), valeriana (Baldrian), agrimonia (Odermennig). Andere Landschaften hatten andere Zusammenstellungen, eine große Vielfalt der Kräuter bestand von Anfang an. Immer aber hat man den *Heilkräutern* den Vorzug vor andern Kräutern gegeben und jenen Pflanzen, die man mit der Mutter Gottes durch Sage und Legende in Verbindung brachte, wie die Königskerze, Frauenschuh, Maßliebchen, Frauenmantel u.a.

Dagegen können wir für das Mittelalter nicht nachweisen, daß der Brauch eine bestimmte *Anzahl* von Pflanzen erfordert hätte. Später werden neunerlei Pflanzen genannt, dann auch 77 verschiedene Pflanzen.[18] In jüngerer Zeit schwankt die Zahl zwischen 7 (der alten heiligen Zahl)[19] und 72 (mit Hinweis auf die ausgesandten 72 Jünger)[20] und endlich 99. Im allgemeinen werden 9 (3 mal 3) Kräuter zum Krautbund gebunden[21]. Im Hochstift Paderborn hielt sich an einigen Orten lange Zeit zäh die Zahl 24 (offenbar zweimal zwölf)[22].

Es gibt einige Kräuter, die in vielen deutschsprachigen Landschaften zum Krautbund gehören. Sie sollten daher (nicht zuletzt Bräuche haben ihre Traditionen) zum Krautbund heute gehören. Sie seien hier in ihrer Eigenart kurz vorgestellt.[23]

Das Johanniskraut (Hypericum perforatum)[24]

Die vielen Namen, die das vielgepriesene Kraut in den deutschen Landschaften hat, weisen auf seine Bedeutung als Zauberkraut und zur Abwehr des Teufels und der Dämonen hin (»Jage den Teufel«; »Teufelsflucht« u.a.), auf die Sagen und Legenden, die das Kraut umgeben (»Blutkraut«, »Löcherkraut«), endlich auf seine besonderen Heilkräfte. Das Kraut ist (daher kommt wohl der Name) eng mit dem Tag Johannes des Täufers verbunden gewesen. Kränze aus diesem Kraut wurden beim Tanz um das Johannisfeuer getragen.

Das Kraut verjagte das Böse, und der Teufel soll über die Macht des Krautes so erbost gewesen sein, daß er seine Blätter vielfach durchstach (was bis heute zu sehen ist, wenn man die Blätter gegen das Licht hält). Aber man gebrauchte das Kraut zur Sonnenwende auch, um die Statuen der Götter, die Altäre, auf denen man ihnen Opfer darbrachte und die Opfertiere zu schmücken.[25]

Von den vielen Legenden sei nur auf die hingewiesen, nach der die Herodias, als man ihr das Haupt des Täufers brachte (Mk 6,17-29 par.) voller Wut die (anklagende) Zunge des Täufers durchstach. Das Blut tropfte zur Erde und wurde zum Johanniskraut.[26]

In der alten Medizin spielte das Kraut eine bedeutende Rolle. Schon Konrad von Megenburg (14. Jahrhundert) schreibt: »Daz kraut hat die art, daz ez daz herz sterkt und die leber, und rainiget die nieren und hailt die gesweren…« Nach Paracelsus ist die Pflanze eine »Universalmedizin für den ganzen Menschen«.[27] Nicht zuletzt vertreibt es die »fürchterlichen melancholischen Gedanken«.[28]

Das Johanniskraut gehört im Ermland, in Westfalen, in Hessen, in der Eifel und in Luxemburg, in der Pfalz, in Bayern und Österreich zu den Krautbundpflanzen.[29]

Der Wermut (Artemisia absinthium)

Der Name des Krautes soll von seiner wärmenden Kraft stammen.[30]

Es hat Zauberkräfte und treibt die Hexen zum Teufel. Auch spielte es eine Rolle im Liebeszauber, nicht zuletzt in Ägypten, wo es »Herz der (Göttin) Bubastis« genannt wurde. Und es duftete auch im kolchischen Zaubergarten der Hekate.

Man legte die Pflanze in heidnischer Zeit zu den Toten auf die Bahre oder den Holzstoß (wohl auch als Abwehr gegen alle Dämonen). Wermut soll am Niederrhein mit Salz, Asche und Getreide in die Baugrube neuer Häuser geworfen worden sein.

Sage und Legende haben sich der Pflanze kaum angenommen. In der alten Medizin aber hat sie eine große Rolle gespielt. Der »kräuterweise« Lonicerus sagt, daß Wermutkraut oder Wermutblumen: »…in Speiß und Trank genützt, dem Magen wohl bekömmt, den leib erwermet und austreibt gifft und gall«[31]. Und noch Pfarrer Kneipp sagt: »Wer am Magen oder an der Leber leidet, der greife… einmal oder zweimal am Tage nach dem Döschen mit Wermutpulver…«

Der Wermut wird in Westfalen, in Hessen, der Rhön, im Elsaß sowie in Bayern und Österreich als Krautbundpflanze erwähnt.

Der Beifuß (Artemisia vulgaris)

Der Name geht nach Grimm auf das althochdeutsche *pipoz* (mhd. biboz) zurück, was in »beifuß« verderbt wurde. Der Name würde dann soviel wie »Bastard« bedeuten. Nach H. Sieg kann er auch von *bozzan* = stoßen (weil das Kraut als Gewürz zur Speise gestoßen wurde)[33] abgeleitet sein.[34]

Das Kraut ist eine »uralte Zauberpflanze«. Der Teufel soll einen weiten Bogen um das Haus machen, an das man Beifußwurzeln genagelt hat. Behexte Milch oder Eier wurden durch Berührung mit einem Beifußstengel entzaubert. So sehr war die Pflanze vom »Zauberwerk« umgeben, daß der Bergzabener Botaniker Jakob Diether (der berühmte Tabernaemontanus) schreiben muß: »Wiewohl nun das Kraut in großen Würden und Weret zu halten um seiner herrlichen und fürtrefflichen Tugend, Kraft und Nutzbarkeit willn, steht es doch Christenleuten sehr übel an... Zauberei und dergleichen Narrheit und Gaukelwerk damit zu treiben.«[35]

Auch der Beifuß hat in Sage und Legende kaum eine Rolle gespielt.

Die Medizin fand in ihm ein Mittel gegen Frauenleiden, gegen die Schwindsucht und (in der Wurzel) gegen Epilepsie.

Zum Krautbund gehört die Pflanze in Westfalen, der Eifel, der Rhön, Hessen, in Luxemburg (»Pipels«) und in Bayern ...

Der Rainfarn (Chrysanthemum vulgare/Tanacetum vulgare)

Der Name hat nach H. Carl (aus ahd. rein(e)fane; mhd. reine vane) die Bedeutung: »Grenzfahne«. Das Kraut wurde bekannt und berühmt durch die Aufnahme in das *capitulare de villis* Karls des Großen (tanacitam genannt). Sonst wird es oft in den einschlägigen Büchern übergangen.

v. Perge vermerkt kurz, daß das Kraut »gegen Hexen und Zauber« diene.[36] So wird es auch häufig im Zusammenhang der Herstellung von »Hexenrauch« zur Beschwörung (Bannung) der Hexen erwähnt.[37]

In Sage und Legende ist das Kraut kaum eingegangen. In der Medizin war es vor allem als fieber- und wurmwidriges Mittel bekannt und geschätzt.

Nach E.M. Zimmerer[38] ist es »eine der Pflanzen, die in keinem Weihbüschel fehlen dürfen«. Sicher belegt ist das für das Ermland, Westfalen, die Eifel, die Rhön(?), Hessen, die Pfalz, Baden, Bayern. Nach v. Perger gehört der Rainfarn, »auch Tannkraut und Muttergottesstab genannt«, zu den »neunerlei Kräutern«, aus denen nach ihm das am »Großen Frauentag« zu weihende »Kräuterbüschel« bestehen »muß«.[39]

Die Schafgarbe (Achillea millefolium)

Vielleicht hat sie ihren Namen davon, daß sie dem Schaf zur Nahrung dient[40].
Nach Plinius hat Achill (als er beim Kentauren Chiron am Pelion in der Lehre war) mit dieser Pflanze den Thelephos, König von Mysien, geheilt, eine Begebenheit, die sich im botanischen Namen der Pflanze erhalten hat.
Nach der (sicher nicht frühen) Legende entstand die Pflanze, als ein »ungezogener Bub« dem Jesusknaben mit einer »bräunlich blühenden« Rute in sein Milchschüsselchen schlug. Als er fortlief, hatte sich die Rute in eine weißblühende Doldenpflanze verwandelt. Und da er in Scham und Reue an den Blättern riß, wurden alle Blätter der Pflanze fein gefiedert.[41]
Auch soll das Kind Jesus mit der Schafgarbe eine Verletzung seines Vaters Joseph geheilt haben.[42]
Das Kraut soll dort am besten gedeihen, wo man die Reste des Weihnachtsessens ausschüttet.
Die alte Medizin hat das Kraut in vielfacher Weise verwandt. Sie war neben der Engelwurz und dem Baldrian die dritte Pflanze, die man als Heilmittel gegen die Pest ansah und verehrte. Nach Tabernaemontanus (immerhin Leibarzt des Bischofs von Speyer) half Schafgarbe gegen die »fallende Sucht, Versehrung der Lunge, Blutspeien und Magenerbrechen«[43].
Das Kraut gehört in den norddeutschen Gegenden zum Krautbund, dazu in Luxemburg, in der Rhön, der Rheinpfalz, Hessen, der Oberpfalz (und anderen Teilen Bayerns).

Die Königskerze (Verbascum densiflorum)

Ihren deutschen Namen hat sie wohl von ihrer »königlichen« Gestalt. Ihr mundartlicher (bayerischer) Name *Himmelbrand* erinnert an den hohen Wuchs (Brand = Hohes, vgl. Brenner) des Krautes. *Wollkraut* (die »*Wullena*« der Heiligen Hildegard) heißt sie wegen des wolligen Filzes der Blätter und des Stengels. Sie heißt auch *Fackelblume* oder *Kerzenkraut*, da sie früher (wohl schon bei den Griechen) – mit Harz oder Pech überzogen – als Fackel verwendet wurde.
Schon Plinius kennt sie als Heilkraut, wobei vielerlei Aberglaube die Pflanze um-

gibt. Auch dieses Kraut dient zur Abwehr der Dämonen und Hexen (daher der Name »Unholdenkerze«).

Nach einer (sicher nicht alten) Legende hat das Kraut den Namen von einem König, der mit seinem Sohn von einem boshaften Heiden in die Katakomben zu den Gräbern der Märtyrer geführt und dann im Dunkel weglos zurückgelassen wurde. In höchster Not betete er zu Gott, und eine Pflanze, die der Sohn achtlos in Händen hielt, begann zu leuchten und wies ihnen den Weg. In der Sonne erlosch das Leuchten – aber sie heißt nun die Kerze des (dieses) Königs.

Wenn man nach dem Volksglauben eine Wunde mit Weihwasser besprengt, das Kreuzzeichen darüber macht und die Wunde mit einer Königskerze berührt, indem man spricht:

> Unsere Liebe Frau geht dreimal
> über das Land,
> Sie trägt den (Himmel)brand
> in der Hand...

so wird die Wunde geheilt.[44]

Wenn aus einem Grabe eine Königskerze wächst, so ist deutlich, daß der Verstorbene noch im Fegfeuer büßt und Gebet und gute Werke (Wallfahrt) braucht.

In der alten Medizin war die Pflanze ein Mittel gegen chronischen Husten. Die Heilige Hildegard empfiehlt sie jedem, »qui debile et triste cor habet«, wer also ein schwaches (krankes) und trauriges Herz hat. Auch Pfarrer Kneipp schreibt dem Kraut eine herzstärkende Wirkung zu. Aber sie hilft auch bei vielen andern Leiden.[45]

So ist es nicht verwunderlich, daß das Kraut überall dort, wo es wächst, zum Krautbund gehört. Nach HDA ist es die »Hauptpflanze«. In Bayern und Österreich (Tirol) ist der Himmelbrand die Mitte des Krautbuschens.

Das Tausendgüldenkraut (Centaurium erythraea; auch Erythraea centaurium und centaurium minus)

Der (sehr alte) Gattungsname Centaurium geht auf die alte Sage zurück, nach der durch dieses Kraut die Wunde geheilt wurde, die dem Kentauren Chiron (dem Lehrer des Achill und des jungen Asklepios) durch einen Pfeil des Herkules zugefügt worden war. Aber mit dieser Plinius-Geschichte konnte man später wenig anfangen. So faßte man den Namen als eine Verbindung von *centum* (hundert) und *aureus* (golden) auf und nannte das Kraut (im 15. Jahrhundert belegt) *Hundertgüldenkraut*. Die besondere Wertschätzung des Krautes ließ es dann vielleicht zum Tausendgüldenkraut werden.[46]

Die Achtung vor der Pflanze war jedenfalls groß. »Wenn ein Reiter auf der Straße ein Tausendgüldenkraut sieht, so soll und darf er nicht vorbeireiten; er soll absteigen, die Pflanze pflücken und sie mit sich nehmen. Begegnet ihm dann auf seinem weiteren Ritt ein Frauenzimmer, so muß es dieser Pflanze in der Hand des Reiters einen Kuß geben.«[47]

Auch diese Pflanze »schützte gegen bösen Zauber und gegen die Hexen«. »Tausendgüldenkraut, du nimmst mir meine Braut«, klagt der Teufel in einer unterfränkischen Sage. Mit einem Kranz solcher Pflanzen kann man in der Walpurgisnacht die Hexen sehen usw.[48]

Die Legendenbildung lag vom Namen her nahe. So wird in Variationen erzählt von dem Mann, der bei unheilbarer Krankheit zu Gott fleht und der 1000 Gulden gelobt, wenn er gesund wird. Ihm erscheint ein Engel und weist ihn auf das Tausendgüldenkraut hin (und auf seine eingegangene Verpflichtung), worauf er geheilt wird und (hoffentlich) sein Versprechen hält.[49]

Das Kraut (so bitter, daß es auch »Erdgalle« hieß) war ein Mittel gegen Magenleiden und gegen Blutkrankheiten. Pfarrer Kneipp empfiehlt es gegen alle Leber- und Nierenleiden und gegen alle Magenbeschwerden.

Die Pflanze gehört im Ermland und in Westfalen, im Elsaß und in der Pfalz, in Bayern und Österreich zum Krautbund.

Das Eisenkraut *(Verbena officinalis)*

Wir haben oben von ihm gesprochen. Das Eisen wurde – daher der Name – durch nichts so gut gehärtet wie durch den Saft dieses Krautes. A. v. Perger aber führt den Namen des »Isenkrutes« auf die Wortwurzel is = hart, zäh zurück, da die Stengel dieser Pflanze sehr zäh seien.[50] Nach H. Carl soll der Saft des Krautes die Kraft haben, die Wunden, die das Eisen geschlagen hat, zu heilen.

Auch dieses Kraut war als antidämonisches Mittel bekannt. Es machte vor Schlangen und Hexen sicher und schützte selbst gegen den Blitzschlag. Nach Plinius benutzen die Gallier es zum Wahrsagen »und die magi treiben wahren Unsinn damit«. Aber er schreibt auch: »Keine Pflanze erfreut sich in Rom einer größeren Berühmtheit, als das ›heilige Kraut‹. Und es ist bekannt, daß römische Gesandte nur mit einem Strauß von Eisenkraut zu den andern Völkern gingen, um mit ihnen zu verhandeln (nicht zuletzt um Krieg und Frieden).«[51] Vergil erwähnt die Anwendung des Eisenkrautes im Liebeszauber; und Apuleius berichtet ausführlich über die Zauberkräfte des Krautes.[52]

Die Legende hat sich der unscheinbaren Pflanze nicht bemächtigt, dagegen hat sie in der Kirche des Mittelalters, wie wir hörten, eine bedeutende Rolle gespielt.

Die alte Medizin schrieb dem Kraut »eine fast unumschränkte Macht über viele Krankheiten« zu. Aber es sollte auch helfen, Kinder gescheit und lernbegierig zu machen. Wer es bei sich trug, wurde reich und jedem angenehm. Es machte die Äcker fruchtbar und schützte vor Gift und Schlangenbiß.[53]

Niemand weiß, wie das (so oft übersehene) Kraut zu solcher Berühmtheit kam. Es wird nur in wenigen Ländern als Krautbundpflanze erwähnt. So in Westfalen, im Elsaß und in der Pfalz.

Das sind die für den Krautbund wohl allgemein anerkannten Pflanzen. Es fällt auf, daß sie nach dem Glauben der Vorfahren neben ihrer Heilkraft fast alle die Kraft haben, den Teufel, die Dämonen, die Hexen... abzuwehren. Die Angst vor den unheiligen, schädlichen bösen Geistern war groß, und der Mensch versuchte mit allen Mitteln, sich ihrer zu erwehren.

Neben den angeführten Pflanzen werden andere in den verschiedenen Landschaften häufig genannt: der *Wiesenknopf* (Sanguisorba officinalis); die *Kamille* (Matricaria recutita/chamomilla); der *Thymian* (Thymus serpyllum); der *Baldrian* (Valeriana officinalis); der *Odermennig* (Agrimonia eupatoria); der *Alant* (Inula helenium) und verschiedene Klee-

sorten, etwa der *Hasenklee* (Trifolium arvense) und der *Feldklee* (Trifolium campestre). Sicher dürfen auch die wichtigsten Getreidesorten nicht fehlen.

Die Verwendung der geweihten Kräuter

Der aus dem Krautbund hergestellte Tee diente zur Bekämpfung von Krankheiten vielfacher Art. Krankem Vieh wurden die Kräuter unter das Futter gemengt; die Körner des geweihten Getreides wurden dem neuen Saatgut hinzugefügt.
Drohte ein schweres Gewitter, so warf man Teile des Krautbundes ins Herdfeuer; der Bund wurde auch gegen Blitz und Seuchen an die Hauswand gehängt.[54]
In den Sarg der Toten (Dämonenabwehr?) legte man ein Kreuz aus geweihten Kräutern…
Meist wurden die Kräuter hinter das Kreuz im Herrgottswinkel gesteckt oder in den First des Hauses.

Die Kräuterweihe ist ein sehr zeitgemäßer Brauch, der überall wiederbelebt oder neu begründet werden sollte:

- In unserer Zeit ist die Bedeutung der Heilkräuter für die Gesundheit wieder entdeckt worden. Heilkräuter spielen in der modernen Medizin eine bedeutende Rolle. So danken wir Gott in der Kräuterweihe, daß er solch große Heilkräfte in die Pflanzen gelegt hat und bitten ihn (mit den alten Segensformeln), daß er die Heilkraft der Pflanzen freisetze und stärke.
- Wir sagen in solcher Weihe auch Dank für alle Herrlichkeit der Schöpfung, die in Maria, der großen Frau, kulminiert. Sie ist ja die (schönste) Blume des Feldes, die (schönste) Lilie der Täler. Und sie ist die »rosa mystica«, in der sich alle Schönheit und Tiefe der Welt verdichtet.
- Wir wälzen in solcher Weihe nicht die Verantwortung für die Schöpfung auf Gott ab. Wer für die Heilkraft der Pflanzen dankt und darum bittet, wer sich der Herrlichkeit der Schöpfung bewußt wird, kennt seine Verpflichtung, diese Schöpfung Gottes zu »bebauen und zu pflegen« (Gen 2,15), die ungestaltete adamah (auf der der Mensch adam geschaffen wurde) zum Garten Eden zu machen. Das Wort von der »Schwester Pflanze« sollte durch solche Weihe neu ins Bewußtsein kommen.

Aufgrund solcher Sinngebung des Brauches sollten vorwiegend *Heilkräuter* zum Krautbund gebunden werden. Die gewählten Kräuter sind dann Hinweis auf die vielen anderen Pflanzen, die (wie die geweihten) ihre Kräfte des Heilens haben. Die Wahrung der Tradition (die zu jedem Brauchtum gehört) und die Achtung vor den Vorfahren sollten uns die Kräuter wählen lassen, die schon früh zum Krautbund gehörten und in den meisten Landschaften ausgewählt wurden. Das sind wenigstens zum Teil auch Pflanzen, die in sehr großer Zahl bis heute wachsen (wie etwa Rainfarn oder Beifuß, wie Schafgarbe und Kamille), so daß sie unbedenklich für die Krautbunde gepflückt werden können.

Zu den Heilkräutern können Blumen gebunden werden, die auch seltener gewordene Pflanzen im Krautbund ersetzen. So kann an die Stelle der Königskerze eine Sonnenblume treten oder (im Hinblick auf die Gottesmutter) eine besonders schöne Rose. Überhaupt aber werden Blumen den Krautbund bunt und phantasievoll machen.

Nun ist es vor allem in der Stadt sehr schwer, einen Krautbund zusammenzustellen. Es bleiben Möglichkeiten, den Brauch trotzdem zu pflegen:

- Bei Ausflügen und Wanderungen... können wenigstens einige der Heilkräuter gesammelt und mit Blumen zu einem Bund zusammengestellt werden. Dabei können durchaus auch getrocknete Blumen zum Krautbund verwandt werden (obwohl das die Ausnahme sein sollte).
- Wenigstens das eine oder das andere Heilkraut könnte in einem »Kräutergärtlein« auf dem Balkon oder als Teil des Blumenfensters gezogen werden, um dann mit Blumen den Krautbund zu bilden.
- Eine Zusammenarbeit der städtischen Pfarreien mit dörflichen Gemeinden, welche die Kräuterweihe pflegen, müßte möglich sein. Die Weihe könnte auf einen günstigen Zeitpunkt gelegt werden (manche Pfarreien ziehen am Nachmittag oder am Abend des Festes zu nahegelegenen Kapellen oder Bildstöcken, um dort in einem Wortgottesdienst die Kräuter zu weihen), so daß auch Städter daran teilnehmen können. Von vielen Vereinigungen (Frauenbund, Landvolk[55], KAB, Jugend) werden kleine Krautbunde angeboten, deren Erlös einem guten Zweck dient.
- Wenn der Brauch ringsum nicht gepflegt wird oder eine Teilnahme an

Eucharistiefeier mit Krautbundsegnung am »Großen Frauentag« (Mariä Himmelfahrt) im Eichenhain bei Steinfels (Oberpfalz)

Weihegottesdiensten nicht möglich ist, sollten Eltern von ihrer Segensvollmacht Gebrauch machen.[56] Gesammelte Kräuter und Blumen können mit dem Segensgebet des kirchlichen Benediktionale (S. 65) gesegnet und mit Weihwasser besprengt werden. Das Segensgebet lautet:

V.: Der Name des Herrn sei gepriesen!
A.: Von nun an bis in Ewigkeit.

V.: Lasset uns beten:
Herr, unser Gott,du hast Maria über alle Geschöpfe erhoben und sie in den Himmel aufgenommen. An ihrem Fest danken wir für alle Wunder deiner Schöpfung. Durch die Heilkräuter und Blumen schenkst du uns Gesundheit und Freude.
Segne + diese Kräuter und Blumen. Sie erinnern uns an deine Herrlichkeit und an den Reichtum deines Lebens. Schenke uns auf die Fürsprache Mariens dein Heil. Laß uns zur ewigen Gemeinschaft mit dir gelangen und dereinst einstimmen in das Lob der ganzen Schöpfung, die dich preist durch deinen Sohn Jesus Christus in alle Ewigkeit.

A.: Amen. (Danach werden die Kräuter mit Weihwasser besprengt).

Im Gespräch mit Kindern, Gästen... könnte der Sinn der Segnung deutlich gemacht werden.
Man kann den Krautbund an eine der Türen des Hauses (innen) hängen oder man stellt ihn zum Hauskreuz oder zu den Bildern der Toten der Familie.[57]

10 Das Kirchweihfest und sein Brauchtum

10.1 Zur Theologie des Festes

»...durch die Kirchweihe (dedicatio) wird ein Kirchengebäude zum heiligen Ort«, sagt das LThK.[1] Das Heilige gewinnt Raum in dieser Welt, wobei allerdings das Heilige (das *fanum*) sich abzugrenzen scheint gegen das *pro-fanum*, das »vor dem Heiligen« liegt. Hier verbirgt sich eine theologische Brisanz, die meistens kaum erkannt wird.

Das 2. Buch Samuel des *Alten Testamentes* berichtet, daß David, der größte König Israels, Gott einen Tempel bauen will (7,1 ff.): »Ich wohne in einem Haus aus Zedernholz, die Lade Gottes aber wohnt in einem Zelt«. Nathan, der Prophet am Hofe des Königs, stimmt dem Plan begeistert zu. Aber in der Nacht ergeht an ihn das Wort des Herrn: »...geh zu meinem Knecht David und sag zu ihm: So spricht der Herr: Du willst mir ein Haus bauen, damit ich darin wohne? Seit dem Tag, als ich die Israeliten aus Ägypten heraufgeführt habe, habe ich bis heute nie in einem Haus gewohnt, sondern bin in einer Zeltwohnung umhergezogen. Habe ich... je gefragt: Warum habt ihr mir kein Haus von Zedernholz gebaut?« (7,4 ff.) Wir dürfen aus diesem Herrenwort die Verdichtung der Bedenken aller Gerechten und Frommen in Israel hören. Die Gnadenzeit Israels war die Zeit der Wüstenwanderung (die jährlich im Laubhüttenfest erinnert wird). Gott wohnte hautnah unter seinem Volk. Das Heilige Zelt – aufgebaut und abgebrochen – dokumentierte die ständige Gegenwart Gottes. Würde ein Tempel Gott nicht eingrenzen? Würde die Frömmigkeit sich nicht auf diesen Tempel zentrieren – und alles andere *profan* werden?

David war klug genug, den Tempel nicht zu bauen. Erst Salomo – in seiner Größe und Bedeutung stets überschätzt – setzte den Tempelbau durch. Im großen Weihegebet aber wird die Problematik noch einmal deutlich: »Wohnt denn Gott wirklich auf der Erde? Siehe, selbst der Himmel und die Himmel der Himmel fassen dich nicht, wieviel weniger dieses Haus, das ich gebaut habe... Halte deine Augen offen über diesem Haus bei Nacht und bei Tag, über der Stätte, von der du gesagt hast, daß DEIN NAME hier wohnen soll...« (1 Kön 8,27 ff.).

Hier ist die Gefahr deutlich. Noch war alles theologisch stimmig: Gottes *Name* (ha Schem) und seine *Schechina*, sein Glanz, seine Herrlichkeit, seine Wirkmacht, sollten sich im Tempel als dem Ort der unmittelbaren Gottesbegegnung verdichten. Aber in der Folgezeit »wohnte« Gott immer mehr in seinem Haus – die Kluft zwischen dem Heiligen und dem Profanen wurde immer größer, oft unüberbrückbar.[2]

Die Gemeinde des *Neuen Testamentes*, die Urkirche, feierte ihr Bruder- und Herrenmahl zunächst in Privathäusern, später in besonders ausgestatteten Räumen dieser Häuser. Als die Kirche Staatskirche wurde und ihren Siegeszug antrat, wurden die ersten Gotteshäuser gebaut, ohne daß eine theologische Problematik deutlich geworden wäre. Das lag an einem Verständnis des Gotteshauses, wie es etwa im 1. Petrusbrief grundgelegt war: »Kommt zu ihm, dem lebendigen Stein, der von den Menschen verworfen, aber von Gott auserwählt und geehrt worden ist. Laßt euch als lebendige Steine zu einem geistigen Haus aufbauen, zu einer heiligen Priesterschaft...« (2,4 f.). Bis heute klingt solche Deutung in der Oration des Kirchweihfestes an:

Erhabener Gott,
du erbaust dir aus lebendigen
und erlesenen Steinen ein ewiges Haus.
Mache die Kirche reich an Früchten des Geistes,
den du ihr geschenkt hast,
und laß alle Gläubigen in der Gnade wachsen,
bis das Volk, das dir gehört,
im himmlischen Jerusalem vollendet wird.

Ähnlich sagen die Präfationen des Festes: »Denn du erbaust dir einen Tempel aus lebendigen Steinen.« Und: »Denn du erbaust uns zum Tempel des Heiligen Geistes... Im sichtbaren Bau erkennen wir das Bild der Kirche, die du zur Braut deines Sohnes gewählt hast.«

Das Gotteshaus (nicht umsonst wird es wie die Gemeinde auch *Kirche* genannt) ist also (nur) *Symbol* der Gemeinde, in deren Mitte der Herr ist. Wenn wir uns

im Gotteshaus versammeln, so ist Gemeinde um den Herrn gegenwärtig. Und der Herr ist im Gotteshaus, wie er unumgrenzt in der Gemeinde gegenwärtig ist.
Sicher ist das der primäre Sinn des Gotteshauses. Ein anderer klingt an. Denn Jahwe sprach ja zu Mose: »Leg deine Schuhe ab, denn der Ort, wo du stehst, ist heiliger Boden« (Ex 3,5). Wo Gott das Opfer seines Sohnes gegenwärtig setzt, seinen Tod und seine Auferstehung, ist sicher auch ehrfurchtgebietender, heiliger Boden. Und so mag neben dem faszinosum Gottes auch sein tremendum im heiligen Raum deutlich werden. Aber es wäre verhängnisvoll, solche Sicht von der ersten zu lösen oder sie gar zur primären Sicht zu machen.

10.2 Die Entwicklung des Festes

Es ist nach dem bisher Gesagten kaum verwunderlich, daß die Urkirche zunächst keinen Ritus einer Kirchweihe ausbildete. Eine »Kirche« wurde »geweiht« durch die Eucharistie, die in ihr gefeiert wurde. So ist es bei Eusebios und noch in der Zeit des Papstes Gregor des Großen (um 600) bezeugt. Wenn ein heidnischer Tempel in ein christliches Gotteshaus umgewandelt wurde, besprengte man (als Lustration) die Wände mit Weihwasser.[3]
Offenbar hat man schon früh (4. Jahrhundert) Reliquien in die Kirche übertragen, vor allem Reliquien des (der) Heiligen, dem (denen) die Kirche geweiht war.
Im 6. Jahrhundert ist eine Altarweihe in Gallien bezeugt. Das II. Konzil von Nizäa schreibt 787 die Beisetzung von Reliquien in jedem Altar vor, so daß sich Altarweihe und Reliquienübertragung verbinden.
Die Altarweihe wird in einem komplizierten Entwicklungsprozeß allmählich zum heutigen Ritus der Kirchweihe ausgebaut.[4]
Die älteste Erwähnung eines *Kirchweihfestes* finden wir bei der Pilgerin Ätheria am Ende des 4. Jahrhunderts. Sie berichtet von einem Weihefest der Anastasis (der Grabes- und Auferstehungskirche) in Jerusalem. Nach dem Bericht kommt das Fest im Rang den Hochfesten Ostern und Epiphanie gleich. In Rom ist ein Kirchweihfest im 5. Jahrhundert nachzuweisen, vielleicht bereits im Anfang jenes Jahrhunderts.[5]
Ursprünglich feierte jede Gemeinde den Jahrestag der Weihe ihres Gotteshauses (natalis ecclesiae). Heute gibt es für viele Gemeinden einen gemeinsamen Kirchweihtag, der am Sonntag nach dem Weihe-

tag der Lateran-Basilika in Rom (der »mater omnium ecclesiarum«) gefeiert wird (»Allerweltskirchweih« oder »Landkirchweih«). Oft wird in Gemeinden nun zweimal Kirchweih gefeiert, wobei allerdings nur ein Fest »festlich« begangen wird. Wo die Kirche einem Heiligen gewidmet ist, wird oft der Jahrestag dieses Heiligen zum »Kirchweihfest« der Gemeinde.

10.3 Das Brauchtum des Festes

Das Kirchweihfest ist *der* Tag der Gemeinde im Kirchenjahr. So liegt (oder sollte liegen) der Akzent auf all dem, was Gemeinde bildet, zumindest in Erscheinung treten läßt. Das Fest dauerte wenigstens 2 Tage (Sonntag und Montag), oft aber war der Dienstag noch Kirchweihtag. Heute ist der Montag zwar normaler Arbeitstag, hat sich aber vielfach am Abend noch Tanz etc. bewahrt.
Den Mittelpunkt des Festes bildete immer die Eucharistiefeier für die Lebenden und Toten der Gemeinde, eine Eucharistie, die besonders festlich begangen wird. Nach einer Pastoralverfügung des Mainzer Erzbischofs K. Joseph von Erthal vom 23.3.1781 sollte am Kirchweihmontag »ein Seelenamt für die abgestorbenen Stifter und Wohltäter, für die verstorbenen Pfarrer, Eltern, Freunde und Verwandten und für alle im Herrn verstorbenen Pfarrgenossen« gefeiert werden. Daran sollte sich nach dem Willen des Erzbischofs ein Gräbergang anschließen.[6]
Nach Stonner ist dieser Brauch in ganz Deutschland geübt worden. Er ist heute ganz zum Allerheiligen-/Allerseelenfest abgewandert.
Wie sehr man früher am Kirchweihfest (vom Grundgedanken her zu Recht!) auch der Toten gedacht hat, zeigt der Brauch der sogenannten »Goldenen Stunde«. Sie war vor allem in Böhmen bekannt. Die jungen Paare tanzten am Kirchweihmontag am Vormittag oder kurz nach dem Essen. Dann überließ man den Tanzsaal den Verstorbenen, für die im Musikantenchor eine Kerze brannte. Solange sie brannte, war »Goldene Stunde«, in der man die Toten anwesend glaubte, um an der Festfreude der Lebenden Anteil zu nehmen.«[7]
Früher war mit dem Fest auch die *Kirmes*, der Jahrmarkt, verbunden. Überhaupt war Marktzeit. Die Marktfahne wurde als Zeichen der Markthoheit gehißt, aus der die

Kirchweihtanz der Kinder (Hutten/Oberpfalz)

Kirchweihfahne wurde, die dann den Namen »Zachäus« erhielt. Während sie wehte, war der »Marktfriede« geboten, was auch Eingang in die Rechtsbücher gefunden hat. So heißt es im Bayerischen Landrecht: »Wir ordnen und wöllen, daß vüran bei allen versammlungen des Volkes, mit ganzem Ernst Fried zu halten geboten (ist), auch das zu einem Anzeigen von Stund an ein Fähnlein öffentlich aufgesteckt werden, dabei ein jeder den Fried erkennen und sich deshalben nit entschuldigen möge…«[8]

Immer war das Kirchweihfest (Kirchtag, Kerwe, Kelb, Kilbe, Kirbe, Kirwa, Kirta…) mit dem Besuch der Verwandten verbunden, mit großen Gelagen[9] und nicht zuletzt mit Tanz (der häufig in Raufereien ausartete). In vielen Gemeinden gibt es bestimmte Kirchweihkuchen oder Gebildbrote zum Fest.[10]

Das Kirchweihfest war früher das »beliebteste und vielseitigste Fest des Bauern, ein Gemeinde- und ein Familienfest« (Sartori). Es hat heute viel von seiner einstigen Bedeutung verloren. Immer noch wird aber ein feierliches Amt für die Lebenden und Toten der Gemeinde gefeiert. Dabei sollten gerade an diesem Tag die einzelnen Gruppierungen der Gemeinde den Gottesdienst mitgestalten.[11] Die Krankenkommunion sollte mit diesem Fest verbunden werden und ein Besuch der Gräber. An einem der Abende (Samstag, Sonntag oder Montag) wird im Wirtshaus gefeiert und der Kirchweihtanz getanzt. Und die Kinder können ihre Lebkuchenherzen und andere Leckereien an einer Kirmesbude kaufen.

Kirchweih sollte als Fest der *Gemeinde* gefeiert werden. So könnte (wenn es die Jahreszeit erlaubt) das Pfarrfest auf diesen Tag gelegt werden. Vorträge über den Pfarrpatron wären am Nachmittag sinnvoll. Wo es Volkstanzgruppen in der Gemeinde gibt, sollte ein Volkstanz für diesen Tag eingeplant werden. Ein gutes Essen ist am Fest ebenso zu begrüßen, wie die gemeinsame Feier mit dem Kirchweihtanz, weil ja auch sie die Gemeinde zusammenführt. In jüngster Zeit werden zum Beginn des Festes von der Jugend oder von Vereinen wieder Kirchweihbäume aufgestellt. Das ist zu begrüßen. Solche »Bäume« könnten eine Figur des Kirchenpatrons tragen. Und es sollte in Ansprachen aufgewiesen werden, welche Bedeutung solche Bäume mit der angehängten Kirchweihfahne hatten und haben sollten.[12]

Wenn v. Geramb schreibt: »Es ist...klar, daß es sich bei der Pflege des Kirchweihfestes vor allem um zwei Dinge wird handeln müssen: um seine Befreiung vom Wirtshaus dadurch, daß man das Fest mehr und mehr auf Dorfplatz und Waldwiese zurückführt und um die Bereicherung der Spiele, Tänze, Reigen und sonstigen guten Volksbelustigungen«, so ist moderne Romantik deutlich, die von der Realität längst eingeholt ist. Sicher hat v. Geramb ein berechtigtes Anliegen, wenn er sagt, das Fest müsse »entalkoholisiert« werden, um es nicht mehr zu einem Zerrbild eines Festes werden zu lassen.[13] Aber das sollte kaum in einem (unrealistischen) Alkoholverbot enden. Nach wie vor sind Bier und Wein Gottesgaben, die »des Menschen Herz erfreuen«. Es kann also nur um die »Kunst des Maßes« gehen; und hier ist in den Gemeinden viel zu leisten, gerade in einer Zeit hoher Suchtgefährdung. Feiern der Pfarrgemeinde haben offenbar Leitfunktionen.

11 Das Erntedankfest und sein Brauchtum

11.1 Zur Theologie und zur Entwicklung des Festes

Einen (früh ritualisierten) Dank für die Ernte gibt es, solange es Menschen gibt. Nichts war ja weniger selbstverständlich, als die Erde mit Hacken oder Pflügen aufzureißen, Körner in sie zu säen und die Erde zu zwingen, Ernte zu bringen. Im großen Chorlied der Antigone wird noch die Angst vor dem Frevel deutlich, den der Mensch dabei begeht.

So war der Mensch voll ehrfürchtigen Dankes auch für die kleinste Ernte. Erntefeste waren in der Antike, vor allem bei den Römern, verbreitet. Die bedeutendsten Feste des Judentums, die drei Wallfahrtsfeste, waren primär Erntefeste: für Gerste, Weizen und Wein.

Die Kirche tat sich schwerer mit einem besonderen Tag des Erntedanks. Einerseits waren der Grund für ein christliches Fest die magnalia dei, die Heilstaten Gottes in Christus, so daß ein christliches Erntedankfest den Rahmen sprengte; andererseits wurden schon früh am Ende des (heute *ersten*) Kanons bei den Worten: »Per quem haec omnia, domine, semper bona creas, sanctificas, vivificas, benedicis et praestas nobis« die mitgebrachten Naturalien geweiht (als Eulogien), die je nach der Jahreszeit verschieden waren, so daß alle Erntegaben in solche Eucharistia einbezogen wurden und sich ein eigener Erntedank zu erübrigen schien.

Dennoch: Wir bitten im Herrengebet auch um das tägliche Brot, um die Ermöglichung irdischer Existenz, so daß »Freude und Dank im Blick auf die Ernte auch im Leben der Christen Daseinsberechtigung und Anspruch auf Berücksichtigung im Festkalender« haben.[1]

So hat schon Papst Leo I. (440-461) in seinen Quatemberpredigten vor allem die Herbst- und Winterquatember mit dem Gedanken eines Erntedanks verbunden. Das Mittelalter kannte Votivmessen zum Erntedank, bei denen die Erntegabe gesegnet und das Tedeum gesungen wurde[2]. Ein eigenes Fest als Dankfest für die Ernte wird nicht erwähnt. Bis heute hat unser Fest, das nach dem Beschluß der Deutschen Bischofskonferenz am ersten Sonntag im Oktober begangen wird, als Meßformular (nur) das der alten Votivmesse.

Dabei sind die »Präsidialgebete« von besonderem Interesse. Im 1. Tagesgebet wird die Verpflichtung deutlich, daß der wahre Dank für die Gaben darin besteht, mit ihnen den Notleidenden zu helfen. Das 2. Tagesgebet bittet um die »Früchte deiner Gnade« und stellt so den Erntedankgedanken in größeren Kontext, da die Erntegaben zu Symbolen solcher »Früchte der Gnade« werden. So wird folgerichtig im Schlußgebet um die »ewigen Güter« gebeten, »welche die Erde nicht geben kann«[3].

11.2 Das Brauchtum des Festes

Erntebräuche gab es früher in verwirrender Vielfalt. Viele davon waren vom Gedanken der Bitte an Gott für eine gute Ernte und vom Dank für diese Ernte geprägt. Hier kann nur auf wenige (je nach Landschaft oft sehr verschiedene) Bräuche hingewiesen werden.[4]

Vor dem ersten Schnitt wurden im Gottesdienst die Erntegeräte gesegnet; vor dem »ersten Schlag« machte man das Kreuzzeichen über Sense und Ähren. Gelegentlich knieten alle am Feldrand nieder und beteten für das Gelingen der Ernte. Die erste Fuhre – manchmal, wie die letzte, geschmückt – mußte ohne Streit und Lärm heimgefahren werden. In manchen Orten bekamen die Armen den Ertrag dieser ersten Fuhre.

In der Pfalz wurde der erste Erntewagen vor die Kirche gefahren, der Geistliche begrüßte sie. In der Oberpfalz besprengte man die erste Fuhre – wie die Scheune – mit Weihwasser. Ebenso waren die letzten Halme und die letzte Fuhre von besonderem Brauchtum umgeben.

Am Ende der Ernte wurde eine Erntekrone aus geflochtenen Ähren und bunten Bändern (gelegentlich auch mit Blumen verziert) dem Hofherrn übergeben. Ein fröhliches Erntefest schloß sich an.

Im Zeitalter der Mähdrescher und des Kunstdüngers ist von all dem wenig geblieben. Im Mittelpunkt des Festes steht heute die Eucharistie, die mit besonderer Feierlichkeit umgeben ist. Im Chor oder an einem der Seitenaltäre... sind – festlich geschmückt – die »Früchte des Feldes und der Gärten« aufgebaut, die in manchen Gemeinden nach dem Gottesdienst an Altenheime, Heime für Obdachlose etc. verschenkt werden. Eine Erntekrone oder Erntekränze bilden die Mitte der aufgebauten Gaben.[5]

In steigendem Maße trägt der »Erntedankaltar« aber auch die »Früchte« des Handwerks und der am Ort ansässigen Industriezweige. Und gelegentlich fand ich unter den Gaben ein Buch, damit auch die Früchte geistiger Arbeit in den Erntedank einbezogen würden.[6]

Und wenn an den Festtagen ein schönes, aufgeschlagenes Exemplar der Heiligen Schrift auf dem Altar liegt, so ist der Dank deutlich, den die Gemeinde an diesem Tage auch für die Frucht des Wortes Gottes sagt. Am Erntedanktag sollte vor allem in den Gottesdiensten (als Dank für die von Gott

Erntedankaltar

geschenkten Gaben) unserer Verantwortung gegenüber der Schöpfung gedacht werden. Es müßte deutlich werden, daß uns zwar die Herrschaft über die Natur gegeben ist (Gen 1,26-28; Ps 8), daß sie aber an unsere Berufung zum »Ebenbild Gottes« (Gen 1,26) gebunden ist, so daß wir im Sinne, in der Intention Gottes die Welt zu gestalten haben. Nach Gen 2 hatte der

Binden der Erntekrone

Mensch ja die Aufgabe, den »Garten Eden« (das Paradies) zu bebauen und zu pflegen, ihn also über die »adamah«, die ungestaltete Erde, auszubreiten. Der Mensch – das sollten wir ehrlich anerkennen – hat das zu einem Teil getan, wenn er aus den wilden Grasarten kostbares Getreide züchtete, aus wilden Obstsorten herrliche Edelfrüchte; wenn er aus der Wildrose den Inbegriff der Herrlichkeit, die Edelrose, hervorgehen ließ. Er hat es auch getan, wenn er wunderbare Landschaften aus der Wildnis formte... Aber er hat in ungezügeltem Egoismus diese Schöpfung auch an den Rand des

Abtrieb von der Alm / »Viehscheid«

Ruins gebracht. Hier hat Erntedankbesinnung einzusetzen.

Dazu sollte deutlich werden, daß der Mensch nach dem Schöpferwillen Gottes zum Frieden mit aller Kreatur aufgerufen ist, daß Gott in der Urzeit diesen »Schalom« aller Wesen gewollt hat. Er hat ja nach Gen 1,29 f. dem Menschen als Nahrung das Obst und das Getreide zugeteilt, nicht aber – und das ist die Pointe dieser Schriftstelle – das Tier. Erst nach dem kosmischen Sündenfall, der die Sintflut auslöste, wird dem Menschen auch das Tier als Nahrung zugewiesen.

So bleibt ein Wissen um die uralte (von Gott gewollte) Verbundenheit aller Kreatur, die einmal in der Endzeit zutage treten wird (Jes 11,1 ff. und Röm 8,19 ff.).[7]

Über das rechte Verhältnis zu Tier und Umwelt könnte bei Erntedankgottesdiensten nachgedacht werden.
Die katholische und die evangelische Landjugendbewegung bemühen sich seit Jahren sehr um das Wiederaufleben alter, guter Erntebräuche.

Exkurs: Der Abtrieb von der Alm

Hier soll eines besonderen Brauchs zum Erntedank gedacht werden: des Almabtriebs. Er ist zwar auf die Gebiete beschränkt, in denen es Almwirtschaft gibt, aber gerade der Abtrieb von der Alm ist durch das Fernsehen und nicht zuletzt auch durch die Urlauber bekannt geworden. Manchmal sind es Hunderte von Schaulustigen, die an den Wegen stehen, auf welchen Sennerinnen und Senner am Ende des Almsommers mit ihren bekränzten Kühen dem heimatlichen Hof zustreben.

Wenn während der Almzeit (regional verschieden von Juni bis September) keine Seuche unter dem Vieh ausgebrochen ist und kein Stück sonstigen Schaden (Absturz etc.) genommen hat und wenn im Hause des Almbauern kein Todesfall eingetreten ist, so werden die Kühe (Kälber) und Stiere bekränzt.[8]
Dieser »Kranzl-Schmuck« (regional verschieden gestaltet) besteht aus Latschen- oder Fichten-(Föhren-)Wipfeln, deren Zweige oft nach oben gebogen und am Stamm befestigt werden.[9] Diesen »*Fuikln*« werden »Sterne« und Rosetten (Rösln) o.ä.aus eingefärbten Holzspänen (»Gschabert-Bandln«) aufgesteckt, die noch mit Blatt- oder Rauschgold (heute meist mit Goldbronze) verziert werden. Große *Fuikln* haben etwa 200, kleinere bis zu 50 solcher Sterne oder Rösln... Manche davon haben (wie Kometen) einen Schweif aus längeren Holzspänen. Dazu tragen die verschiedenen Tiere (je nach der Rangordnung) ihre größeren oder kleineren Glocken.
Mit dem Herstellen dieses Schmucks darf erst am Tag des Heiligen Bartholomäus

---

Darstellung Allerheiligen. Sogenanntes »Rosenkranzbild« (Sakramentenkapelle des Bamberger Domes, um 1515-1520): vgl. S. 194

INRI

(24. August) begonnen werden.[10] Am Tag des Abtriebs wird der (sehr prächtige oder einfache Schmuck) den Tieren aufgebunden, entweder schon beim Verlassen der Alm oder vor dem letzten Wegstück zum heimatlichen Hof.

Das »Kranzln« ist ein alter Erntedankbrauch, der heute – da viele Bauern ihr Vieh mit Vieh-Lastwagen zur Alm und wieder nach Haus fahren – leider immer mehr zurückgeht, wenn ihn nicht – neben einigen traditions- und brauchtumsbewußten Bauern – Heimatvereine, Fremdenverkehrsvereine... erhalten. Früher (selten noch heute) wurde vor dem Beginn des Abtriebs ein Gebet gesprochen, wurden alle Tiere vom Senner oder der Sennerin mit Weihwasser besprengt. Der Brauch verblaßt, obwohl doch die Sennerinnen (wie etwa auf der Kallbrunn-Alm bei Lofer und vielen Almen im Berchtesgadener Land) sich an jedem Samstag während der Almzeit am Almkreuz treffen, um den Rosenkranz zu beten und obwohl jeder Geistliche hochwillkommen ist, der mit den Sennerinnen und Sennern die Eucharistie feiert. Vielleicht ist hier eine Rückbesinnung möglich, die zum Wiederbeleben des schönen Brauches führt.[11] Denn mit dem Brauch geht ein Stück alten Kulturerbes der Bergwelt verloren und ein gut Teil bodenständiger Frömmigkeit.[12]

12 Allerheiligen/Allerseelen und das Totenbrauchtum

12.1 Entwicklung und Theologie des Allerheiligenfestes

Ein Fest *zu Ehren aller heiligen Märtyrer* gibt es nach dem Zeugnis des Heiligen Chrysostomus (gest. 407) schon im 4. Jahrhundert. Der Festtermin war in den Teilkirchen des Orients unterschiedlich. Das Fest wurde am 13. Mai, am Oktavtag von Pfingsten oder am Freitag nach Ostern begangen. »In Rom finden sich Spuren aller drei Termine, bis sich schließlich der 13. Mai als Tag der Weihe des Pantheons zu einer Basilika der heiligen Jungfrau Maria und aller Martyrer durchsetzte (609 oder 610).«[1] Das Fest im heutigen Sinne, als Tag des Gedächtnisses aller Heiligen, ist zunächst wohl insularen Ursprungs und setzte sich im 9. Jahrhundert auch in den übrigen Kirchen des Westens durch. Initiator der Feier dieses Festes am 1. November war wohl Alkuin, der es vor allem im Salzburger Gebiet durchsetzte. Das Fest hatte Vigil und Oktav, die heute weggefallen sind. Die »streitende« Kirche auf Erden gedenkt in diesem Fest der »triumphierenden« Kirche: der Heiligen in ihrer Vollendung. Dabei macht die (Eigen-) Präfation deutlich, daß nicht nur die kanonisierten Heiligen gemeint sind, sondern alle »verstorbenen Brüder und Schwestern, die schon zur Vollendung gelangt sind«. So steht nicht irgendwelcher Kult der Heiligen im Mittelpunkt des Festes, sondern die Erlösungstat des Kyrios, die sich wunderbar in seinen Heiligen manifestiert hat. Sie sind Glieder seines verherrlichten Leibes, und so geht jede Bitte um Fürsprache »letzten Endes« an diesen verklärten Leib Christi in seiner Vollendung.

12.2 Entwicklung und Theologie des Allerseelenfestes

Es ist urmenschliche Gepflogenheit, der Toten zu gedenken. Das war bei Christen nicht anders. Seit dem 2. Jahrhundert sind bereits Gebete für Verstorbene nachzuweisen, wobei das Gedenken bald Eingang in die Eucharistiefeier findet. Auch die alten Totenmähler am Grab werden bald mit der Eucharistie verbunden. Das Gedächtnis am 3., 7., 30., 40. Tag nach der Beisetzung oder am Jahrestag des Todes werden von der jungen Kirche gemäß vorchristlichem Brauch übernommen. Im 7. Jahrhundert schreibt Isidor von Sevilla seinen Mönchen vor, am Tag nach Pfingsten für die Verstorbenen die Eucharistie zu feiern. Ähnliche Gedächtnisse finden sich danach in vielen Klöstern. Für den 2.11. ordnet der große Abt Odilo von Cluny (994-1048) ein festliches Gedächtnis aller Toten für seinen Klosterverbund an. Unter dem überrragenden Einfluß Clunys verbreitete sich das Fest bald.[2] Die ins 15. Jahrhundert zurückreichende Gepflogenheit, an diesem Tage dem Priester (wie sonst nur am Weihnachtstage) zu gestatten, drei Heilige Messen zu zelebrieren, wird 1915 von Benedikt XV. auf die ganze Kirche ausgedehnt.[3]

Es ist sinnvoll, daß die Gemeinde auch der Toten gedenkt. Ihre Gebete und Fürbitten, die Feier der Eucharistie für die Toten sollen helfen, daß der Tote, durch die Läuterung (Fegfeuer) hindurch, seine (ihm gemäße) Vollendung in Gott findet. Dabei ist auch der Gedanke an den eigenen Tod gegenwärtig. Dieses »Memento mori« soll aber nicht von Furcht überschattet sein. So hat die Kirche im neuen Ritus des Festes das düstere »Dies irae, dies illa« als Sequenz nicht mehr übernommen: Der Tag soll von gläubiger Auferstehungshoffnung getragen sein.[4]

12.3 Das Brauchtum der Feste Allerheiligen/Allerseelen

Es ist bei der Beliebtheit vieler Heiliger verwunderlich, daß das Allerheiligenfest kein Brauchtum hervorgebracht hat, während das Fest Allerseelen von reichem Brauchtum umgeben war und ist. Die Faszination des Todes, die Furcht vor den Qualen des Fegfeuers oder gar der Hölle, auch wohl eine tief im Menschen verborgene Angst vor den »umgehenden«, un-

Allerheiligen-/Allerseelenbrote

erlösten Toten..., haben das Brauchtum ausgebildet und die Faszination der Heiligen zurücktreten lassen.

Zwar gibt es in den verschiedenen Landschaften Gebildbrote, die »Allerheiligenlaibl«, »Allerheiligenspitzl« oder (häufiger) »Allerheiligenstrietzel« genannt werden – aber sie sind ausnahmslos Gedächtnisgaben für die »Armen Seelen«, sind Opferspeise für sie (»Seelenwekken«), gehören also zum Allerseelenbrauchtum.

Die tragende Mitte des Allerseelenbrauchtums ist die Eucharistiefeier zum Gedächtnis der Toten: das Requiem (so genannt nach den Eingangsworten: »Requiem aeternam dona eis domini« = »Ewige Ruhe gib ihnen, o Herr«), das ja auch die Mitte des kirchlichen Begräbnisritus' ist. Einige Texte des heute üblichen Requiems finden wir bereits im 7. Jahrhundert. Die liturgischen Bücher boten allerdings bis ins hohe Mittelalter verschiedene Formulare für Totenmessen an. Seit dem 12. Jahrhundert setzte sich ein Einheitsformular durch, das durch das Tridentinum verbindlich wurde. Die Liturgiereform unserer Zeit gibt wieder größeren Spielraum (nicht zuletzt in den Lesungen). Die mehrstimmige Vertonung des Requiems geht in das 15. Jahrhundert zurück[5]. Die Farbe der Meßgewänder war früher schwarz, heute gewöhnlich violett.

Früher wurden (vor allem in einigen Gegenden Süddeutschlands) beim Requiem des Allerseelentages die Namen der Toten der Gemeinde verlesen, die »seit einem Menschenalter«[6] gestorben waren – eine in manchen Gemeinden scheinbar endlose Reihe, bei der aber Name um Name den Lebenden die Vergänglichkeit des Irdischen vor Augen stellte – ein ergreifendes »Memento mori!«

Ein Gräbergang am Nachmittag des Allerheiligenfestes ist schon 1578 bezeugt[7]. Wahrscheinlich ist der Brauch viel älter. Jedenfalls hat schon immer das Totengedenken mit dem Abend des Allerheiligentages begonnen. Der uns schon bekannte Schloßkaplan Schlicht erzählt: »Es schlägt sechs Uhr und horch! sofort ertönen die vier sämtlichen Glocken des Pfarrkirchenturms und läuten in drei Absätzen eine ganze Stunde lang in Nacht und Land hinaus. An jedem andern Tag würde beim Glockenschall in so ungewohnter Nachtstunde das Dorfvolk aus den Häusern stürzen und atemlos fragen: ›Wo brinnts denn?‹ Am Allerseelenabend nicht, vom gerechten und barmherzigen Vater entzündet, die peinvolle Flamme lodert, aus welcher ein Vater, eine Mutter, ein Kind, ein Verwandtes um Hilfe ruft. Darum, sowie die Glocken ihr vierstimmiges Mahnwort anheben, schlägt der bayerische Dorfwirt das Faß zu, räumt seine Zechstube aus und sperrt die Türe: die Allerseelenstunde ist zu heilig, auch die leichtsinnigsten Vögel müssen heute um die frühe Zeit nach Hause.«[8]

Die Gräber werden geschmückt, und das »Seelenlicht« wird aufgestellt, das den Allerseelentag über brennt (heute oft an vielen Tagen des Jahres). In gotischer Zeit standen auf den Friedhöfen steinerne Lichtsäulen, die für alle Toten brannten. Aber diese Form des Lichterbrauchs verschwindet später und macht den Lichtern auf den einzelnen Gräbern Platz. Das Licht ist Sinnbild des »ewigen Lichtes«, das den Verstorbenen leuchten möge. Die Gräber werden vom Priester und von den Gläubigen mit Weihwasser besprengt.

Der Brauch, am Fest Gebildbrote zu verschenken, ist offenbar weit verbreitet.

Gerhard mit Toten-(Knochen-)Brot

»Seelenbrote werden überall gebacken«, sagt Gräfin Schönfeldt lakonisch.[9] Viele volkskundliche Arbeiten erwähnen solche Brote. Hergestellt wird einmal Zopfgebäck aus geflochtenem Teig; aber auch »Stuckgebäck«, dessen einzelne Teile leicht zu brechen (und auszuteilen) sind. In einigen Teilen der Oberpfalz (Landkreis Tirschenreuth) gibt es »Totenbrote«, die der Form menschlicher Knochen nachgebildet sind.[10]

Es ist umstritten, welche Wurzeln solche Bräuche haben. Das Backwerk könnte (sofern es Zopfgebäck war oder ist) ein Rest alter heidnischer Haar-Totenopfer sein. Viele Jahrhunderte des Christentums hindurch hat sich ja die Sitte erhalten, für die Toten Speisen auf die Gräber zu tragen und dort gelegentlich ein gemeinsames Mahl zu halten.[11] Die Brote in Knochenform stellen jedoch primär ein eindringliches »memento mori« dar.

Ursprünglich wurden im Christentum wohl Brotspenden als Opfer für die Toten dargebracht. Auf Abt Odilo von Cluny soll die Sitte zurückgehen, an den Festen Allerheiligen und Allerseelen den Armen Brot und Wein (also die eucharistischen Gaben) zu schenken.[12] Bald aber verschenkte man sie an Arme und Reiche unterschiedslos[13], offenbar mit der Auflage, für die Toten zu beten. In Basel werden im 15. Jahrhundert Stiftungen erwähnt »pro panibus super sepulchro ipso ponendis et postea pauperibus erogandis«[14]. Überhaupt hat das (oft dreiste) »Erbitten« solcher Brotgaben durch die (nicht immer) Armen eine lange Tradition (wobei man nur hoffen kann, daß auch die Gebete für die Toten nicht vergessen wurden). Ähnliches hat sich bis heute erhalten, wenn die Tauf- oder Firmpaten ihren Täuflingen oder Firmlingen solche (oft überdimensionalen) Strietzel u.a. schenken.[15]

Der Allerseelentag war früher von vielfachem anderen Brauchtum umgeben, wobei die Schwelle zum Aberglauben (oder zur Kuriosität) oft überschritten wurde. Der Volksglaube hat ja immer daran festgehalten, daß bestimmte Tote »umgehen«, daß sie als Seelengeister, Irrlichter, aber auch als bestimmte geheimnisvolle Tiere (Frösche, Kröten, Unken...) erscheinen, um ihre Seelenruhe bitten und andere an ihre Schuld erinnern. Peter Rosegger erzählt aus seiner Heimat: »Da wird in der Steiermark an diesem Tage keine Tür und kein Tor etwa gewaltsam zugeschlagen, aus Furcht, eine arme Seele zu zerquetschen. Da wird kein Messer auf dem Rücken, kein Rechen mit den Zinken nach oben liegen gelassen, aus Vorsicht, daß nicht irgendeine arme Seele darüber stolpere, sich ritze oder schneide. Auch darf an diesem Tag keine leere Pfanne über dem Feuer stehen, damit sich nicht unversehens eine arme Seele hineinsetze und elend verbrenne. Ferner ist es unstatthaft, einem Frosch oder einer Kröte etwas zuleid zu tun, da man nicht wisse, ob nicht eine arme Seele in Gestalt dieser Tiere an ihrem Tag sichtbar werde.«[16]

Wir könnten hier beliebig fortfahren[17]; und man weiß nicht, worüber man sich mehr verwundern soll: über die Angst vor den Toten, aber auch die Sorge und Rücksicht ihnen gegenüber – oder über die Defizite einer kirchlichen Verkündigung über das Leben nach dem Tode.

Geblieben sind bis heute vor allem die Eucharistie für die Toten, die in feierlicher Weise in jeder Gemeinde begangen wird, und der Gräbergang zu den geschmückten und mit Lichtern versehenen Gräbern der Angehörigen und Freunde. Während des Gottesdienstes werden die Namen der im letzten Jahr verstorbenen Gemeindemitglieder verlesen. Gelegentlich wird (in kleineren Gemeinden) dann für jeden Toten eine Kerze am Altar entzündet.

»Allerheiligenstrietzel« und andere Gebildbrote werden bis heute, zumeist von den Paten, ausgeteilt. Dabei sollte die alte Sitte wieder aufleben, für die Toten, nach Empfang der Gabe, zu beten.

Wichtig ist es, die Toten nicht nur als Objekte unserer Gebete und unserer Fürbitte zu sehen, sondern sie als »Vorerlöste« um Fürsprache für die Gemeinde zu bitten. So viele heilige Mütter und Väter würden dann der Gemeinde Wege zu Gott weisen und alle Gemeindeglieder enger mit Gott verbinden.

Exkurs: Totenbrauch

Der Mensch heute stirbt nur noch selten zu Hause. Aber er sollte immer (auch wenn er im Seniorenheim oder im Krankenhaus stirbt) von Menschen umgeben sein, die ihn lieben. Den alten Brauch, dem Sterbenden die »Johannesminne«, also geweihten Wein, zu reichen, kann man, wo es möglich ist, pflegen. Der geweihte Wein soll dem Sterbenden den Übergang in die Welt Gottes erleichtern. Ähnliche Bräuche haben in der Geschichte der Menschheit eine lange Tradition.
Der Brauch, im Augenblick des Todes die Uhr anzuhalten, stellt ein »memento mori« dar: der Tote hat »keine Zeit mehr«; er ist in Gottes Ewigkeit eingegangen. Auch für jeden von uns wird bald »keine Zeit mehr sein«.

Die Überführung des Gestorbenen in das Leichenhaus (die Leichenkapelle) und die Aufbahrung dort (wobei der Sarg meistens geschlossen bleibt) hat zur Verarmung der Totenbräuche geführt.[18] Die Tabuisierung des Todes, hervorgegangen aus immer größer werdender Todesangst, tut ein übriges. So ist es gut, sich im Zusammenhang mit dem Allerseelentag und dem »Totenmonat« November der Totenbräuche zu erinnern, die sich zum Teil bis heute erhalten haben.

a. Stirbt jemand in christlich geprägter Umgebung, gibt man ihm gewöhnlich das Sterbekreuz (katholischen Christen auch den Rosenkranz) in die gefalteten Hände. Die Angehörigen beten am Totenbett. Vor allem in ländlichen Gegenden wird die »Totenglocke« geläutet, meistens unmittelbar nach Bekanntwerden des Todes – ein eindringliches »memento mori« für die Gemeinde. Am Abend der Tage, in denen der Tote »über der Erde steht«, wird der Totenrosenkranz gebetet, an dessen Schluß sich die Angehörigen manchmal öffentlich bei denen bedanken, die mitgebetet haben. In den Häusern des oder der Toten brennt das Totenlicht.

Früher blieb der Sarg mit dem Gestorbenen bis zum Begräbnis im Hause. Die Nachbarn (und andere Gemeindemitglieder) kamen zum Gebet zusammen und wurden in den Gebetspausen beköstigt. Bis vor einer Generation hat man in bestimmten Gegenden Österreichs noch um den Sarg gestorbener Kinder (die man ja wegen ihrer Unfähigkeit zu schwerer Sünde bei Gott wußte) getanzt und gebetet.[19]

b. Viele andere Bräuche sind verlorengegangen. So wurde früher in der Rhön beim Tod des Bauern das Vieh »aufgescheucht«, wurden die Bienenstöcke umgerückt; wurde das Saatkorn in andere Säcke gefüllt.[20] In anderen Gebieten wurde dem Vieh und den Obstbäumen der Tod ihres Herrn angesagt.[21] In Westfalen geschah das mit den Worten: »Imme, Imme, din Herr ist dod, / nu bliew du bi mi in mine Not.«[22]
Wir haben schon davon berichtet, daß bei einem Sterbefall im Haus des Almbauern das Vieh beim Abtrieb nicht »gekranzelt« wird (oder allenfalls einen »Trauerkranz« trägt).

c. Vor dem Begräbnis (oder im Anschluß daran) wird das Requiem für die Tote (den Toten) gefeiert. Bei diesem Requiem werden zum Gedenken an die Toten »Sterbebildchen«... ausgeteilt, die außer einem Andachtsbild die Geburts- und Todesdaten und ein Gebet für die Verstorbenen enthalten. Manchmal zeigen diese Sterbebilder auch das Foto des oder der Toten.[23] Priester oder (andere) verdiente Persönlichkeiten werden während des Requiems oft im Altarraum aufgebahrt. In kleinen (ländlichen) Gemeinden zieht man nach dem Gottesdienst (gelegentlich vor ihm) in Prozession zum Friedhof. Dabei wird der Rosenkranz gebetet. War der Verstorbene Mitglied eines Vereins, geht oft eine Musikkapelle dem Leichenzug voran. Sie spielt Trauermusik auf dem Weg zum Friedhof, flottere Marschmusik beim Gang zum »Leichenschmaus«.
Die (guten) Gebete und Zeremonien am offenen Grabe sind in der kirchlichen Agende enthalten. Sie können um andere Gebete und Lieder erweitert werden.[24] Wichtig ist, daß gerade beim Begräbnis die Anteilnahme auch des Geistlichen deutlich wird.[25] Hier werden oft pastorale Möglichkeiten vertan.
War der Verstorbene Mitglied bestimmter Vereine, wird am Grab oft Uhlands Lied: »Ich hatt' einen Kameraden ...« von ei-

nem Trompeter gespielt. Die allgemeine Rührung dabei macht das Lied nicht besser. Es wäre an der Zeit (behutsam) zu überlegen, ob nicht ein alter Choral oder das sehr alte Lied: »Mitten wir im Leben sind mit dem Tod umfangen…« (GL 654) an seine Stelle gesetzt werden könnten.[26]

d. Dem Begräbnis folgt gewöhnlich der »Leichenschmaus« (»Leichenmahl«, »Leichbier« oder auch »Totenhochzeit« [Kriss] u.a.), ein Kaffeetrinken oder ein Essen mit den Anverwandten und geladenen Trauergästen. Nicht selten wird im Testament ein Betrag für solche Leichenfeiern angesetzt.[27] Wenn in einigen Gegenden dieses Mahl der »Tröster« genannt wird, so ist sicher ein Sinn solcher Geselligkeit deutlich.

e. Das »Sechswochenamt« und das »Jahrgedächtnis« für die Toten sind in katholischen Gemeinden bis heute üblich. In den letzten Jahren hat sich ein neuer Brauch ausgebildet: Am Ende eines jeden Monats wird ein Gottesdienst gefeiert für die Toten, die in den letzten Jahren in dem betreffenden Monat gestorben sind. Der Brauch wird gern angenommen und gepflegt.

f. In einigen Gegenden Süddeutschlands und Österreichs wurden (werden) bei der Wiederbelegung der Gräber die gefundenen Totenschädel aus dem Grab genommen und im Vorraum der Kirche oder der Friedhofskapelle aufgestellt. Gelegentlich sind sie mit Rankenwerk und dem Namen der Toten versehen. Auch sind manchmal (mit Brokat verzierte) Augen dem Schädel eingefügt.[28] Auch hier ist das »memento mori« überdeutlich (wie auch in den Karnern, z.B. in Chammünster, wo die Langknochen der Toten in großer Zahl aufbewahrt werden.)[29]

g. In Süddeutschland (vor allem im Bayerischen Wald, in Niederbayern und der Oberpfalz) und im alemannischen Raum wurde vor Aufkommen der Särge[30] der Tote auf ein »Totenbrett« (Bahrbrett) gelegt und auf ihm zu Grabe getragen.[31] Das Brett wurde, wenn es nicht im Grab verblieb[32], an einem häufig besuchten Platz (bei Feldkreuzen, Kapellen, Wegkreuzungen, markanten Bäumen, Sümpfen[33]; aber auch an den Wänden der Heustadl, der Scheunen…) aufgestellt oder aufgehängt. Es trug dann ein Kreuz (oder drei Kreuze) und die Daten des Verstorbenen. Der Vorübergehende wurde um ein Gebet für den Toten gebeten,

Totenbretter (Bayerischer Wald)

wobei auch hier das »memento mori« eine Rolle spielte.

Wenn im »Heilbrünnl« (oder »Hochbrünnl«), einer Wallfahrtskirche in der Nähe der Stadt Roding (Oberpfalz), im Heiligen Grab die Figur des Herrn auf einem Totenbrett ruht, so soll wohl die Solidarität Jesu mit all den Toten der Wallfahrer ausgesagt werden. Der fromme Glaube versetzt auch Tod und Auferstehung des Herrn in die (hier oberpfälzische) Heimat.

Später bekamen die Totenbretter Gedächtnischarakter. Sie wurden (wie die Marterln, die Erinnerungstafeln für Verunglückte...) mit Sprüchen versehen, die das Gedächtnis der Toten aufrechterhalten und an den eigenen Tod erinnern sollten:

> Wanderer, steh still und schau:
> Was du bist, das war ich auch,
> was ich bin, das wirst du werden,
> eine Asche in der Erden.

Solche Sprüche hatten durchgehend ernsten Charakter. Die derb-heiteren Sprüche, die immer wieder in Sammlungen erscheinen, dürften sich bei näherer Untersuchung als Einfälle des Herausgebers oder als Schöpfungen von Witzbolden erweisen.[34] Der Ernst des Todes ist in fast allen Fällen geachtet worden.

Heute finden wir die Totenbretter wieder häufiger, wobei nicht zuletzt der Fremdenverkehr eine Rolle spielt.

h. Es ist eine alte Gepflogenheit, auf den Gräbern der Verstorbenen Grabmale zu errichten. Das waren (und sind in einzelnen Gegenden, etwa in der Ramsau) Holzkreuze mit gut geschnitzten Darstellungen (des Schmerzensmannes, der Mater dolorosa, des Auferstandenen; aber auch von Symbolen, so bei Forstleuten oft des Hubertushirsches...). Besonders kunstvoll waren die schmiedeeisernen Kreuze gearbeitet.

Von all dem ist wenig geblieben. In all der genormten Grabmalsroutine findet man kaum noch ein Grabmal, das künstlerischen Ansprüchen genügt. Hier sind die Geistlichen mit den Pfarrgemeinderäten und den Künstlern ihres Raumes gefordert, die Friedhöfe wieder individueller zu gestalten. Denn jedes Grabmal bietet die Chance der Verkündigung; es kann Brücke zum Ewigen sein.

13 Das Fest des Heiligen Hubertus und das Brauchtum des Festes

13.1 Die Geschichte der Verehrung des Heiligen

Die Geschichte des Heiligen Hubertus ist eng mit der des Heiligen Eustathius (gr.) = Eustachius (lat.) verbunden. Nach den »romanhaften, aus verschiedenen Quellen kompilierten Viten« (LCI), die später vor allem durch die Legenda aurea verbreitet worden sind, wurde Placidus, ein berühmter Feldherr des Kaisers Trajan, auf der Jagd durch die Erscheinung des Gekreuzigten im Geweih eines Hirsches bekehrt. Er ließ sich taufen und nahm den Namen Eustathius (Eustachius) an. Nach schweren Prüfungen um seines Glaubens willen wurde er mit seiner Frau und seinen beiden Kindern unter Kaiser Hadrian in einem glühenden Metallstier verbrannt. Sein Fest wurde früher am 1./2. November gefeiert. Die Legenda aurea kennt jedoch neben diesem Datum auch das des 20. September als Leidens- und Todestag. So wird das Gedächtnis des Heiligen, der zum Urbestand der 14 Nothelfer gehört, heute am 20. September begangen.[1]

Die Kunst hat sich der Gestalt des Heiligen in besonderer Weise angenommen. Schon im 9. Jahrhundert (nach 843) finden wir die Darstellung der Bekehrungs-(Hirsch-) Szene und zwar in einer Psalterhandschrift (Illustration zu Psalm 96,11) des Klosters Pandokratoros auf der Insel Athos. In die gleiche Zeit fällt eine Darstellung des sogenannten Chludoff-Psalters dieser Mönchsinsel. Um die Jahrtausendwende entsteht das Bild in der Höhlenkirche von Soanlydere (Kleinasien) und in der Folge viele Darstellungen im Raum der griechischen und der lateinischen Ikonographie[2]. Die älteste Darstellung seiner *Legende* finden wir in den Glasfenstern der Kathedrale von Sens aus dem Ende des 12. Jahrhunderts. Im Dom von Chartres wurden am

St. Hubertus (Meister der Kalkaer Schule [?], um 1500)

Anfang des 13. Jahrhunderts 173 große Glasfenster geschaffen, von denen zwei dem Heiligen Eustachius gewidmet waren. Die ausführlichste Darstellung bietet der Krumauer Bilderkodex aus dem 14. Jahrhundert.

Die bekanntesten Darstellungen der Hirsch-Szene späterer Zeit sind die von Pisanello (um 1435) und Albrecht Dürer (1500/01). H. Burgkmaier d.Ä. malt (nach 1500) Eustachius mit dem Haupt des Hirsches, welches das Geweih mit dem Gekreuzigten trägt; der Heilige steht in Jägertracht hinter dem Heiligen Bischof Liborius. Die Darstellungen der 14 Nothelfer zeigen den Heiligen mit einem Hirsch, zwischen dessen Geweihstangen meist ein Kreuz (mit Corpus) sichtbar ist, oder nur mit dem Kreuz im Geweih.

Vereinzelt wird schon im 13. Jahrhundert die Hirschvision des Eustathius/Eustachius auf Hubertus übertragen, der von 709-728 Bischof von Lüttich (Tongern) war.[3] So stellt die älteste uns bekannte Darstellung der Hubertus-Legende in Sint Huibrechts-Hern (Ende des 13. Jahrhunderts) die Hirschszene als zur Vita des Heiligen gehörend dar.

Historisch ist eine solche Vision nicht nachweisbar; sie ist beim Heiligen Hubertus auch unwahrscheinlich, da die einzig einwandfreie Quelle, die »Vita St. Hugberti« (Valenciennes) sie verschweigt[4]. Die Legenda aurea nennt den Heiligen Hubertus nicht einmal mit Namen und behält die Hirschvision (die damals einen hohen Stellenwert hatte) dem Heiligen Eustachius vor.[5] Im bekannten Bild des »Exhumationsmeisters« (eines Meisterschülers des Rogier van der Weyden): »Die Exhumation des Heiligen Hubertus« (um 1440) fehlt das – ihm damals offenbar noch nicht allgemein zugehörige – Hirschattribut. So ist mit Sicherheit anzunehmen, daß die Eustachius-Vision auf den Heiligen Hubertus übertragen wurde.[6]

Als Patron der Jäger gilt der Heilige Hubertus seit dem 10./11. Jahrhundert. Nach Paffrath wurden von der heidnischen Jagerschaft der Ardennen der Jagdgöttin Diana die Erstlinge der Jagd als Opfer dargebracht. Hubertus habe bei der Christianisierung solchen Brauch nicht ausgetilgt, habe aber die Erstlingsopfer nun dem Heiligen Petrus zuteil werden lassen. Später – nachdem Hubertus als Heiliger verehrt wurde – sind solche Opfer wohl ihm selbst dargebracht worden (wobei sich heidnische Bräuche bis ins späte Mittelalter erhalten haben).

Auch die alte Legende, daß der Heilige »mit seinem goldenen Schlüssel den von tollen (tollwütigen) Hunden Gebissenen Heilung verschafft habe« (und jederzeit verschaffen könne), hat viel zu seiner Verehrung beigetragen.[7]

So war es nicht schwer für Herzog Gerhard II. von Jülich-Berg (1437-1475), die Hirschvision endgültig mit Hubertus zu verbinden. Gerhard hatte am 3. November (dem Tag der Erhebung des unversehrten Leichnams des Heiligen 743) des Jahres 1444 einen glänzenden Sieg über Arnold von Egmond, den Herzog von Geldern, errungen. Am nächsten Tag stiftete er (aus Dankbarkeit) den »ritterlichen St. Hubertus-Orden«, der segensreich durch die Jahrhunderte gewirkt hat.

So finden wir im 15. Jahrhundert die Darstellung der Hirschvision unseres Heiligen häufiger. So auf einem Schrotblatt (niederdeutsch) von 1460/70, das in der Wiener Kupferstichsammlung aufbewahrt wird; im Wappen des Herzogs Gerhard; auf einem Gemälde von Gaspard Crayer in der Hubertus-Kapelle von Tervueren... Später malt (um 1600) J. Breughel d. Ä. sein bekanntes Gemälde: »Landschaft mit dem Heiligen Hubertus«.[8]

Krummstab des Ordenspriors des Wittelsbacher Sankt Hubertus Ritterordens (Augsburg, um 1725)

Die Mönche der Benediktiner-Abtei Andagium (St. Hubert in den Ardennen), in die 825 der Leichnam des Heiligen überführt wurde, haben im Verein mit der europäischen Jägerschaft das Gedächtnis des Heiligen in besonderer Weise gefördert. Das Kloster ist bis heute der Mittelpunkt der Hubertus-Verehrung.

13.2 Das Brauchtum des Festes

Seit Jahrhunderten war und ist es Brauch, am Festtag des Heiligen, also am 3. November, eine Drück- oder Treibjagd oder aber eine (besinnlichere) Ansitzjagd durchzuführen. Vielerorts (nicht zuletzt bei den Hofjagden) wurde vor der Jagd eine Eucharistie zu Ehren des Heiligen gefeiert. Solche Gottesdienste sind wahrscheinlich schon im 9./10. Jahrhundert gefeiert worden. Als die Metallhörner zur jagdlichen Musik herangezogen wurden, wurden sie auch bald bei solchen »Hubertusmessen« verwandt, wobei allerdings eine spezielle Musik für sie erst im Anfang des 19. Jahrhunderts nachzuweisen ist.[9]
Der Brauch, am Festtag des Heiligen eine solche »Hubertusmesse« zu feiern, war allerdings nicht sehr verbreitet. Eine Belebung des Brauchs ging von den Gottesdiensten aus, die mit einer französischen Parforcehorn-Gruppe (Sonneurs de Cheverny) in Düsseldorf 1954 und vor allem in Xanten (anläßlich der Tagung des deutschen Falkner-Ordens) gefeiert wurden. Heute ist es bei der Jägerschaft der meisten Orte Deutschlands üblich, das Gedächtnis des Heiligen mit einem Hubertusgottesdienst zu begehen. Diese Gottesdienste

sind meist sehr gut besucht und finden überall ein so positives Echo, daß der Brauch wohl lebendig bleiben wird.

Gerade darum aber sollten Möglichkeiten und Grenzen eines solchen Brauchs überprüft werden.

Zunächst darf die Spannung nicht übersehen oder gar verharmlost werden, die zwischen der Jagd, bei der Tiere getötet werden, und der Eucharistiefeier besteht, in der das Gedächtnis dessen gefeiert wird, um den die Kreatur (nach Mk 1,12 f.) befriedet war. Jesus nimmt die alttestamentlich-jüdische Schöpfungstheologie auf, nach der im Anfang und »letzten Endes« Gott die Unversehrtheit (den Schalom) aller Kreaturen wollte (Gen 1,29 ff.; Jes 11,6 ff.).

Dieser von Gott gewollte Schöpfungsfriede zerbrach nach der Heiligen Schrift im Sündenfall des Menschen. Danach fielen »Furcht und Schrecken« vor dem Menschen über das Tier, und dem Menschen wurde das Fleisch der Tiere als Nahrung zugewiesen (Gen 9,2 ff. mit eindeutiger Berufung auf Gen 1,29 f.). Für die Endzeit aber, für die Vollendung des Gottesreiches, wird der Schöpfungsfriede in herrlicherer Weise erwartet (Jes 11,6 ff.).

Die Verantwortung, die sich aus all dem für das Jagen auf das Mitgeschöpf Tier ergibt, muß in Hubertuspredigten und -ansprachen thematisiert werden (auch wenn man das Jagen, wenn mit Verantwortung gejagt wird, als die humanste aller notwendigen Tötungsarten von Tieren ansehen kann). Sicher muß deutlich werden, daß alles Jagen im Dienst der Hege der Kreatur steht, einem Dienst am Artenreichtum und an der bunten Vielfalt der Schöpfung.

Der Jäger muß wissen, was es für ihn bedeutet, in solchen Gottesdiensten (eucharistische) Gemeinschaft mit dem Schöpfer und Erlöser aller Kreatur zu haben. Seine jagdliche Ethik hat sich vor diesem Gott zu verantworten. Er wird auch erkennen, daß Jagd selbst zum Symbol wird: daß der Jäger von Beute zu Beute weitersucht, bis sich ihm die letzte, entscheidende Beute seines Lebens gnädig schenkt. Nicht umsonst sind Eustachius und Hubertus seine Schutzpatrone.

Der gelegentlich geübte Brauch, Waffen (Büchsen oder Flinten, Saufedern...) mit zum Gottesdienst zu bringen, sollte nicht gefördert werden. Gotteshäuser hatten jahrhundertelang Asylrecht: ein Bewaffneter durfte sie nicht betreten. Das sollte auch (und gerade) für unsere Zeit gelten.[10]

Schwieriger ist die Frage zu beantworten, ob Jagdhunde, vor allem aber Beizvögel (Habichte, Falken…) mit zu solchen Gottesdiensten gebracht werden sollten. Der Brauch ist alt. Könige und Fürsten übten ihn aus.[11] Wenn die Erlösung ein kosmisches Geschehen ist, wenn alle Kreatur darauf wartet, »befreit zu werden zur Freiheit der Herrlichkeit der Kinder Gottes«; wenn sie »seufzt und in Wehen liegt«, um die »neue Schöpfung«, den »neuen Himmel und die neue Erde«, zu gebären (Röm 8,19 ff.), dann dürfte einer gelegentlichen Teilnahme von Tieren am Gottesdienst nichts im Wege stehen, wobei der Störfaktor sorgfältig bedacht werden muß.

Nichts einzuwenden ist natürlich gegen einen reichen Schmuck der Kirche, so daß die Natur in den Gottesdienst einbezogen und seine besondere Würde betont wird. Problematisch ist dagegen die Sitte, einen Teil der Jagdbeute (Hirsche, Rehe, Hasen…) vor dem Altar »aufzubahren«. Das getötete Tier ist kein Schauobjekt, und erst recht wird es Gott nicht als eine Art Opfer dargebracht. (Es wäre allerdings zu begrüßen, wenn Wild bei einem »Opfergang« im Gottesdienst für caritative Zwecke gespendet würde.)

Gegen ein Hirschgeweih vor dem Altar (zur Erinnerung an den Schutzpatron) oder ein Rehgehörn ist nichts einzuwenden. Bei der Drapierung eines solchen Geweihs mit einem Kreuz wird jedoch allzuleicht die Grenze zum Kitsch überschritten.

Grundsätzlich ist die Frage zu stellen, ob solche Hubertusmessen immer mehr zu einer Art Konzert werden (wobei überlegt werden muß, ob auf die Dauer die künstlerische Qualität in Komposition und Darbietung gegeben ist) – oder ob sie – was Eucharistie will – zur Begegnung der Jäger (oder doch eines Teils von ihnen) mit dem Herrn der Eucharistie wird, so daß ihr Leben wie beim Heiligen eine neue Sinnrichtung bekommt. Es kann nur gehofft werden, daß diese Gottesdienste Brücke zum Glauben sind und Hilfen, die Frage nach dem Sinn des Lebens und der gesamten Schöpfung neu zu stellen, nicht zuletzt die nach dem Sinn und der Aufgabe der Jagd.

14 Das Fest des Heiligen Martin und das Brauchtum des Festes

14.1 Das Leben des Heiligen und seine Verehrung

Martin lebte und wirkte im 4. Jahrhundert nach Christus. Er wurde 316/317[1] in Sabaria (Steinamanger) in Pannonien geboren. Mit 15 Jahren tritt er in die römische Armee ein und dient unter den Kaisern Constantius und Julian. In diese Zeit fällt die »Mantelteilung« vor Amiens: Martin schenkt einem Bettler, dem er begegnet, den halben Mantel (vgl. geg. S. 224). Martin wird mit 18 Jahren Christ und verläßt bald darauf die Armee in der Nähe von Worms. Er wird Schüler des Hilarius von Poitiers, geht an die Donau, um seine Eltern zu bekehren (vielleicht auch, um im Illyricum zu missionieren), zieht sich dann aber als Einsiedler auf die Insel Gallinari bei Genua zurück.

360 ist er wieder in Poitiers und gründet 361 in Liguge das erste Kloster des Abendlands. Er wird – gegen das Votum einiger Bischöfe[2]– 371 vom Volk zum Bischof von Tours gewählt. 375 stiftet er ein Kloster im nahegelegenen Marmoutier, das »zu einem Zentrum asketischer Kultur und zu einer Pflanzstätte für Bischöfe wurde«[3]. Persönlich untadelig, verzehrt er sich im Dienst der Seelsorge. Er stirbt entkräftet am 8. November 397 auf einer Seelsorgsreise.

Die Verehrung des heiligmäßigen Bischofs, der vor allem wegen seiner Wundertaten beim Volk sehr beliebt war, breitete sich rasch aus. Er war der erste »Bekenner« (Confessor), also Nicht-Märtyrer, der mit offiziellem Kult verehrt wurde. Im 5. Jahrhundert wird über seinem Grab eine »Kapelle« errichtet, später eine prächtige

Basilika mit klösterlicher Cella (aus der sich dann das Kloster St. Martin entwikkelte). Das Grab des Heiligen wird das zentrale fränkische Nationalheiligtum.

Der Merowinger Chlodwig (um 500 getauft) machte Martin zum Schutzherrn der fränkischen Könige. Sein Mantel wurde in der »Kapelle«[4] über seinem Grab aufbewahrt und bei den Feldzügen des fränkischen Heeres mitgeführt. Die »Mantelteilung« hatte politisch-soziale Brisanz, der wahrhaft Herrschende fand sich im Bild des mantelteilenden Heiligen wieder. Besitzende pflegten (zumindest am Festtage) Untergebene reich zu beschenken. Später verlor die Szene ihre politische Bedeutung und wurde zum rein caritativen Akt eines einzelnen. Der Heilige aber wurde bald zu einem der beliebtesten Heiligen des Abendlands – und ist es bis heute geblieben.[5]

14.2 Das Brauchtum des Festes

Der sicher bekannteste und wichtigste Brauch des Festes ist der »Martins(um)-zug«, mit dem heute vielfach die Darstellung der »Mantelszene«[6] verbunden ist. Herkunft und Alter des Brauchs sind umstritten. Moser versucht, umfassend zu begründen, daß der Brauch aus der Perikopenordnung des Festes hervorging. Er verweist auf ein Perikopenbuch des 10./11. Jahrhunderts aus Monte Cassino, das für den Martinstag die Textstelle Lk 12,35 f. im Evangelium vorschreibt: »Eure Lenden sollen umgürtet sein und brennende lucernae (= Lampen, Laternen, Kerzen, Lichter) in euren Händen.«[7] Offenbar ist diese Festperikope verbreitet gewesen, denn auch das Flurheymsche Deutsche Meßbuch von 1529 führt sie für das Fest an.[8] Später trat dann die Perikope Lk 11,33-36 an ihre Stelle, in der in anderer Weise vom Licht geredet wird.

Nach Moser »könnte man vermuten, daß die Kirche diese Bibelstelle (sc. Lk 12,35 f.) nur deshalb herangezogen hätte, weil es ihr darum gegangen wäre, einen schon bestehenden Brauch sinnvoll liturgisch einzubinden«[9] – aber er selbst lehnt solche Deutung ab, da der Tenor der Perikope die »Erwartung des Herrn« sei, der also die Piorität gebühre. Er nimmt aber an, daß die Perikope den Anlaß gab, mit brennenden Lampen, Laternen... umherzugehen.

Das kann nicht ausgeschlossen werden, wobei allerdings die Frage bleibt, warum das Evangelium, das ja u.a. bei den Festen »aller Bekenner, die nicht Bischöfe waren« das Tagesevangelium war und bis heute ist, nicht zu ähnlichen Bräuchen geführt hat. Auch der spätere Wechsel der Perikope müßte erklärt werden. Endlich greifen die uns bekannten alten Martinslieder solche Interpretation des Brauches nicht auf.

Da ist es einleuchtender, mit K. Meisen anzunehmen, der Brauch habe sich aus dem Kult am Grabe des Heiligen entwickelt.[10] Wenn Moser meint, Meisen habe »nicht plausibel machen... können, wie es vom Lichterschmuck eines Grabes zu einem Umgang mit Laternen hätte kommen können«, so ist Meisen wohl etwas vordergründig interpretiert. Denn der Grabkult umfaßt ja eben die Lichterprozessionen an seinem Grab u.a. Bei der Beliebtheit des Heiligen wäre es durchaus denkbar, daß sich aus solchem Kult allgemeine Umzüge entwickelt hätten.

Nach Veit/Lenhart haben die »mancherorts noch üblichen« Martinsfeuer auf den frierenden Bettler vor Amiens Bezug genommen. Reste davon seien die ausgehöhlten Kürbisse und Rüben, in welche die Jugend ihre Lichter stelle; wobei es auch die Martinsfeuer noch gebe.[11]

Vielleicht ist alles sehr nüchtern zu erklären. Das Fest des Heiligen war der Abschluß des Wirtschaftsjahres. Das Gesinde wechselte. Vor allem aber war Zinstag: Die Pacht mußte entrichtet werden.[12] In den meisten Gemeinden war Markttag. Auch galt der Martinstag allgemein als Winteranfang. Früher war er auch der Beginn des »Martinifastens«, also des 40-tägigen Fastens vor dem Fest der Epiphanie (als dem Höhepunkt der Weihnachtszeit).[13]

Aus all dem mögen sich Heischegänge entwickelt haben (primär um Brennholz, später um Nahrungsmittel). So sind die alten Martinslieder Heischelieder. Legendäre Züge sind erst später eingefügt worden[14]. Martin wird zum Gabenbringer und wird mit der Gestalt des Heiligen Nikolaus vermischt (Pelzmärte).

Der Brauch hat (wie andere Bräuche) vielleicht viele Wurzeln. In jüngerer Zeit ist er neu belebt und mit der Mantel- oder Bettlerszene verbunden worden. Er ist heute auch in Süddeutschland stärker verbreitet, nachdem die Aversionen gegen Martin als den »Schutzheiligen der Franken« längst überwunden sind. Jedenfalls beginnt mit dem Martinsfest der Festreigen jener Heiliger, die in besonderer Weise auf die Weihnacht verweisen: auf das Kommen des Kindes, in dem uns die Güte und Menschenfreundlichkeit Gottes erschienen sind.

Zu fragen bleibt, wie Martin zu den Gänsen kommt. Sicher sind die Gänse am Fest des Heiligen »ausgereift«; sicher ist es Zeit, ihre Federn (die ja viel wichtiger waren als das Fleisch der Gänse) zu nutzen – dennoch wird die Gans wohl auf anderen Wegen mit Martin verbunden worden sein. Die Gans war ja bevorzugte Zinsgabe an die Grundherren: den Adel, die Klöster[15]. Als solche mag sie wegen des Hauptzinstages, eben St. Martin (wie der Osterhase mit dem Osterfest), mit dem Heiligen verbunden worden sein, wobei die Zeit der großen Schlachtfeste (und der damit verbundenen Festschmäuse der sonst recht Armen) sicher eine Rolle gespielt hat.[16]

Die Legenden, welche den Zusammenhang der Gänse mit dem Fest des Heiligen erläutern sollen, sind späteren Ursprungs. So sollen die Gänse den Heiligen durch ihr Geschnatter verraten haben, als er sich im Gefühl seiner Unwürdigkeit in ihrem Stall verbarg, um nicht das Bischofsamt in Tours annehmen zu müssen. Auch sollen die Gänse den Heiligen einmal bei der Predigt gestört haben (mit bitteren Folgen für die nachfolgenden Gänsegeschlechter). Die Legenda aurea stellt zwar das besondere Verhältnis des Heiligen zu Pflanze und Tier heraus, erwähnt die Gänselegenden jedoch mit keinem Wort.[17]

Der Brauch eines Martinsumzugs wird heute in vielen Orten gepflegt oder neu eingeführt. Kinder (und deren Eltern) ziehen mit Laternen oder Fackeln durch das Dorf/den Stadtteil und singen Martinslieder. Oft reitet der Heilige (wenn es möglich ist, auf einem Schimmel) im Zuge mit[18]. Vor oder nach dem Umzug wird (von Kindern oder Erwachsenen) die Bettlerszene gespielt.

Bei all dem sind die »großen Bilder« zu beachten. Die Bettlerszene ergreift bis heute. Im Bettler ist (wenn gut gespielt wird) die Not der Menschen, ihre Armut, ihre Isolation… gegenwärtig. Da wird es notwendig, den Mantel zu teilen. Im Zeitalter der Filznähte ist es heute ja leicht, den Mantel wirklich auseinanderzureißen, ihn wirklich zu teilen. Früher war es oft genug nur ein Stück roten Tuchs, das dem Bettler umgelegt wurde, so daß das »Bild« zerstört

Florian vor dem Aufbruch zum Martinszug

wurde. Der Glaube lebt aus Bildern, und die tragenden Bilder sind nicht beliebig.

Die Bettlerszene kann im Rahmen eines Wortgottesdienstes vor dem Umzug in der Kirche gespielt werden. Gegebenenfalls geschieht das auch nach dem Umzug, obwohl dann das Martinsfeuer oder (mehr noch) die Martinstüten (-gaben)[19] sehr ablenken. Wird die Szene außerhalb des Kirchenraumes gespielt, so sollte sichergestellt sein, daß alle Teilnehmer des Zuges (nicht zuletzt die Kinder) sie auch sehen können. Kurze einführende Worte können das Spiel vertiefen und (vielleicht) die Stille herstellen, die zur Aneignung der Szene fast notwendig ist.

Bei den Martinszügen bestimmen leider immer mehr die »Kaufhauslaternen« das Bild. Sie sind billig und ohne Arbeitsaufwand zu haben. Aber es müßte doch möglich sein, wieder eigene Laternen mit Kindern zu basteln, die Szenen aus dem Leben des Heiligen, aus dem Legendenkranz um ihn ebenso enthalten können wie die Bettlerszene. Für weniger Geübte ist das Ausschneiden von Kerzen möglich oder des Namens unseres Heiligen. Kerzen und Buchstaben werden auf Transparentpapier geklebt, so daß sie den Laternen eingefügt werden können. Das Martinsfeuer, das nach dem Umzug angezündet wird, sollte aus Reisig oder Holzscheiten bestehen und nicht aus (leicht brennenden) Margarinekisten (möglichst mit Aufschrift) etc., die jede Symbolwirkung blockieren.

Endlich: zum Martinszug gehört ein wenig Stille,die zur Besinnung führen kann. Sie ist nur zu erreichen, wenn sich Erwachsene mit auf den Weg machen, wenn sie still sind und die Kinder zur Stille anleiten. Das ist jedoch nur möglich, wenn der Zug überschaubar bleibt. So müßte überlegt werden, ob die großen Züge nicht geteilt (oder in überschaubare Gruppen unterteilt) werden könnten. Die Mehrarbeit sollte sich (von den Bildern her) lohnen.[20]

15 Exkurse

15.1 Gebildbrote

Die Wortschöpfung geht auf E. L. Rochholz zurück, dessen Buch: »Deutscher Glaube und Brauch im Spiegel heidnischer Vorzeit« 1867 in Berlin erschien.[1] Wir verstehen darunter Teigwaren (Brote, Gebäck...) in Menschen- oder Tiergestalt; aber auch Backformen, welche Symbole (Rad, Sonne...) darstellen. Solche Gebildbrote sind mit den Bräuchen fast aller Feste und Zeiten im (Kirchen-) Jahr verbunden. Die Deutung dieser Gebilde ist schwer, oft nicht möglich. Daher ist Zurückhaltung geboten. Einige Wurzeln solchen Brauchs aber können genannt werden.

a. Der (einfache) Mensch hat stets geglaubt, durch das Verzehren der Gebildbrote sich das Numen, das Wesen des Dargestellten zu eigen zu machen. Daher die vielfachen Darstellungen von Fruchtbarkeitssymbolen: Eber (Schwein), Hahn, Hase, (auch Phallus und Vulva); aber auch des Sonnenrads u.a. Solche Symbole wurden entweder vom Menschen oder von den Tieren verzehrt, geopfert oder im zur Saat bereiteten Acker vergraben. Vor allem aber wurden die Götter dargestellt, um das Wesen, die Kraft, das Numen des Gottes in sich aufzunehmen. Wir verstehen, daß es gerade hier (nicht zuletzt in der Volkstheologie) um die Existenz des christlichen Glaubens ging, in dem der Leib Christi als Brot gegessen wurde und wird. So ist schon aus dem 6. Jahrhundert ein Brief des Papstes Pelagius an den Bischof von Arles erhalten, in dem die Sitte aufs schärfste verurteilt wird, »ein aus Semmelmehl gebackenes Idol an das gläubige Volk zu verteilen« (wobei vor allem die Ohren, Augen, Glieder zum Verzehr verteilt wurden). Im 13. Jahrhundert erklärt ein norwegisches Gesetz den als vogelfrei, der »Speiseopfer aus Teig in männlicher Gestalt« in seinem Haus verwahrt. Und die Mönche, die in Mexiko Kulte miterlebten, bei denen mit Opferblut getränkte Brotstücke dem Volk ausgeteilt wurden, damit es eins würde mit dem Inkakönig und nichts sagte oder dächte gegen den Inka, glaubten an eine »teuflische Nachahmung« der Eucharistie.[2]

b. Gelegentlich sind (aus sehr verschiedenen Gründen) Menschen- und vor allem Tieropfer durch das Opfer von Gebildbroten ersetzt worden. Einen sicheren Beleg der Ablösung von Menschenopfern durch Teiggebilde finden wir bei Macrobius (um 365).[3] In Athen war das Opfern von Teigtieren den *Armen* erlaubt. Auch die Pythagoräer opferten Backwerke in Tiergestalt, da ihnen aus philosophisch-religiösen Gründen das Töten von Tieren untersagt war.

c. Gebildbrote spielten im Seelen-(Toten-) Kult eine Rolle, im Kult der Hausgeister (Laren) und dienten zur Abwehr der Dämonen. Hierher gehören die Allerheiligen/Allerseelengebildbrote und jenes Backwerk, das Griechen und Römer an bestimmten Festtagen (aber auch im alltäglichen Leben) den Hausgeistern (Laren) darbrach-

ten, um Glück für das »Haus« zu erbitten. Zur Abwehr der Dämonen dienten jene Brote, denen etwa die Sator-Formel[4] aufgedruckt war. Solche Brote wurden im Haus ausgelegt oder auch zum persönlichen Schutz verzehrt.

d. Viele Gebildbrote dienen der Vertiefung des Festsymbolik, machen sie dem Volk vertraut. So etwa das gebackene Lamm, das den Korb ziert, der zur Speisenweihe in der Osternacht getragen wird oder die Ostersymbole: Sonnenrad, Fisch, Eierbrote etc. Es sollte allerdings nicht verschwiegen werden, daß heute viele Gebildbrote (vor allem in der Spekulatiusherstellung und im Nikolausbrauch) rein dekorativen Charakter haben.[5]

15.2 Das Schlagen mit der (Lebens-)Rute

In den meisten Ländern des deutschen Sprachraums gibt es den Brauch, Mädchen, junge Burschen... aber auch die Großeltern u.a. mit Ruten verschiedener Art zu »schlagen«[6]. Die (heute oft sehr verborgene) Wurzel solchen Brauchs ist der »Schlag mit der Lebensrute«, der vor allem Fruchtbarkeit schenken soll. Er diente aber auch zur Vertreibung des Bösen, des »Lebensfeindlichen«.

Der Brauch wird interessanterweise in den einzelnen Landschaften zu ganz verschiedenen Zeiten des Jahres gepflegt. Als alte Ostersitte ist sie für Pommern[7]

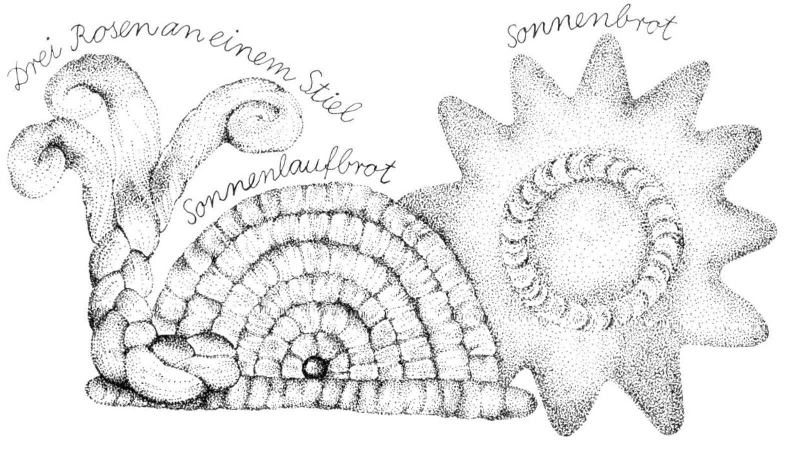

und Sachsen[8] bezeugt. Dort sind es grünende Zweige (meist Birken oder Weidenzweige mit Kätzchen), die als Rute dienen. Als Aschermittwochbrauch führt Schönfeldt das Schlagen für Mecklenburg, den Harz und das Gebiet um Hannover an[9]. Im westlichen Böhmen wurden die Mädchen am Katharinentag (25.11) mit einem Rosmarinstengel gepeitscht.[10] In der Oberpfalz[11] und im Fränkischen[12] ist das »Pfeffern« (»Peitschn«) für den Tag des Heiligen Stephanus (2. Weihnachtstag) bekannt. Hier nimmt man ebenfalls grünende Birkenzweige oder einen der aufgeblühten Barbarazweige. In Österreich endlich gilt der »Unschuldige Kindertag« (28.12.) als Tag des »Frisch- und Gsundschlagens«.[13]

Die Geschlagenen bedanken sich (Gebräuche des Heischegangs haben sich längst mit solchem »Auspeitschen« verbunden) und binden oft kleine Schleifchen an die Ruten.

Es wird immer umstritten bleiben, ob die Rute in der Hand des Heiligen Nikolaus oder des Knecht Ruprecht wurzelhaft mit diesem Brauch verwandt ist.

Heute ist vieles ein (manchmal sehr deftiges) Spiel geworden, das nur Bestand haben wird, wenn es (eben als Spiel) von Jugendverbänden… getragen wird. Wird es mit dem Osterfest verbunden, so mag eine (vage) christliche Symbolik mitschwingen: Die Fruchtbarkeit von Mensch und Natur, ihr »Heil«, werden mit dem Fest der Auferstehung des Herrn verbunden, der allein (in seinem Wort und seinen Taten) Heil und Leben schenken kann. Dabei wäre ein Stück christlicher Deutung der Baumsymbolik gegenwärtig.

Aber es dürfte deutlich sein, daß es sich um solchen Brauch nicht zu kämpfen lohnt.

15.3 Vom Weihnachts- und Prangerschießen

Das Schießen (Böllern) zum Christfest und zum Fronleichnams-(Pranger-)Tag ist ein Brauch, der vor allem im süddeutschen Sprachgebiet beheimatet ist. In Deutschland ist er vor allem im Berchtesgadener Land weit verbreitet und beliebt.

Geschossen wurde aus »schweren Böllern«, gußeisernen Rohren, die auf Rädergestellen ruhten und aus Handböllern (Pi-

Weihnachtsschützen (Berchtesgadener Land)

stolen). (Zeitweise wurde auch aus normalen Gewehren gefeuert.) Bis heute wird in die Böller eine abgewogene Menge Pulvers geschüttet, dann der Lauf mit einem Holzkeil »verdämmt«. Ein Zündhütchen sorgt für die Entzündung des Pulvers.

Es liegt nahe anzunehmen, der Brauch habe sich nach der Erfindung des Pulvers (näherhin nach der Erfindung des Steinfeuerschlosses 1517 in Nürnberg) entwickelt. Er ist aber erstmals 1666 urkundlich belegt und dort als ein alter Volksbrauch vorausgesetzt.[14] Seine Vorläufer waren wohl die Lärmumzüge mit Peitschenknallen u.a. vor allem in den Rauhnächten. So dürfte der Brauch weit in die Vorzeit unseres Volkes hineinreichen.

Bis heute wird im Berchtesgadener Land zum Weihnachtsfest geschossen (geböllert). Höhepunkt ist zweifellos das Böllern zur Zeit des »Metteläutens«, also in der Christnacht von 23.30 - 24.00 Uhr (wobei auf dem Weg zum Schießen und zur Kirche oft schon geschossen wurde und wird: das »Zuawaschiaßn«). Je nach der Gepflogenheit der einzelnen Marktgemeinden mit ihren »Weihnachtsschützenvereinen« wird schon eine Woche vor Weihnachten geschossen, auch am Nachmittag des Heiligen Abends und in der Neujahrsnacht.

Der Brauch des Weihnachtsschießens ist oft (vor allem in der Zeit der Aufklärung) verboten worden[15]. Erlaubt war jedoch, (wenn auch gelegentlich mit Einschränkungen) das Prangschießen, also das Böllern zum Fronleichnamstag, vor allem zur Prozession. Die »Feuerschützen« begleiteten oft das Allerheiligste und schossen Salut während der Lesung der vier Evangelien an den (Feld-)Altären. Während des Gottesdienstes am Fronleichnamstag wurde oft zum Gloria, zum Evangelium, zur Wandlung und zur Kommunion geböllert. Die »Weihnachtsschützen« schossen gewöhnlich ihre Böller von einem bestimmten Platz während der Prozession ab.

Diese »Fronleichnamsschützen« bildeten eigene Vereine, die später (in der Ramsau z.B. schon 1934) im Weihnachtsschützenverein aufgingen.[16]

Der Brauch des Weihnachtsschießens gehört ursprünglich wohl zu jenen Wintersonnwend-Bräuchen, welche die ruhenden (und bald neu aufkeimenden) Lebens- und Wachstumsgeister wecken und (magisch) fördern wollten. Dazu sollen alle lebensfeindlichen und wachstumshemmenden Geister (Dämonen) gebannt werden. Solche Sinngebung vermischte sich im christlichen Raum mit dem Wissen, daß die wahre Sonne geboren wurde, die nun alle Saaten belebte, alles dämonische Dunkel vertrieb. So wurde das Schießen immer mehr zum Salut für das göttliche Kind in der Krippe, den Herrn der Welt (wobei eine alte Dämonenfurcht bis heute nicht ganz überwunden ist). Der vielfache Widerhall der Böller in den Bergtälern verkündete weithin den Sieg des wahren Lichtes.

Das Schießen am Fronleichnamstag war schon vom Ursprung her ein solches Salutschießen für den Herrn.[17]

St.Martin (Oberschwaben, um 1440): vgl. S. 211 ff.

Martinus adhuc kathecuminus hac veste me contexit

Anmerkungen

Vorwort und Einführung

1 Dem Brauchtum haftet nach wie vor das Odium des »Nostalgischen« an. Die Kritiker haben dort recht, wo überlebtes, längst nicht mehr verstandenes Brauchtum hartnäckig bewahrt wird.
Wo immer aber alte Symbolik im Brauch lebendig ist oder wo der Brauch das Lebensgefühl des Menschen noch oder neu wiedergibt, geht es um die Sinnfrage. Daher leitet uns Erforscher des christlichen Brauchtums nicht allein ein volkskundliches Interesse, das versucht, alle alten Bräuche um ihrer selbst willen zu erhalten (wobei die Volkskundler das nicht um einer Nostalgie willen tun, sondern im Dienst der Kultur- und Geistesgeschichte) – uns geht es um die Bräuche, die seelsorglich relevant sind, die pastoral verantwortet werden können. Und bei der Bedeutung des Brauchtums für die heutige Pastoral können wohl nur Ignoranten diese Bemühungen als nostalgisch abtun (und desavouieren).

2 Zum von mir vertretenen Symbolbegriff vgl. meinen Artikel »Symbolerziehung« in: G. Bitter, G. Miller, Handbuch religionspädagogischer Grundbegriffe, Bd. 1, München 1986, 256 ff. und das von mir herausgegebene Buch: »Ursymbole«, München [4]1990.

Die Adventszeit

1 Vgl. LThK I, 160 f.; Markmiller, Der Tag der ist so freudenreich, Regensburg 191, 15 ff.; Adam/Berger, Pastoralliturgisches Handlexikon, Freiburg [5]1989, 6 f.

2 Nach Markmiller (unbelegt) weisen die ersten Spuren nach Bosra in Arabien.

3 Die Bezeichnung »Kirchenjahr« taucht erstmals in der Postille des evangelischen Pastors Johannes Pomarius (Wittenberg 1589) auf und »...erinnert... an das neuerliche Auseinanderfallen des Lebens in einen kirchlichen und einen bürgerlichen Bereich« (J. Müller, Katechesen zur Liturgie, Donauwörth 1967, 15). Es sollte nicht als Konkurrenz zum bürgerlichen Jahr verstanden werden, da ja »auch die weltliche Zeit eines Jahreskreises Gabe und Aufgabe des Schöpfers ist«(Adam/Berger, 255). Daß der Ablauf beider »Jahre« um etwa einen Monat divergiert, zeigt aber den »Einbruch des Ewigen« in unsere Zeit.

4 LThK VI/226; gegen Weinhold, Weihnachtsspiele und Lieder aus Süddeutschland und Schlesien, neue Ausgabe Wiesbaden 1967 (Originalausgabe 1875), 44, der glaubt, das Kirchenjahr habe bereits um die Jahrtausendwende mit der Adventszeit begonnen.
Adam/Berger vermitteln: »Als man... seit dem 10./11. Jahrhundert an den Anfang der liturgischen Bücher immer mehr die Texte des ersten Adventssonntages zu stellen pflegte, konnte sich allmählich die Anschauung entwickeln, daß mit dem Advent der Jahreskreis der kirchlichen Feste beginne.« (256)

5 Vom Dilmun-Mythos bis zur 4. Ekloge der Bukolika Vergils rundet sich der Kreis der Erlösungssehnsucht der adventlichen Menschheit.

6 Faksimile-Ausgabe (hrsg. von Th. Bogler), Maria Laach 1964, 20 ff.
7 Das gilt auch für die römische Liturgie, die bis ins 12. Jahrhundert das Gloria in der Adventsliturgie kannte und nach dem stärkeren Eingang des Bußgedankens im 12. Jahrhundert das Halleluja beibehielt. Nach Adam/Berger hat man in Rom im Advent »keine eigentliche Bußzeit« gesehen (6).
8 U. Mann/Van Velsen/W. Kohlmann, Der Adventskranz und seine Geschichte, Hamburg 1991; H. Rauchenecker, Der Adventskranz, in: Lebendige Seelsorge 6/1992, 345 ff.
9 So werden etwa in Berchtesgaden seit 1937 die häuslichen Adventskränze am Samstag vor dem ersten Adventssonntag in der Kirche geweiht. Wenig später haben die Pfarren Unterstein und Bischofswiesen diesen Brauch übernommen (R. Kriss, Sitte und Brauch im Berchtesgadener Land, Berchtesgaden 1963, 36).
10 Erinnert sei hier an Seb. Brants »Narrenschiff« von 1494. Dort wird von den (weitverbreiteten) Narren gesagt: »Denn wer nicht etwas Neues bringt/Und um das Neujahr geht und singt/Und Tannengrün steckt an sein Haus/Der meint, er leb' das Jahr nicht aus;/Das hielt Ägypten schon für wahr...« (Stuttgart 1964, 233)
11 25 ff.
12 Stonner (Die deutsche Volksseele..., Zürich 1935) bemerkt: »Man liest und spielt unter dem Adventskranz, singt die alten Adventslieder, bis dann am Heiligen Abend zum Zeichen, daß alles Hoffen und Harren im Dunkel nun seine Erfüllung gefunden hat, der Kranz mit so viel Lichtern besteckt wird, als er zu tragen vermag(49).« Solcher (verbreitete?) Brauch ging wohl verloren, weil das Licht des Adventskranzes immer mehr von dem des Weihnachtsbaums abgelöst wurde.
13 Es gibt andere Versionen über die Entstehung des Adventskranzes. Es hat um 800 bereits ein Gesetz gegeben, nachdem in der Zeit der strengen Winterfröste weder Knecht noch Magd »außer Hauses« gezwungen werden durften. Zum Zeichen dafür blieb der Arbeitswagen des Hofes in der Scheune. Der Bauer nahm das vierte Rad ab und hängte es über den Ofen oder in den First des Hauses. Es galt als Symbol der Sonne, die bald wiederkehren möge. Das Rad wurde mit Reisern umwunden, die wechselnde (vorchristliche) Symbolbedeutung hatten. Dazu gehörten: Zweige von Fichten, Föhren, Eiben, Buchen, Nußbäumen, Eichen, Misteln, Wacholder und Stechpalmen (Ilex).
Solche »Winterkränze« wurden späer von christlichen Theologen heftig bekämpft. Berthold von Regensburg (gest. 1272) führt den Brauch in seinen Beichtbüchern als Sünde an. Dennoch wird der Winterkranz unter dem Einfluß vor allem der Benediktiner und Zisterzienser verchristlicht. Die wichtigsten Reiser werden dabei übernommen und – in christlicher Symbolik – bis heute verwandt. Der Kranz besteht dann aus Zweigen der Fichten, Föhren, der Eiben, der Nußbäume, der Buchen, des Wacholders und der Stechpalme. (Quelle: Katholisches Familienwerk, München, Regensburg; Volksapostolisches Institut Salzburg, Dominikanerinnenkloster)
Zur Säkularisierung des Adventskranzes vgl. Rauchenecker, a.a.O., und M. Thoma, Adventskränze, Günzburg 1987.
14 Rattelmüller, Bairisches Brauchtum im Jahreslauf, München 1985, 16; Markmiller, 20.
15 Nach der neuen liturgischen Ordnung sind Rorate-Messen (Rorate- Ämter) nur bis zum 17.12. gestattet. Gemeint sind hier die »Marienmessen« im Advent. Vielfach wird heu-

te ein mit natürlichem Licht (Kerzen) gefeierter Gottesdienst, auch wenn er die Tagestexte aufnimmt, Rorate genannt (s.u.).

16 Weinhold, 70.

17 Markmiller, 20.

18 Vgl. etwa das »geistliche Gespiel« aus der Obersteiermark, das Weinhold in das 15./16. Jahrhundert datiert und dessen Text er anführt (134 ff.). Vielleicht ist das Weihnachtsspiel aus der Grafschaft Glatz (Weinhold, 110 ff.) mit seiner Szene der Herbergsuche noch älter.
Im ursprünglichen Text des von Luther bearbeiteten Liedes:»Es kam ein Engel hell und klar...«, heißt es in einer (von Luther nicht übernommenen) Strophe:
Der wirt solt haben keine Rast,
denn du bist ja der höchste gast,
er solt dir reumen stub und saal
mit seinen gesten allzumal...
Der Gedanke der Herbergsuche war also an der Wende zum 16. Jahrhundert wohl Allgemeingut.

19 Freising o.J.

20 Vgl. Veit/Lenhart, Kirche und Volksfrömmigkeit im Zeitalter des Barock, Freiburg 1956, 144.

21 HDA 2, 1778. Da die Aufbewahrung der Tafel oder Statue Segen und Gedeihen für Haus und Hof versprach, ist die Zahl der Teilnehmer an solchem Frauentragen wohl sehr groß gewesen. Geschickte Pfarrer mögen (analog zu den Rorate-Ämtern) darum die Frist für den Brauch bis Lichtmeß (also bis zum Ende der weihnachtlichen Zeit) verlängert haben.

22 R. Worschech, Fränkische Bräuche zur Weihnachtszeit, Würzburg 1978, 51.

23 R. Worschech, ebd.

24 Die Worte *rauh* und *rauch* wurden synonym gebraucht. Vgl. das Deutsche Wörterbuch von J. und W. Grimm, Leipzig 1854 ff. Nachdruck: dtv, München 1984. Hier 14, 262 ff. (zit. Grimmsches Wörterbuch). Dort wird übrigens in vielen Spalten über die Bedeutungen des Wortes rauh/rauch gesprochen – die Rau(c)hnächte werden nicht erwähnt. Dagegen wird in Band 24, 1695, erschienen 1936, von den gemeinten Nächten als den »unternächten« oder »zwischennächten« gesprochen, denen die »zwölften« und die »rauhnächte« subsumiert sind.

25 Vgl. Schönwerth, Aus der Oberpfalz. Sitte und Sagen (hier 1. Bd.), Augsburg 1857-59, 313; HDA 7, 530.

26 Vgl. zur Vielzahl von Benennungen etwa HDA 7, 529.

27 10, 1145.

28 Vgl. das Grimmsche Wörterbuch 24, 1695.

29 Vgl. v. Geramb, 211; vgl. Bronner, Von deutscher Sitt und Art, München 1908, 14 f.

30 Gelegentlich finden wir solches »Räuchern« auch in den norddeutschen Gebieten. So gingen in der Eifel Bauer und Bäuerin gegen Abend (solcher Rauhnächte) in den Stall und besprengten und beräucherten das Vieh. Dabei vermieden sie es, mit den Tieren allzu vertraulich zu sprechen und sie... mit du anzureden... Den bösen Geistern hätte das mißfallen (Dettmann/Weber, Eifeler Bräuche, Köln 1981, 134).

31 Vgl. Worschech, 110. Der Brauch hatte viele Variationen. So schreibt Bronner (1908), daß beim Weihgang in seiner Heimat auf der Schaufel (oder dem »Weidling«) glühende Kohlen und die »glimmenden Kräuterreste« lagen, die vom Maria-Himmelfahrtstage aufbewahrt worden waren. Bronner fährt fort: »Mit dem Glütl oder Rauche, zu dem die Mutter noch Weihrauchkörner, Schlehdornzweige oder etliche Wachholderbeeren warf, wanderten wir, zwölf Vaterunser und den Glauben betend, durch Haus und Stall, damit von

Pferd und Rind... und allen Inwohnern des Hauses möglichst alles Unglück ferngehalten bleibe. Die Mutter machte den Mesner, schritt mit dem Weihbrunnkessel hinter mir her und sprengte Weihwasser in jeden Winkel hinein, bespritzte Milchkasten und Hühnerstall...« (13)

32 Vgl. zum Ganzen: LThK 7, 994 ff.; HDA 6, 1086 ff.; Moser, 37 ff.; LCI 8,45 ff.; vor allem K. Meisen, Nikolauskult und Nikolausbrauch im Abendland, Düsseldorf 1931.

33 Vgl. Charivari 12, 1990, 8 ff.

34 Der Abt des Benediktinerklosters in Bari hatte sich geweigert, die ihm zunächst übergebenen Gebeine wieder herauszugeben. So baute man eine neue Kirche, in der die Gebeine ruhen sollten.
Übrigens haben die »Kaufleute« damals offenbar Teile der Reliquien übersehen, die bis heute in Myra verehrt werden.

35 Weitere Legenden siehe Legenda aurea, 29 ff.

36 LCI 8, 45 ff.

37 Zum Urbestand gehören:
a. die drei Bischöfe: Dionysius, Erasmus, Blasius;
b. die drei Jungfrauen: Barbara, Margaretha, Katharina;
c. die drei Ritter: Georg, Achatius, Eustachius; dann
d. der Arzt Pantaleon; der Mönch Ägidius, der Diakon Cyriakus, der Knabe Vitus und der Riese Christophorus (auf dessen Schultern das Kind in die Reihe gelangt). (LCI 8, 546 f.)

38 Nach HDA hängt der Brauch »aufs engste« mit dem Narrenfest des Mittelalters zusammen (vgl. das Kapitel »Brauchtum des Neujahrstages« in diesem Buch S. 78).

39 Worschech, 25.

40 Eine Auswahl der Namen bringt HDA 6, 1097 f.

41 Vgl. etwa – um ein Beispiel zu nennen – die Abarten fränkischen Brauchtums zum Nikolaustag bei Worschech, 25 ff.

42 HDA 6, 1105.

43 HDA 6, 1097. Die Ausführungen zum Thema Sp. 1105 ff. sind besonders zu beachten. Interessanterweise spricht auch das Pastoraltheologische Handlexikon von »*vorchristlichem* Brauchtum zur Wintersonnenwende (Klöpfelnächte, Luziatag, der lärmende und rüpelhafte Bestandteil des Nikolausbrauchtums)«, 7. Spamer (der im allgemeinen recht sauber recherchiert) sagt: »Die Einführung der christlichen Lehre brachte nicht die erstrebte Auslöschung des vorchristlichen Brauchtums, wohl aber dessen Aufspaltung und Einreihung in das Heiligenkalendarium. Während sich die Totenbräuche auf das Allerseelenfest zurückzogen, sogen Martin..., Nikolaus...,und St. Luzia allerlei Licht-, Lärm- und Maskenzüge sowie zahlreiche Spukgestalten der Hochwinternächte in sich ein...« (10 f.).
Die gelegentlich auftretenden *weiblichen* Begleiter des Heiligen Nikolaus: St. Barbara (Rheinland); das Nikoloweibl (unbekannter Herkunft) im Berchtesgadener Land; ein weiblicher Engel... sind meist *freundliche* Gestalten gewesen. Schreckgestalten wie die *Specht* oder die *Lucier* ... (Oberpfalz) gehören nicht zum Nikolausbrauchtum im engeren Sinne.

44 Nach Meisen ist auch die Rute, die der Heilige oft zu den Gaben legt oder mit der die Begleiter gelegentlich auf (»böse«) Kinder einschlagen, aus der kirchlichen (pädagogischen) Zucht zu erklären. Aber auch hier muß offenbleiben, wie weit die alte, Fruchtbarkeit (und Gesundheit) verheißende, Lebensrute im Hintergrund steht. (Vgl. den Exkurs , S. 219.)

45 Vgl. Moser, 56.
46 Abgebildet bei Moser, 55.
47 Band 28, 726.
48 In Jugend- und Erwachsenengruppen sollte über Herkunft und Unsinn eines »Weihnachtsmannes« diskutiert werden, der in unserem Brauchtum eine radikale Verwilderung darstellt.
49 Die Forsythie gehört zur Gattung der Ölbaumgewächse, die in Sage und Brauch eine so bedeutende Rolle spielen.
50 Veit/Lenhart, 145.
51 Die eine oder die andere dieser Erzählungen kann auch auf natürliche Gegebenheiten zurückgeführt werden, da ja der Hamamelis-Strauch durchaus zur Weihnachtszeit blühen kann. Hier und da trägt auch die Schwarze Nießwurz (heleborus niger) zu dieser Zeit unter dem Schnee schon Blüten. Entscheidend aber war und ist ja die theologische Aussage, daß die Natur aufblüht beim Kommen ihres Herrn.
52 Zur Aussage des LThK: »Der vorchristliche Sinn dieses Brauchtums« (sc.: der Barbarazweige) »wird u.a. im Schlag mit der Lebensrute deutlich«, vgl. den Exkurs »Das Schlagen mit der Lebensrute« S. 219 f.

Das Weihnachtsfest

1 LThK 10, 984 ff.
2 Ein so renommierter Theologe wie J. A. Jungmann gibt dieser These den Vorzug.
3 Nach Adam/Berger gehen die Vertreter der Berechnungshypothese davon aus, daß christliche Theologen des 3. Jahrhunderts »auf Grund der verbreiteten Christus-Sonne-Symbolik den Äquinoktien und Solstitien eine besondere Aufmerksamkeit zu(wandten) und meinten, Johannes der Täufer sei zur Sommersonnenwende geboren worden. Dann müsse aber Jesus nach Lk 1,26 zur Wintersonnenwende geboren sein« (a.a.O., 551).
4 Adam/Berger, 551.
5 Der Große Duden, Herkunftswörterbuch, Mannheim 1963, 759. Zu den »Zwölften« siehe unter »Rau(c)hnächte«.
6 Vgl. Grimmsches Wörterbuch 28, 707. Dort finden wir eine weitere Nennung aus dieser Zeit:
diu gnade diu anegengete sih an dirre naht; von diu heizet si diu wihe naht (spec. eccl. 23 Kelle).
7 Nach Beda Venerabilis (672/73-735) ist die Weihnacht »nach heidnischem Vokabular« die »Nacht der Mütter« gewesen, was Grimm mit der Verehrung der »matronae oder matres genannten Göttinnen« zusammenbringt, »deren Verehrung zumal im westrheinischen Germanien über 400 Steine aus der römischen Kaiserzeit erweisen« (710). Nach Spamer werden im »westböhmischen Volksbrauch die Zwölfnächte als »Nächte der Mütter«bezeichnet..., während das Erzgebirge, Schleswig-Holstein und die Pfalz die Weihnachtsnacht als eine (auch christlich deutbare) *Mutternacht* kennen oder kannten« (15).
8 Viele ältere Darstellungen – vor allem in der Kunst des Ostens – sind so »Bilder zwischen Weihnachten und Ostern« gewesen. Wir werden darauf zurückkommen. Hier sei schon hingewiesen auf den interessanten Artikel von Fr. Zoepfl: »Das schlafende Jesuskind mit Totenkopf und Leidenswerkzeugen«.
9 Zur »apostolischen Augenzeugenschaft« vgl. vor allem den Bericht von der Wahl des Matthias anstelle des Judas (Apg 1,15 ff.). Petrus sagt dort: »Es muß von den Männern, die mit uns zusammen waren in

der ganzen Zeit, da der Herr Jesus unter uns aus- und einging, von der Taufe des Johannes angefangen bis zu dem Tag, da er von uns hinaufgenommen ward, von diesen muß einer mit uns Zeuge seiner Auferstehung werden.«

10 Vgl. zum Ganzen: H. Schürmann, Das Lukas-Evangelium, in: HThK zum NT, Bd. III, Freiburg 1969.

11 O. Kastner, Die Krippe, in: F. Lipp (Hrsg.), Denkmäler der Volkskultur aus Oberösterreich, Bd. 3, Linz 1964, 9.

12 Duden, Etymologie, Mannheim 1963, 371. Das Wort erscheint in mhd. Krebe = Korb. Bis heute bedeutet es das Weiden- und Holzgeflecht zum Schutz der Deiche (vgl. auch ndl. Krippe = Buhne).

13 R. Berliner, Die Weihnachtskrippe, München 1955, 18.

14 Berliner, a.a.O., 19.

15 Dabei muß gesagt werden, daß sowohl das Wort »praesepium« als auch das Wort »Krippe« sehr viele Bedeutungsinhalte hatten. Sie konnten die Lagerstätte des Kindes bedeuten, aber auch die gesamte Geburtshöhle (etwa bei Hieronymus). Reliquien des »praesepe domini« waren in späterer Zeit auch Partikel vom Felsen über der Höhle von Bethlehem (Berliner, 19).

16 Siehe die Darstellungen bei Kastner, Abb. 2 und 3, unpaginiert (nach S. 32).

17 Kastner, 10.

18 Wie unsicher man in der Bezeichnung war, zeigt noch 1627 die Äbtissin des Klosters Frauenchiemsee, welche die Anschaffung einer Krippe als »ein schöne Weinacht hitten und Berg« verzeichnet (Berliner, 19).

19 Wir werden später von *Adventskrippen* sprechen, die aber streng auf die Weihnachtskrippe bezogen sind und von ihr den Sinn erhalten. Sie gehören also in das Umfeld der Weihnachtskrippen.

20 Vgl. die (hier modifizierte) Definition bei Berliner, 14.

21 Vgl. die Darstellungen des sehr instruktiven Buches von G. Rietschel, Weihnachten in Kirche, Kunst und Volksleben, Bielefeld u. Leipzig 1902 (in: H. v. Zobeltitz, Hrsg., Sammlung Illustrierter Monographien, Bd. 5), 2 ff. und Kastner, unpaginiert (nach S. 32).

22 Gelegentlich sind es zwei Weise, die dem Kind die Gaben bringen (Rietschel, Abb. 6, S. 5) oder auch vier (a.a.O., Abb.7, S. 6).

23 Nach dem Protevangelium des Jakobus (hier zitiert nach W. Schneemelcher, Neutestamentliche Apokryphen, I Evangelien, Tübingen 5/1987) sucht Josef, als Maria niederkommt, eine »hebräische Hebamme in der Gegend von Bethlehem«. Diese kommt nach der (wunderbaren) Geburt aus der Höhle und trifft Salome. Zu ihr spricht sie: »Salome, Salome, ich habe dir ein nie dagewesenes Schauspiel zu erzählen: eine Jungfrau hat geboren, was doch ihre Natur nicht zuläßt«. Salome will das erst glauben, wenn sie sich davon überzeugt hat. Als sie aber die Hand ausstreckt, um Maria zu untersuchen, fällt die Hand »von Feuer verzehrt von (ihr) ab«. Auf die flehentliche Bitte Salomes hin, wird ihre Hand dann durch die Berührung des Kindes geheilt (Kap. 18 ff.).
Ähnliches berichtet der dem 8./9. Jahrhundert zuzuordnende Pseudo-Matthäus. In einem – das Protevangelium des Jakobus und den Ps-Mt voraussetzenden – lateinischen Kindheitsevangelium der Arundel-Handschrift (Schneemelcher, 370) berichtet eine Hebamme über die wunderbare Geburt.
Die Hebammen sind auf den frühesten Darstellungen der Weihnacht nicht zu finden, tauchen aber schon auf Darstellungen des

5. und 6. Jahrhunderts auf, wobei vor allem die Szene mit der verdorrten Hand der Salome beliebt ist.

Nach der Spätgotik wird das Motiv der Hebammen vor allem von der abendländischen Kunst aufgegeben. Dabei mag außer dem fehlenden biblischen Hintergrund die Abneigung gegen die Apokryphen eine Rolle gespielt haben.

24 Offenbar sind es die Hebammen, die das Bad des Kindes zubereiten. Dieses Bad Jesu, das wir auf vielen Geburtsdarstellungen finden, ist ein weit verbreitetes Motiv, das schon im 5. Jahrhundert nachzuweisen ist (LCI 2, 100). Das Bad des Kindes wurde auch als Hinweis auf die Taufe Jesu verstanden. Dazu könnte ihm ein Überbietungsmotiv zugrunde liegen, da auch von Zeus, Dionysos u.a. Bäder (nach der Geburt) bekannt geworden sind.

Von einem Bad Jesu berichten allerdings weder die Evangelien noch die Apokryphen. Einen literarischen Bericht darüber finden wir erst bei Symeon Metaphrastes im 10. Jahrhundert. Allerdings wurde nach einem Pilgerbericht des 7. Jahrhunderts nahe der Geburtsgrotte ein steinernes Wasserbecken gezeigt, in dem man Jesus gebadet habe. Auch das Bad Jesu ist – völlig zu Recht – nicht in die Krippenkunst eingegangen.

25 Nachwort zur Ausgabe der Carmina Burana bei Winkler, München 1975. Sonderausgabe Drei Lilien-Verlag, Wiesbaden, 443.

26 Es sind nicht viele. Weinhold bemerkt in seinem Buch »Weihnacht – Spiele und Lieder aus Süddeutschland und Schlesien« (Originalausgabe 1875), Neudruck Wien 1967 zu Recht, daß »die Weihnachten in zweiter Festreihe stunden und die dramatischen Spiele der Passionszeit beliebter waren« (73).

Das gilt aber wohl nur für die sehr frühe Zeit. Nach 1500 gibt es eine Vielzahl von Weihnachts- und Dreikönigsspielen innerhalb und außerhalb der Kirche und ihrer Liturgie. Vgl. etwa Markmiller, 260 ff.

Die hier besprochenen Spiele sind eng verwandt mit dem Mysterienspiel von Orleans. Aus der gleichen Zeit stammt ein (französisches) Spiel von den 10 Jungfrauen (s.o.). Wie eindringlich solche Spiele waren, beweist die Tatsache, daß der Landgraf von Thüringen bei der Aufführung eines Spiels von den klugen und törichten Jungfrauen so ergriffen war, daß er während der Aufführung starb.

27 Offenbar übernimmt das Spiel hier Elemente aus dem Tegernseer »ludus de antichristo«, so daß das Ende des Stückes von dort Licht empfängt.

28 Schon 1210 hatte Innozenz III. in einem Erlaß verfügt, daß die (Weihnachts-)Spiele aus der Kirche zu entfernen seien. Offenbar hat es schon damals Spiele gegeben, die den liturgischen Rahmen sprengten.

29 Berliner, 16. Die beiden ältesten bekannten Wiegen dieser Art stammen aus Österreich, dessen Klöster den Brauch besonders pflegten.

30 Berliner, 16.

31 Berliner, 17.

32 Berliner bemerkt: »Für manche Kreise ist das hohe Alter einer traditionellen Pflege des Krippengedankens im Orden so selbstverständlich, daß es ihnen entgeht, daß sie voraussetzen, was sie erst zu beweisen hätten« (Anm. 174/S. 175).

33 Wenn nach G. Bogner, Das große Krippenlexikon, München 1981,der Heilige Hieronymus den Auftrag gab, in der Kuppel der Geburtskirche in Bethlehem die Geburtsgeschichte darzustellen, ist ein Gemälde (Mosaik?) gemeint. Wenn Papst Liberius nach Moser »um die Mitte des 4. Jahrhunderts

in Rom eine Basilika mit eigener Krippenkapelle errichten« ließ (94), so handelte es sich um die Darstellung der (angeblichen) Krippe des göttlichen Kindes...
Der (nicht belegte) Hinweis Spamers, eine »kritische Bemerkung« Gertruds der Großen belege eine Krippe (in unserem Sinne) für deutsche Klöster bereits Ende des 13. Jahrhunderts (a.a.O., 46), müßte daraufhin geprüft werden, ob nicht eine der weitverbreiteten Darstellungen des Geburtsgeschehens gemeint ist oder die »Liegestatt« des Kindes.

34 A.a.O., 46.

35 Es heißt in den Akten, daß »nach beendeten Gottesdiensten... jedermann in die Kirche zugelassen wurde, und auch Mohammedaner und Heiden bezeugten dem Christkind ihre Reverenz. Es wurde noch einmal ein Spiel vorgeführt... und eine Predigt für die Nichtchristen über den christlichen Glauben gehalten. Der Zustrom auch von außerhalb war so groß, daß man bis zur Oktave des Epiphaniefestes die Krippe stehen ließ« (Berliner, 30).

36 Berliner, 30. Interessanterweise werden hier Ochs und Esel nicht erwähnt, die ja zu den unaufgebbaren Requisiten einer jeden Krippe zu gehören scheinen. Hat man vergessen, sie zu erwähnen oder hat man die Krippe auf wesentlichere Figuren beschränken wollen? Jedenfalls hat man offenbar sehr früh lebende Tiere im Krippenbereich angekettet.

37 Sie haben Gedichte, Märlein... für die Spinnstuben geschrieben oder neu erzählt. Das Märchen vom Marienkind (KHM 3) ist z.B. ein Jesuitenmärchen, in dem das Theologoumenon von der vollkommenen Reue dem Volk nahegebracht werden sollte.

38 Teil I, München 1816, 198.

39 Verwunderlich ist und bleibt, daß ein so bedeutender Pastoraltheologe wie Petrus Canisius bei der Darlegung der Weihnachtsbräuche die Krippe nicht erwähnt. (Christenliche und wol gegründete Predig von den vier Sontagen im Advent, Dillingen 1570). Offenbar war das Aufstellen von Krippen zu dieser Zeit nicht Allgemeingut des Ordens. Dennoch bleibt es das besondere Verdienst der Jesuiten. Vgl. die (in der Nachfolge Berliners stehenden?) Ausführungen U. Pfistermeisters in: Barockkrippen in Bayern, Stuttgart 1984, 10 ff.

40 Gerade das Ursymbol des Berges hat für die Volkskrippen besondere Bedeutung gehabt. In vielen Gegenden des deutschsprachigen Südens heißt das Krippenaufstellen bis heute: »den heiligen Berg bauen«, und unzählige Krippen sind Bergkrippen. Eine der interessantesten Darstellungen dieser Art ist mir aus dem Linzer Raum bekannt geworden. Dort ist die (recht kleine) Krippe in verschiedenen Etagen aufgebaut. Das Weihnachtsgeschehen geht in derselben Etage in das häusliche Leben eines Bauern über. Zur Almweide steigt man hinauf und findet dort (neben butternden und fütternden Sennerinnen) die Verkündigung des Engels an die Hirten. Auf der Spitze des Berges steht die Nachbildung (wohl) der Pfarrkirche des Ortes: Ort der liturgischen Gegenwärtigsetzung der Geburt des Heilands und Ort (Gipfel!) der Begegnung Gottes mit den Menschen, wie sie wunderbar in Bethlehem geschah. (So in der Sendung: »Kunst und Krempel« im 3. Programm des Bayerischen Fernsehens vom 26.12.1993.)

41 Sehr früh haben Ordensobere zur Vereinfachung zu pompös und zu reichhaltig gewordener Krippen gemahnt. Der Provinzial der Franziskaner verbot etwa dem Kloster in Gleiwitz gegen 1770, außer einigen Hirten auch »Händler, Juden und Landleute« zu zeigen. Eine Instruktion des Franziskanerklosters in Salzburg sagt zum Krippenbau, er

solle sich auf die »Prinzipalmysteria« beschränken. »Spielereien oder kindische Sachen, die mehr zur Belustigung als zur Erbauung der Leute dienten«, sollten nicht aufgestellt werden. Offensichtlich hatten sich schon bald fragwürdige Szenen eingeschlichen, so, wenn man den Krippengästen bei der Darstellung der Hochzeit zu Kana richtiges Essen vorsetzen ließ (Berliner, 40).
Als das Krippenverbot in Bayern wieder aufgehoben wurde, knüpfte man oft da wieder an, wo man aufgehört hatte (was z.T. zum Verbot geführt hatte). So war auf der ersten Krippe, die in St. Emmeram 1826 wieder zu sehen war, eine Schweins- und Bärenjagd zu sehen (Berliner, Anm. 323/190).
Satirisch schreibt A. v. Bucher, der (rationalistische) Geistliche, der später erster Leiter der Kultusverwaltung des Königreichs Bayern wurde: »Nirgends findet man das Kostüm der alten Zeit richtiger in das Kostüm der heutigen Tage hinübergetragen, als in den Nonnenkrippen..., wo trefft ihr mehr Tyroler, Westphälische und Schweizerbauern vor der Krippe zu Bethlehem an als bei den Krippen der Klosterfrauen? Wo reiten euch mehrere Dragoner mit den heiligen drey Königen?« (Berliner, Anm. 311/188).
Es wird (gerade bei häuslichen Krippen) immer schwer sein, die Beschränkung auf das biblische Geschehen mit dem Wunsch zu verbinden, daß der Herr mitten unter uns geboren wird, in unsern Alltag hinein. Die Grenze ist wohl dort erreicht, wo das Dargestellte nicht mehr im Dienst des Zentralmysteriums steht und dieses überlagert oder verdrängt.

42 Die Krippe, die 1607 in München (St. Michael) aufgestellt wurde, zeigt die Geburtsszene, die Verkündigung an die Hirten und die Anbetung der Hirten, die Beschneidung, die Huldigung der Weisen.

43 Weinhold, 71.

44 Weinhold, 74.

45 Hier könnte vieles an den Juden verübte Unrecht wiedergutgemacht werden. Denn die o.a. Advents- und Weihnachtsspiele haben (oft unreflektiert) zum Antisemitismus beigetragen.

46 Zur Deutung der heidnischen Gestalten auf dem Weg zur Krippe vgl. das Kapitel: »Vom heiligen Homer oder von den ausgestreuten Samen (logoi spermatikoi) des Christentums in den Religionen und Kulturen der Völker« meines Buches: »Was das Leben reich macht«, München 1991, 30 ff.

47 Die Bezeichnung ist irreführend. Sie wird hier gebraucht, um eine solche Krippe von der »Adventskrippe« zu unterscheiden. Grundsätzlich gehört zur »Krippe«, daß sie zu einer bestimmten Zeit aufgestellt und wieder abgebaut wird. Nicht zuletzt darin liegen Wirkung und Reiz der Krippe. Die gelegentlich aufgestellten »Jahreskrippen« sollten eine andere Bezeichnung haben. Sie sind »Darstellungen biblischer Ereignisse im Jahreslauf (Kirchenjahr)« – Krippen sind sie nicht.

48 Ganz bewußt nimmt Mt (gegen Lk) vier Stammütter Jesu in seinen Stammbaum Jesu auf. Sie gehören nicht zu den großen Gerechten und Heiligen des Alten Testamentes. Mt wollte wohl bewußt zeigen, aus welch »dunklem Blut« der Sünde, der Schuld und Verstrickung Jesus geboren wurde, um diese Menschheit entsühnend Gott entgegenzuheben.

49 A.a.O., 55 ff. Kastner nennt hier: 1. die »gelagerte Madonna« (syrischen Typs); 2. die »stillende (nährende) Mutter«; 3. die »Felsmutter«; 4. die »thronende Mutter«; 5. die »erschöpfte Mutter«; 6. die »Maria im Wochenbett«, 7. die »anbetende Mutter«; 8. die »entblößte Maria«.

50 Kastner, 59.

51 Rietschel, 10 f.

52 Kastner, 39. Vgl. die Darstellungen 2-4 (unpaginiert, nach S. 32) und Rietschel, 3.

53 Auf Einzelheiten, etwa auf die »Hosenlegende«, nach der das Kind in der Krippe in die Hosen Josefs eingewickelt wurde, kann hier nicht eingegangen werden. Von der Legende sind zwar inzwischen über 20 Texte (und Variationen) bekannt (Kastner, 60); in den Krippenbau hat die Legende m. W. nie Eingang gefunden.

54 Kastner, ebd.

55 Vgl. H. Schürmann, a.a.O., 106 ff.

56 Nur so war es späterer Zeit möglich, den großen Propheten Jesaja als *Hirten* darzustellen.

57 A.a.O., 108.

58 Kastner, 39.

59 Vgl. G. Hilger/G. Lange, Ochs und Esel an der Krippe, KatBl 12/1991, 817 f.

60 Schneemelcher, 367.

61 Vgl. Kastner, 39 f. Kastners Werk wird immerhin vom LCI besonders hervorgehoben.

62 Der Brief sieht solche Höhlengeburt auch als Erfüllung einer alten Weissagung. Hier wird Jesaja 33,16 f. mit folgenden Worten angeführt: »Du sollst wohnen in einer hohen Höhle eines starken Felsens. Und sein Wasser ist verläßlich. Ihr werdet den König in Herrlichkeit erblicken, und eure Seele wird der Furcht des Herrn nachsinnen.« Wir finden solche Textversion allerdings nur in griechischen Übersetzungen des AT. Der Urtext sagt: »(Wer rechtschaffen lebt)... der wird auf Bergen wohnen,/Felsenburgen sind seine Zuflucht;/man reicht ihm sein Brot,/und seine Wasserquelle versiegt nicht.«

63 Dialogus c. Tryphone, C 58, 5 f. Übersetzung nach Benz, Die heilige Höhle in der alten Christenheit und in der östlich- orthodoxen Kirche, in: Eranos – Jahrbuch XXII (1953), 431.

64 Die Symbolbedeutung der Höhle kann hier nicht weiter ausgeführt werden. Vgl. das Kapitel »Urbild Höhle« meines Buches: Urbilder des Glaubens, München 1988, 23 ff.

65 Vgl. die Abb. 4 (S. 3); 8 (S. 4) bei Rietschel; und die Abb. 2-3 und 6-8 bei Kastner (unpaginiert, nach S. 32).

66 Auf späteren Darstellungen steht der Stall auch für die »verfallende Hütte Davids« oder für die unvollendete Kirche.

67 Vgl. Kastner, Abb. 2 ff. und Rietschel, 4 ff.

68 Über den »Stern von Bethlehem« ist viel gerätselt worden. Die Vertreter einer historisch orientierten Auslegung der Mt-Perikope haben stets Astronomen wie Kepler angeführt, nach denen sich im Jahre 7 v. Chr. (dem wahrscheinlichen Geburtsjahr Jesu) eine dreimalige Konjunktion von Jupiter und Saturn im Sternzeichen der Fische ereignet hat. Schon eine normale Konjunktion der beiden Hauptplaneten (die etwa alle 20 Jahre erfolgt) hat als conjunctio aurea besondere Bedeutung gehabt (oft fürchtete man sie).
Eine *dreimalige* Konjunktion dieser beiden Sterne (infolge der Rückläufigkeit der Planeten) ereignet sich alle 200 Jahre. Sie geschah, wie gesagt, im Zeichen der Fische. Besonders bedeutsam ist dabei, daß der »Frühlingspunkt« der Sonne bereits aus dem Zeichen des Widders in das der Fische gewandert war. Damit aber hatte ein neues »Weltjahr« begonnen, das 2100 Jahre dauert. (Nach dieser Zeit tritt der Frühlingspunkt in das Zeichen des Wassermanns.) Aus Gründen, die hier nicht näher dargelegt werden können (vgl. zum Ganzen etwa G. Voss, Astrologie christlich, Regensburg 1980, 131 ff.), begann aber auch ein neues »platonisches« Weltjahr, das 26 000 Jahre dauert. Kein Wunder also, daß sich alle an der Schwelle eines neuen Äons wußten.

(Das Zeichen des Fisches, das die frühe Christenheit als Geheimzeichen kannte, dürfte auch hier eine Wurzel haben.)
Nach Voss war es klar, daß für babylonische Sterndeuter im Jupiter nur der »Stern des Marduk« gemeint sein konnte, der sich in so auffallender Weise mit dem Saturn als dem Stern des jüdischen Volkes verband. So brachen die Weisen auf...
Da die Konjunktion im Jahre 7 zwischen dem 10. Oktober und dem 15. Dezember über Bethlehem unterging, wäre auch das »Stillstehen« des Sterns über Stall oder Höhle leicht erklärbar...
Die Anhänger einer *theologischen* Auslegung der Mt-Stelle weisen darauf hin, daß hier die Messianität Jesu schon zu Beginn seines Lebens aufleuchten solle. Die anbetenden Weisen seien Chiffren für die Heidenvölker, die in ihnen zur Krippe gerufen werden. Der Stern nimmt die Prophezeiung des Bileam auf: »Ein Stern geht in Jakob auf, ein Zepter erhebt sich in Israel« (Num 24, 17). An eine astronomisch relevante Himmelserscheinung sei nicht zu denken. Eine Konjunktion sei nicht einfach ein *Stern*, und der »Stillstand« zeige schon, daß hier andere Auslegungskategorien angewandt werden müssen.
Es dürfte sicher sein, daß beide Auslegungsrichtungen zu einseitig sind und daß sie einander ergänzen sollten.

69 Kastner, Abb. 4.

70 Auf dieser Ampulle (Kastner, Abb. 5) finden wir unter der Anbetungsszene der Magier eine Herde Steinböcke dargestellt. Der Steinbock ist nach der christlichen Datierung der Geburt Jesu sein Sternzeichen.

71 Kastner, Abb. 6-8.

72 Krippen können mit nahezu allen Kindern und Jugendlichen gebaut werden. Wer an einer Krippe für die Kirche oder das eigene Haus nicht interessiert ist, kann bewogen werden, Krippen für Alleinstehende, Seniorenheime, Kindergärten, für behinderte oder kranke Kinder... mitzubauen. Dann kann im Gespräch der Sinn der Darstellung leicht eruiert werden, zumal dann, wenn Kinder oder Jugendliche die Aufgabe bekommen, ihn bei der Übergabe zu erläutern.

73 Vgl. L. Mackensen, Geschichte des Weihnachtsbaumes, Berlin-Leipzig 1929; O. Lauffer, Der Weihnachtsbaum in Glaube und Brauch, Berlin-Leipzig 1934; K. Pfister, Bräuche und Sitten. Der erste Weihnachtsbaum, in: »Im Schritt der Zeit«, Sonntagsbeilage zur Kölnischen Volkszeitung Nr. 52 vom 25.12.1938; A. Spamer, »Zweigzauber und Christkindelbaum«, a.a.O., 71 ff.; HDA 9, 903 ff.; P.E. Rattelmüller, a.a.O., 45 ff.

74 Zitiert nach HDA 9/913. Der Text bricht hier im Original ab.

75 HDA 9/911. Dort wird von Freiburg berichtet, daß die *Armen* solche Meyen »abblümen« durften, was möglicherweise in frühere Zeiten verweist als der Straßburger und Schlettstatter Brauch.

76 1869 wird der Protestantismus geradezu die »Tannenbaumreligion« genannt (HDA 9/960, Anm. 467).

77 Spamer, 72.

78 Als 1853 die ersten Christbäume in Tiroler Häusern Eingang fanden, bezeichneten Geistliche den Brauch als »Freimaurersitte« (Spamer, 86).

79 Aus den Akten des Regensburger Diözesanarchivs geht hervor, daß laut Anklage der Gemeinde in Schwarzach (Niederbayern) aus dem Jahre 1590 ihr Pfarrer »selben Jahrs an Hayligen Weyhennachttage, zu der Vesper, vorm Hochwürdigen Sacrament mit ainem Tannen Peimel, daran Öpfl gesteckht

gewest, under die khinder geschlagen, auch Tausend Sacra Öffentlich gefluecht...« (Rattelmüller, a.a.O., 49; vgl. J. Fendel, Heimatkalender f. d. Oberpfalz 1985, 119). Dieser frühe Weihnachtsbaum (der früheste bekannte in einer Kirche?) hatte (hoffentlich) noch keine Kerzen.

80 A.a.O., 213.

81 LThK 10, 989.

82 A. Becker, Pfälzer Volkskunde (Unveränderter Nachdruck der Ausgabe von 1925), Frankfurt/Main 1979, 291. Die oft geäußerte Meinung, ein solcher lichtergeschmückte Baum werde erstmals durch den Dozenten der Rechte G. Kießling im Jahre 1734 bezeugt (so unter anderen Veit/Lenhart, 81 f.), ist also nicht zu halten.

83 Solche Lichterpyramiden lassen sich einstweilen auch nicht über das späte 18. Jahrhundert hinaus zurückverfolgen (Spamer, 87).

84 Spamer, 76. »Do hangt e Baum, nei lueg me doch un lueg«, besingt J.P. Hebel den hängenden Christbaum seiner Heimat.

85 Alle Belege bei M. Eliade, Die Religionen und das Heilige, Salzburg 1954, 312 f.

86 Eliade, 299 ff. Vgl. auch Ch. Foos, Baum, in: H. Kirchhoff (Hrsg.) Ursymbole, München ^{4}1991, 61 ff.

87 R. und P. Werner, Adam und Eva, Apfel und Oblate, in: Charivari 12/93, 9. Dieser Artikel bringt (wie die meisten in Charivari) keine Belege. Gerade die genannten Autoren recherchieren aber sehr sauber.

88 Für verdorrte Weihnachtsbäume, die aufgestellt werden, um an die Verstörung des Festgedankens und/oder an die Umweltzerstörung zu erinnern, gilt ähnliches wie das o. von den Antikrippen Gesagte.

89 Spamer, 18. Gemeint sind offenbar die Orte Limbach und Bexbach in der Saarpfalz. Im erwähnten Protokoll heißt es: »Viel pflegen uff Christabend große dicke plöch zu Christbrenden an den herd zu legen, was davon übrig bleibt, dasselbig aufzuheben, und zur Zeit des Ungewitters anzulegen, dadurch, sagen sie, werde das Ungewitter vertrieben. In summa... so manchen tag im Jahr, so mancher aberglaub ist bei den leuten.« (Becker, 292)

90 A.a.O., 292 f.

91 Spamer, 18 f.

92 Spamer, 19. Nach HDA (9/898) wird der Block in Frankreich und bei den Südslawen »feierlich begrüßt und mit Wein, Öl, Wasser und Körnern und Speisen überschüttet, mit Gesang, Pistolenschüssen empfangen.«

93 HDA, ebd. Da nur das Oster- und das Pfingstfest eine Vollvigil hatten, ist hier eine Art häuslicher Vigil gefeiert worden.

94 HDA, 7/899.

95 HDA, ebd.

96 Schönfeldt, 329.

97 HDA 9/922.

98 Vgl. das Kapitel »Sankt Nikolaus« in diesem Buch.

99 Zur Problematik der Darstellung des Heiligen Christ und der mit seinem Auftreten verbundenen »Christ-Comoedien« vgl. das interessante Kapitel: »Die protestantischen Bescherungsspiele« bei Spamer, a.a.O., 48 ff.

100 Vgl. das Kapitel »Der Weihnachtsbaum« in diesem Buch.

101 Cassel, 193.

102 Becker, 293 f.

103 Vgl. LThK 10/989.

104 Freilich entlarvt die Spendenfreudigkeit der Weihnachtszeit oft genug das Fehlverhalten während des übrigen Jahres. Dennoch ist der Arme froh über jede Spende.

105 Stonner, 68 f.

106 Vgl. HDA 9/889 ff.

107 Stonner, 68.

108 HDA unter Berufung auf John: Sitte, Brauch und Volksglaube im deutschen Westböhmen, Reichenberg 1924.
109 HDA 9/890.
110 Kriss, Sitte..., 44 f. Von einem ähnlichen Brauch aus Schlesien berichtet Stonner, 75.
111 Kriss, 45 f. Nach Stonner u.a. wurden in Tirol »nach dem Durchkneten des Weihnachtsteiges... die Groß- und Kleindirn... von der Bäurin auf den Anger hinausgeschickt, damit sie mit teigigen Armen die bereiften Obstbäume umfaßten. Die Volksauffassung war, daß diese nach solcher Liebkosung im kommenden Jahr besonders reichlich tragen.(78)
112 Erwähnt werden sollen hier die vielfach üblichen Opfer an die »Elemente«. In Tirol streute man am Heiligen Abend etwas Mehl in die Luft, vergrub ein wenig Speise in der Erde, warf etwas von der Mahlzeit in den Brunnen und das Feuer. Ähnliche Bräuche sind (waren?) bei vielen Volksstämmen üblich. (HDA9/894 mit Literaturangaben.) Feueropfer sind vor allem in Skandinavien gebräuchlich gewesen. Vor allem die so wichtigen Brunnen sind mit Gaben beschenkt worden.
113 Belege bei Worschech, 59 ff.
114 Granzow, 223 ff. Dort eine ausführliche Beschreibung solcher »Lüttenweihnacht«.
115 Vgl. das Kapitel »Rau(c)hnächte« in diesem Buch.

Die Zeit zwischen Weihnachten und »Erscheinung des Herrn«

1 Vgl. S. 81 ff. dieses Buches.
2 Vgl. Franz, Benediktionen 1/286 ff.
3 Worschech, 114. Albrecht Dürer trägt am 17. Mai 1514, am Sterbetag seiner Mutter, in das Familienbuch ein: »Begehrt sie auch vor dem Tod zu trinken Johannes Segen, als sie dann tät«.
4 Franz 1/298.
5 Aus dem Volkslied »St. Gertrud«, zitiert von Franz 1/302.
6 Franz 1/328.
7 Worschech, 113.
8 Benediktionale, S. 38 ff. Der Text des eigentlichen Weihegebetes lautet: »Herr, unser Gott, du schenkst uns den Wein als Frucht der Erde und der menschlichen Arbeit. Dein Sohn Jesus Christus hat den Wein erwählt als Zeichen des Neuen Bundes in seinem Blute./Segne (+) diesen Wein, den wir zu Ehren des heiligen Apostels Johannes (des heiligen N.) trinken. Laß uns erfahren, daß du der Gott bist, der die Herzen der Menschen froh macht und Gemeinschaft stiftet. Darum bitten wir durch Christus, unsern Herrn. Amen.« Die Kirche sieht also Segnungen des Weines auch zu Ehren anderer Heiliger vor. Eigens angegeben wird der Heilige Stephanus, dessen Wein mit den Worten gereicht wird: »Trinke die Stärke (das Feuer, den Geist) des heiligen Stephanus!« (39)
9 Vgl. Cassel, 270 ff
10 Vgl. das gleichnamige Werk von Harvey Cox, Stuttgart 1970.
11 Cox, 10.
12 Weihnachtssingebuch, Freiburg o.J., 103 ff.
13 Worschech, 127.
14 Worschech, 137.
15 Das Allerseelenbrot, Linz 1970; Sonderauflage (Folge 7) des Deutschen Brotmuseums, Ulm 1971.
16 Augustinus, Sermo 202,2.
17 Itinerarium XXV (liturgischer Teil), 6-12. Ähnlich bei Joh. Chrysostomus und – früher schon – bei Ephräm, dem Syrer. (LThK 3/942).
18 LThK, ebd.

19 LThK 3/943.
20 Markmiller, 18.
21 LThK, ebd. Das Benediktionale sagt: »Drei Wunder ehren diesen heiligen Tag: Heute führte der Stern die Weisen zum neugeborenen König. Heute wurde bei der Hochzeit Wasser zu Wein. Heute wurde im Jordan Christus von Johannes getauft uns zum Heil. Halleluja« (46). Es folgt das Formular zur Segnung des Wassers an diesem Fest.(47)
22 A.a.O., 56 ff.
23 Vgl. die Ausführungen bei Moser, 119 ff.
24 Der Brauch ist im Volk immer weniger verwurzelt; vor allem die jüngere Generation nimmt ihn kaum noch an.
25 Belege bei Moser, 120 ff. und Worschech, 143 ff.
26 Worschech, 149.
27 Worschech, 151. Die Schulmeister hatten (als »Hungerleider«) solche Spenden auch bitter nötig. Dennoch wurden die eingehenden Gelder und Sachspenden unter Schulmeister, Kantor und Kindern aufgeteilt.
28 Worschech, 145.
29 Worschech spricht von einem »alten Brauch«.
30 In Aachen entstanden auch die ersten Texte für den neuen (alten) Brauch, die z.T. bis heute in Deutschland gebräuchlich sind. Da das Sternsingen damals eine Domäne der Jungen (Buben) war, wurde im vorbereitenden Kreis in Aachen der Vorschlag gemacht, für die Mädchen das Frauentragen (s.o.) in den Dienst des Missionsgedankens zu stellen. Da aber der Brauch damals nur in ganz wenigen Orten noch gepflegt wurde, glaubte niemand (auch der Autor gehörte zu diesem Aachener Kreis), daß der Brauch wieder zu beleben sei.
31 *Alle* beim Sternsingen eingesammelten Gelder sollten an das Päpstl. Missionswerk der Kinder abgeführt werden. Gelder für Ministranten u.a. können bei anderer Gelegenheit erbeten werden. Die Bedeutung des Missionsgedankens soll dadurch besonders betont werden.
32 Es soll nicht verschwiegen werden, daß sich gelegentlich Mißbräuche einschleichen. So wird an jugendliche Sternsinger gern Alkohol ausgeschenkt (vor allem an sehr kalten Wintertagen) – mit Folgen. Der Brauch ist viel zu wichtig, als daß er durch solchen (oft gut gemeinten) Unfug gefährdet werden sollte. Hier muß bei der Aussendung sehr deutlich gemacht werden, was dem Brauch angemessen ist und was eben nicht.
33 J.F. Gammurini nennt die Schreiberin Silvia (und glaubt, sie sei die Schwester des Rufinus gewesen, der ein mächtiger Minister am Hof Theodosius I. war). Franz zitiert daher unter »Peregrinatio sanctae Silviae«.
34 Adam/Berger, 104 f.
35 Lothar Adam, Das Kirchenjahr, Hamburg 1964, 39 f. Hartnäckig hielt sich im Mittelalter die Meinung, Gelasius habe das Fest für den Bereich der Gallikanischen Liturgie eingeführt, um das römische Fest der Luperkalien zu verdrängen, das am 15. Februar gefeiert wurde. An diesem Fest wurden nach einem Hundeopfer die 2 *luperci*(= Wolfsabwehrer) mit dem blutigen Opfermesser an der Stirn berührt, worauf sie um den Palatin liefen. Das Fest steht im Dienste der Abwehr der von den Wölfen drohenden Gefahr. Nach Franz u.a. ist ein Zusammenhang der beiden Feste nicht nachzuweisen.
36 Franz 1/445 ff.
37 In: Nachkonziliare Dokumentationen 20, Trier 1969 und Leipzig 1970
38 Franz 1/444.
39 Franz, ebd.
40 E. Wohlhaupter, Die Kerze im Recht, Weimar 1940, 11.

41 LThK 6/127.
42 Vgl. HDA 4/1243 ff.
43 Es ist eine sinnvolle Übung geworden, am Fest eine Spende für die Kerzen zu geben, die das Jahr über im Gottesdienst brennen werden.

Das Osterfest und sein Brauchtum

1 LThK 7/1273.
2 Vgl. zum Ganzen LThK 7/1273 ff.
3 In neuerer Zeit ist versucht worden, einen festen Termin für das Osterfest festzulegen. Die Kirche ist grundsätzlich dazu bereit, sagt aber im Anhang zur Liturgiekonstitution des II. Vaticanums: »...Das Heilige Konzil widerstrebt nicht der Festlegung des Osterfestes auf einen bestimmten Sonntag im Gregorianischen Kalender, wenn alle, die es angeht, besonders die von der Gemeinschaft mit dem Apostolischen Stuhl getrennten Brüder, zustimmen.« Die häufigsten Vorschläge zielen auf den Sonntag nach dem 2. Samstag im April (9.-15.4.) oder den 2. Sonntag im April (8.-14.4) .
Auf der 5. Vollversammlung des Ökumenischen Rates der Kirchen in Nairobi (23.11. - 10.12.1975) wurde deutlich, daß vor allem die orthodoxen Kirchen (die den Ostertermin noch nach dem Julianischen Kalender berechnen) zur Zeit nicht bereit sind, einer Fixierung des Ostertermins zuzustimmen.
4 Adam/Berger, 389 ff.
5 Die Väter begründen die Zahl 40 damit, daß das Volk Israel 40 Jahre in der Wüste war, daß Mose 40 Tage bei Gott auf dem Berge weilte..., aber auch, daß Jesus 40 Tage gefastet hat (Mt 4,2 parr.).
6 Kurze Zeit nach Papst Gregor dem Großen wurde der Beginn der Fastenzeit auf den Mittwoch vor dem ersten Fastensonntag verlegt. Er hieß dann *caput ieiunium* oder (seltener) *caput quadragesimae.*
Vielleicht dienten schon vor Gregor die Tage vor dem ersten Fastensonntag der Vorbereitung auf die Fastenzeit.
7 Eine der Hauptstützen für die Existenz der Göttin Ostara war ein angeblich aus dem 9. Jahrhundert stammendes Schlummerlied – bis zum Ärger der Gelehrten bekannt wurde, daß G. Zappert das Lied geschrieben und mutwillig als Zeugnis des 9. Jahrhunderts ausgegeben hatte. Man lachte homerisch.
Nach den »Deutschen Pflanzensagen«, die Ritter v. Perger gesammelt hat (Stuttgart und Oehringen 1864, 30), soll im »Kloster Corvai« (wohl Corvey) ein »altsächsischer Bardenchor« aufbewahrt sein, dessen Text mit der Anrufung der Ostara beginnen soll: »Ostara, Ostara, Der Erde Mutter...« (Der Text geht offenbar auf Montanus, Deutsche Volksfeste I,28 zurück). Alle Nachforschungen in der Bibliothek in Corvey blieben ergebnislos. Nach der Aussage des zuständigen Archivars gibt es einen solchen Text in Corvey nicht.
8 Adam/Berger, 389.
9 Adam/Berger,ebd. Was Adam/Berger hier in einem Satz zusammenfassen, ist bei Moser in 15 Spalten (mit Bildern) ausgeführt.
10 Eine ausführliche Darstellung des Faschings/Karnevals und des zugehörigen Brauchtums würde den Rahmen dieses Buches sprengen. Vgl.dazu die ausführlichen Darstellungen Mosers, a.a.O., 135 ff. Es muß allerdings bemerkt werden, daß der Fasching/Karneval ohne seine christlichen Wurzeln ebensowenig erklärt werden kann, wie ohne seine heidnischen.

11 Adam/Berger, 213.

12 Solche Deutung der Asche entspricht ihrer Deutung in der Mythologie der Völker (vgl. etwa das Stichwort *Asche* in: Enzyklopädie des Märchens, Berlin-New York 1977, 855 ff.).

13 LThK 6/627.

14 Einen solchen Heilsweg finden wir etwa in der St. Michaels-Kirche in Amberg/Opf. Seine Stationen sind: 1. Gott ruft die Welt aus Liebe ins Dasein. 2. Der Mensch schlägt Gottes Liebe aus. 3. Gott geht den Menschen nach, geleitet sie und ruft sie in den Bund. 4. Gottes Liebe wird sichtbar in seinem Sohn und dessen Wirken. 5. - 8. Das Mysterium des Bösen und Gottes Liebe werden am Kreuz sichtbar (auf vier Bilder verteilt, finden wir dort alle 14 konventionellen Kreuzwegstationen). 9. Gottes Sieg über den Tod und das Böse (Emmaus; Auferstehung). 10. Gottes Geist treibt den neuen Menschen (Kirche). 11. Alle Menschen sind zu neuem Leben berufen (Eucharistie). 12. Unser Ziel: Gottes endgültiges Reich – der neue Himmel und die neue Erde.

15 R. Steinbach, Die deutschen Oster- und Passionsspiele des Mittelalters, Köln/Wien 1970.

16 Hier sei, um Mißverständnisse zu vermeiden, auf den andern Sprachgebrauch hingewiesen. »Osterfeier« ist hier terminus technicus für den szenischen Vortrag der österlichen Texte durch bestimmte Personen, deren Spielhaltung durch die Gewandung noch unterstrichen wird.

17 Eine *Trope* ist die »Erweiterung eines Meßgesangs durch eine Einleitung oder einen Einschub mit eigenem Text und eigener Melodie oder durch zusätzliche Textunterlegungen unter melismatische Melodien« (Adam/Berger, 525).

18 Steinbach, 5.

19 Vgl. das angeführte Werk von Steinbach oder das Standardwerk von Karl Young, The Drama of Medieval Church, Oxford [2]1951.

20 In der Folgezeit sind die Hl.Gräber überall Brauch gewesen. In den Hofhaltungsrechnungen der Herzöge von Straubing finden wir etwa für das Jahr 1392 verzeichnet: »Eodem die (= in die Parasceu(v)es) den Schülern bey dem Grab zu sand Peter. Lx Pfg.

(Die Rechnungen dieses Jahres sind herausgegeben von Fhr. v. Freyberg unter dem Titel: »Sammlung historischer Schriften und Urkunden«, II/1. Heft, Stuttgart u. Tübingen, 1828. Hier S. 113).

21 Adam/Berger, 44.

22 Nachdenklich macht eine Tagebuchnotiz von Max Frisch von 1947: »Übrigens erinnere ich mich, daß wir als Studenten einmal ein Puppenspiel sahen, welches das Abendmahl darstellte. Es war erschütternd. Es war heilig in einem Grade, wie es einem menschlichen Darsteller, der uns einen Christus vortäuschen will, nie möglich wäre. Ein Christus aus Lindenholz... man denke an ein Kruzifix, und auch dort wird es nicht als Lästerung empfunden; die Puppe, im Gegensatz zum leiblichen Schauspieler, begegnet uns von vornherein als Gestaltung, als Bild, als Geschöpf des Geistes, der allein das Heilige vorstellen kann. Der Mensch, auch wenn er ein Bild spielt, bleibt immer noch aus Fleisch und Blut. Die Puppe ist Holz, ein ehrliches und braves Holz, das nie den verfänglichen Anspruch erhebt, einen wirklichen Christus darzustellen, und wir sollten sie auch nicht dafür halten; sie ist nur ein Zeichen dafür, eine Formel, eine Schrift, die bedeutet, ohne daß sie das Bedeutete sein kann. Sie ist Spiel, nicht Täuschung; sie ist geistig, wie nur das Spiel

sein kann« (Ges. Werke 2, Frankfurt/Main 1976, 479 f.).
Ich habe mit meiner Spielgemeinschaft etwas Ähnliches nie versucht. Sicher bleibt auch hier eine Scheu. Undenkbar wäre aber auch bei Marionetten etwa die Darstellung des Kreuzwegs oder der Kreuzigung.

23 Das Wort Karwoche ist vom ahd. Wort *kara* (*chara*) = Sorge, Kummer abgeleitet. Es muß offenbleiben, wie weit die Bedeutung von *carena* oder *carina* (Fasten mit Brot und Wasser) mitschwingt.

24 LThK 6,4 f.

25 Adam/Berger, 398.

26 R. Schnackenburg, HThK zum NT, Das Johannesevangelium (2), Freiburg 1971, 469.

27 Schnackenburg, 469, unter Berufung auf Billerbeck I, 850.

28 Das Flurheymsche Meßbuch von 1529 kennt neben vier Gebeten, Lesung und Evangelium zur Palmweihe ein »beschweren (beschwören) der blumen und der zweyger«. Darin heißt es: »Ich beschwere dich du creatur der blumen und der zweyger ym namen Gottes des almechtigen vaters/und ym namen Jesu Christi seynes sons/und yn der krafft des heyligen geysts/das alle stercke des widdersachers/alles heer des Tewffels/aller gewalt des feindes/all anlauffung der Tewffeln sollen abgesondert/und außgetrieben werden von dir/und sol nicht nachfolgen den fußstappen derer die da eylen zu der gnad Gottes/durch den/welcher zukünfftig ist zu richten die lebendigen und die todten/und die welt durchs fewer./Amen.«

29 Je nach Landschaft werden auch Immergrün, Wacholder, Tannen, Hasel u.a. benutzt.

30 A.a.O., 96 ff. Dort sind auch besonders schöne Palmsträuße dargestellt. Dabei ist die Verwendung von (Sal-)Weidenzweigen nicht unproblematisch. Die Blütenstände sind erste Nahrung der Hummeln und Bienen; wegen der intensiven Landwirtschaft sind die Bestände an Weidenbüschen zurückgegangen. So sollten Weiden eigens für das Binden der Palmbuschen gepflanzt werden, oder man müßte auf Birken zurückgreifen, deren Bestand nicht gefährdet ist. Dabei geht jedoch viel vom Symbolcharakter (vgl. dazu Hofbauer, Ostbayern, Regensburg 1981) verloren.

31 Auf viele, mit dem Palmstrauß verbundene, Bräuche kann hier nicht eingegangen werden. So sperren z.B. in Tirol die Kinder mit ihren (großen) Palmbuschen die Straßen ihrer Dörfer, um von den Reisenden und Einwohnern Geld und Gaben zu erheischen…
Zur Vielfalt der Bräuche und zu abergläubischen Mißbräuchen vgl. HDA 6, 1365 ff.

32 A.a.O., 470 ff.

33 Adam/Berger, 398.

34 Ordo Hebdomadae Sanctae instauratus (= OHS) vom 16.11.1955.

35 Vgl. für die spätere Zeit die sorgfältigen Ausführungen Rattelmüllers zum Thema, a.a.O., 94 ff.

36 Nach Moser waren es 1992 noch 14 Gemeinden im deutschsprachigen Raum, in denen der Brauch durchgeführt wurde.
Lange Zeit hindurch haben sich früher schlecht bezahlte Mesner dadurch ein »Zubrot« verdient, daß sie Kinder auf solchen Palmeseln für eine Weile reiten ließen. Über Mißbräuche vgl. etwa Rattelmüller, 95 f. u.a.

37 Das Argument, daß die Palmprozession aufgrund der Einführung des Brauchs mehr Teilnehmer habe, trügt.Es kommt auf die Motivation an: ob für die Teilnehmer der Glaube lebendiger wird, ob wirklich eine ganzmenschliche Teilnahme an der Liturgie

geschieht. Ein neues Spektakel ist immer (für eine Weile) interessant. Und Kirchen kann ich auf vielerlei Weise füllen, ohne daß der Glaube wächst und trägt.

38 Es gibt andere Erklärungen des Namens: So ist nach einigen Forschern der Tag nach dem Brauch benannt, an ihm nur Grünes zu essen, ein Brauch, der heute wieder zunimmt (vgl. Rattelmüller 112 f.) Andere meinen, der Name gehe auf die grünen Zweige zurück, welche die öffentlichen Büßer in den Händen trugen, wenn sie nach langer Bußzeit den Kirchenraum wieder betraten (da sie ja aufs neue grüne Zweige am Baum der Gemeinde/der Kirche wurden.)

39 Im Zusammenhang sei auf die »Antlaßeier« hingewiesen, auf jene Eier also, die am Gründonnerstag gelegt werden. Sie haben nach dem Volksglauben eine besondere Segenskraft und bleiben nach ihm das ganze Jahr über frisch.

40 Adam/Berger, 187.

41 Nach Lechner, Liturgik des römischen Ritus, Barcelona-Freiburg [9]1965, ist das Schweigen der Glocken »eine konservativ festgehaltene Erinnerung an jene Zeiten, in denen Glocken im kirchlichen Gebrauch noch unbekannt waren« (149). Vgl. Adam/Berger, 187.

42 Adam/Berger, ebd.

43 Adam/Berger, 188. Vgl. zur Geschichte des Brauchs auch das informative Kapitel: »Bräuche um das Abendmahl und die Fußwaschung« bei Rattelmüller, 114 ff.

44 Das berühmte Dreieck der Kirche, nach dem die Laien das breite Fundament bilden, worauf sich der Klerus, dann die Bischöfe und als einsame Spitze der Papst erheben, steht auf dem Kopf. Der Papst nimmt als servus servorum dei, als Sklave aller Sklaven Gottes, in der Kirche den untersten Platz ein. Ämter und »Würden« sind in dieser Kirche (ausschließlich, sicher aber primär) Aufruf zu größerem Dienst an den Gemeinden.

45 Adam/Berger, 287.

46 Solches Ratschen hat in den einzelnen Gemeinden eine große Vielfalt. Es ist gelegentlich noch mit Heischetraditionen verbunden. (Vgl. etwa: Lebendiges Brauchtum der Oberpfalz, 2/1993, 61 ff.)

47 Vgl. M. Lurker, Wörterbuch der Symbolik, Stuttgart 1991, 205 ff. u.v.a.

48 Vgl. HDA 6 (»Osterfeuer«), 1333 f.

49 Franz, a.a.O. 1/508. Vgl. HDA 6, 1333 ff.

50 LThK 4/108.

51 Zu weiteren Bräuchen und Mißbräuchen siehe HDA 6/1331.

52 Vgl das oben im Exkurs »Die Kerze« Gesagte (S. 88 f.).

53 LThK 7/1276 unter Berufung auf H.A.P.Schmidt, Hebdomada Sancta, Rgb. 1956/57. Wir erfahren allerdings aus diesem Brief an Präsidius von Piacenza, daß Hieronymus ein Feind der damals üblichen laudes cerei war, nicht zuletzt, weil sie sich in »rhetorischen Formeln gefielen und in ausgedehnten Anführungen nach Vergils Georgika das Leben und Weben der Bienen schilderten« (Franz 1/521). Hieronymus hält offenbar sogar den Gebrauch von Kerzen im Gottesdienst für unstatthaft, da im AT und im NT zwar von Öllampen, nicht aber von Kerzen die Rede sei.

54 Zitiert nach Franz 1/522.

55 Adam/Berger, 387.

56 Während die Päpste um das Jahr 1400 etwa 24 Pfund Wachs zur Anfertigung des Agnus dei zur Verfügung stellten, waren es 1519 schon 1500 Pfund. Wegen fortdauernder Mißbräuche übertrug Clemens VIII. (1592-1605) das alleinige Herstellungsrecht auf den Cisterzienser-Orden, was Paul V. durch ein Dekret bestätigte.

57 Adam/Berger, 137. Vgl. Franz 1/533 f.

58 Adam/Berger, ebd.

59 Anregungen gibt eine der »klassischen« Exsultetrollen, die »Barberini-Exsultetrolle« der Biblioteca Apostolica Vaticana (Barb. Lat. 592), die 1988 im Belser Verlag in sorgfältiger Edition erschien.

60 Vgl. Coenen u.a., Theologisches Begriffslexikon zum NT, Wuppertal [6]1983, 832.

61 Vgl. LCI 3/7 ff.

62 Franz, 1/577 ff.

63 HDA 6, 1339, unter Berufung auf Franz 1/577 ff.

64 Interessant ist, daß in Böhmen und teilweise in der Ostkirche Lamm-Bräuche üblich waren, die ohne Zweifel von der jüdischen Pessach-Theologie inspiriert waren.

65 In einem Trierer Rituale (CTrev 290) aus dem 15. Jahrhundert heißt die Weiheformel: »Benedictio carnium de Westfalia« (also die Weihe des »westfälischen Schinkens«).

66 Daß die Kirche durch den Brauch »primär der Unmäßigkeit im Gebrauch der ersten österlichen Mahlzeiten« habe begegnen wollen (was auch ich in den ersten Ausgaben dieses Buches mit andern vertreten habe), ist nur durch »Zwischenschlüsse« (Franz) zu erhärten, da die Weiheformeln hierfür keinen Anhalt bieten (Franz 1/576).

67 »Antlaßeier und Karfreitagshäut«, in Charivari 4/April 1988, 7.

68 Der Brauch ist heute vor allem in Süddeutschland, Österreich und Tirol verbreitet. Er wird aber durch Feriengäste... langsam auch in den norddeutschen Diözesen heimisch.

69 Ich beobachte, daß die Osterkörbe in der letzten Zeit zunehmend auch Wein enthalten. Dagegen ist (schon als Hinweis auf die eucharistischen Gaben) grundsätzlich nichts einzuwenden. Es muß aber gesagt werden, daß der Wein m.W. nie zu den »Osterspeisen« gehörte, die geweiht wurden. Auch angesichts möglicher Mißbräuche ist Vorsicht geboten.

70 Vgl. E. Schmalzriedt, Der historische Hintergrund der griechischen Mythen, in: E. Lessing, Die griechischen Sagen (in Bildern erzählt), München 1985, 20.

71 Vgl. M. Eliade, Geschichte der religiösen Ideen, Bd. 1, Freiburg-Basel-Wien 1978, 209. Zu weiteren Eimotiven in den Schöpfungsmythen der Völker vgl. B.C. Sproul, Schöpfungsmythen der östlichen Welt, München 1993, 245; 263 u.ö.

72 Wenn Moser so großen Wert darauf legt, daß die Eierweihe und der Eiergenuß nicht zuletzt auf die Eierschwemme der Osterzeit zurückzuführen sind (217), so muß wohl gefragt werden, wie es dann zu einem Laktizinienverbot in der Zeit wachsender »Eierproduktion« durch die Hennen kommen konnte. Die Erklärung Mosers mag nüchtern sein, ihr Wahrheitsgehalt ist zu bezweifeln.
Auch die Erklärung, ein Ei sei nichts anders als »flüssiges Fleisch« (Ae. Bellemara: »Ovum enim nihil aliud est, quam caro liquida«) ist kaum überzeugend. (Anders Moser, 217)

73 Franz 1/591.

74 Nach S. Gräfin Schönfeldt sind buntgemalte Eier »uralt«. »Schon vor fünftausend Jahren sollen die Chinesen buntverzierte Eier zum Frühlingsanfang verschenkt haben, und die alten Ägypter haben das Ei ebenso wie unsere germanischen Vorfahren als Symbol der Fruchtbarkeit verehrt« (117). Leider gibt Schönfeldt auch hier keine Belege. So auch nicht für den Hinweis, die »Jungfrauen in Armenien (hätten) schon in den frühesten christlichen Jahrhunderten Eier geschenkt bekommen, und

zwar als Erinnerung an die frommen Frauen aus Galiläa, die Jesus mit Josef von Arimathia ins Felsengrab legten und für ihn Spezereien und Salben bereiteten...«. Die Quelle für solch frühe »Ostereier« würde jeden Brauchtumsforscher sehr interessieren.

75 So auch Franz 1/590.

76 Franz 1/591, unter Berufung auf Panzer, Montanus, Mannhardt, Wuttke u.a.

77 Franz 1/590, unter Berufung auf Quarti, Catalani, Probst.

78 Wörterbuch 13/1373.

79 Joseph Lefftz, Elsässisches Volksleben im Osterfrühling, Strasbourg 1974, 76.

80 Lefftz ebd.

81 Mayers Enzyklopädisches Lexikon, Mannheim u.a. [9]1976, Bd.17, 783.

82 Die Verwandlung der (oft häßlich erscheinenden) Raupe in einen wunderbaren Schmetterling ist schon früh als ein wichtiges Auferstehungssymbol verstanden worden. Es hat für die heutige Zeit besondere Symbolkraft.

83 Wenn in sächsischen Bauernwohnungen über dem Ostertisch eine (meist aus Holz geschnitzte) Taube hing, so könnte damit auf die Geisttaube des Pfingstfestes (und somit auf die Einheit von Ostern und Pfingsten) hingewiesen sein. Nach E. Pöschl versinnbildet auch der »Ostervogel« im Odenwald den Heilige Geist. Er ist nach Pöschl meist aus einem »Antlaßei« gefertigt. Genau das aber verweist ihn eher in den Bereich der Deutung, wie sie von uns gegeben wird (vgl. Odenwälder Zauberschlüssel, Ober-Ramstadt/Rohrbach 1986, 61 f.). Nach Pöschl habe man mit seiner Hilfe auch Zauberer und Hexen erkennen können. Wenn nämlich solche das Haus betreten, steht der (sonst bei jedem Luftzug sehr unruhige) Ostervogel still. Dreht er sich aber sehr schnell, so stirbt jemand im Hause. Auch im Odenwald ist der Brauch (heute wohl mit der von uns gegebenen Deutung) »hier und da« belebt worden. »Seine ursprüngliche Funktion ist« (so Pöschl) »heute nicht mehr bekannt« (61 f.).

84 Lefftz, a.a.O.,73 f. Kluge hält (zu Unrecht) ein schweizerisches Kinderlied von 1789 für das erste literarische Zeugnis vom Osterhasen.

85 In der »Sächsischen Volkskunde« (Wuttke 1903) schreibt M. Rentsch: »Bemerkt sei aber, daß der Wende den Osterhasen nicht kennt.« (360) Und im HDA schreibt Sartori (1934/35): »Manche Gegenden kennen den Osterhasen überhaupt nicht oder erst aus neuester Zeit« (6/1330).

86 A.a.O., 222.

87 In der »Sächsischen Volkskunde« sagt E. Mogk lakonisch: »In den Städten... hat sich die Spekulation der Ostereier bemächtigt: das Symbol des neuerwachenden Lebens liegt aus Chokolade und Zucker in den Fenstern des Konditors, gehütet vom Osterhäschen aus Marzipan« (306).

88 HDA 6/1329.

89 So Schönfeldt. In der »Sächsischen Volkskunde« findet sich dafür kein Hinweis.

90 Nach Schönfeldt u.a. ist der Hase möglicherweise als schlecht ausgeführtes Gebildbrot des Lammes zu Ostern gekommen, eine Erklärung, die eher dürftig ist. Auch der Hinweis, die Reformatoren hätten durch den Hasen »die katholischen Vorstellungen verdrängen sollen« (wie etwa beim Weihnachtsmann) ist kaum zu halten. Was sollte der Hase (selber ein Symbol) verdrängen?

91 Antoine de S. Exupéry hat im Kapitel »Durst« seines Buches »Wind, Sand und Sterne« dieses Wissen in großartiger Weise gedeutet.

92 Vgl. J.H. Schneider, Wasser, in: H. Kirchhoff (Hrsg.), Ursymbole, 87 ff. Vgl. Franz 1/43 ff.
93 Franz 1/44.
94 Franz 1/45.
95 Vgl. HDA 6/1357 ff.; K. Granzow, 31 ff. u.v.a.
96 Commentarius Historicus et Apologeticus de Lutheranismo, Lipsiae 1694, I/22, Übersetzung nach H. Fluck, Der risus paschalis, in: AEW 31 (1934), 189-212, hier 197.
97 Der Originalbrief ist in der Universitätsbibliothek von Tübingen aufbewahrt. Die von mir angeführten Übersetzungen stammen von Fluck und aus dem Buch von M.C. Jakobelli, Ostergelächter, Regensburg 1992.
98 Die Übersetzung bei Jakobelli besteht nach dem Sprachgebrauch der päpstlichen Dekretalien jener Zeit wohl zu Recht.
99 Übersetzung nach Fluck, 192 f.
100 Übersetzung nach Jakobelli, 16.
101 Die häufige Überarbeitung, vor allem des Dienstpersonals, führte oft zum Einschlafen, wann und wo immer man zur Ruhe kam.
102 Jakobelli, 15
103 Die aufgewiesenen Derbheiten und Geschmacklosigkeiten in Körpersprache und Wort werden für uns Heutige wohl immer unverständlich bleiben.
104 Siehe auch Jakobelli, 29 f.
105 Zitiert nach Jakobelli, 30.
106 So etwa in Amberg (Oberpfalz), St. Michael, wo das Osterlachen seit Jahren wieder gepflegt wird.

Christi Himmelfahrt

1 G. Lohfink, Der Tod ist nicht das letzte Wort, Freiburg 1976, 24.
2 J.A. Jungmann, Missarum Sollemnia, Wien 1949, II, 266.
3 Sermo 179, 1; vgl. Adam/Berger, 202.
4 So in der Schweiz der »Auffahrtsumritt« in Beromünster und die »Bannumgänge« im Baselbiet (Das Jahr der Schweiz in Fest und Brauch, 184 ff. und 187 f.). Beide dürften auf alte Bannbräuche zurückgehen, bei denen im Frühjahr die Grenzen der Gemeinde/Pfarre... umritten oder abgeschritten wurden, um den Segen Gottes für die Fluren zu erflehen. Ähnliche Bräuche (gelegentlich verbunden mit der Bestatigung der Eigentumsgrenzen) gab und gibt es auch in deutschen Landen.
5 In Aufhausen/Oberpfalz wird neuerdings der Brauch nach dem Rituale von 1840 neu belebt. »Nach Lesung und Verkündigung des Himmelfahrtberichts (in der Nachmittagsandacht) stimmt der Priester dreimal mit je höherer Stimme den Vers an: Ich steige auf zu meinem Vater und zu eurem Vater. Alleluja, worauf der Chor antwortet: Zu meinem Gott und zu eurem Gott. Alleluja. Wie in einem nicht mehr zu bändigendem Jubel schwebt jene Figur des auferstandenen Heilandes, die seit Ostern über dem Tabernakel aufgestellt ist, unter Glockengeläute zum Kirchengewölbe empor, wo sie hinter einem goldfarbenen Vorhang verschwindet« (Lebendiges Brauchtum der Oberpfalz, 98).
6 Geramb, 87; R. Dettmann/M. Weber, Eifeler Bräuche im Jahreskreis und Lebenslauf, Köln 1981, 71.
7 Stonner, 191.
8 In: G. Schreiber (Hrsg.), Volk und Volkstum I (1936), 213.
9 Nach R. Berliner ist seit 1584 der Teufel für solchen »Höllensturz« durch ein »puppenartiges Gebilde« dargestellt worden. (Weihnachtskrippe, 185, Anm. 272). Nach Sartori wurde in München »am Vorabend ein Teufel durch die Straßen gehetzt und

seine ausgestopfte Hülle während der Nacht aus einem Turmfenster der Frauenkirche gehängt. Nachdem dann am Himmelfahrtsnachmittage das Christusbild in das Gewölbe der Kirche hinaufgezogen war, wurde die Teufelsfigur auf die gaffende Menschenmenge hinabgeschleudert und später vor dem Isartor verbrannt« (189).

10 R. Berliner, ebd.

11 Moser, 232.

12 Moser, 233. Die von Moser gleichsam als »Brücke« angeführten »Schinkentouren« und »Herrenpartien«, wie sie (nicht zuletzt in Berlin) gelegentlich im vorigen Jahrhundert stattfanden, haben andere Wurzeln und sind auch nur sehr entfernt als Vorläufer des heutigen Vatertagsunfugs zu werten. Dagegen könnte die Sitte Pate gestanden haben, am Himmelfahrtstage »ausgelassene Feiern«, namentlich »Ausflüge ins Freie... in den Wald oder auf Höhen und Berge« zu unternehmen (Sartori, 185 f.). Damals allerdings kehrte man gewöhnlich »gegen die Kirchzeit... mit Blättern oder Blumen am Hute oder im Knopfloch zurück« (Sartori ebd., Anm. 2,unter Berufung auf Lüpkes).

13 Gerade bei Lk 24,50 ff. sind die Textüberlieferungen sehr uneinheitlich. So fehlen in manchen alten Handschriften die Worte: »... und wurde zum Himmel emporgehoben, sie aber fielen vor ihm nieder.«

14 »litania« hießen solche Umgänge wegen der großen Bedeutung der Allerheiligenlitanei bei den Prozessionsgebeten.

15 Ambarvale (von amb arva = um die Flur herum) hieß der heidnische Flurumgang am 25. April »zu Ehren des Gottes Robigus oder der Göttin Robigo zum Schutz gegen Mehltau des Getreides, verbunden mit Tieropfern« (Adam/Berger, 21). Nach LThK sind die »Robigalia« zum Schutz gegen Robigo, den »Dämon des Getreiderostes«, gehalten worden. (2, 518)

16 Adam/Berger, 70.

17 Vgl. Sidonius Apollinaris, Epp. V, 14 und VII, 1 sowie Gregor von Tours, Hist. Franc. II, 34.

18 In Bayern hießen die Umzüge auch »Schauerprozessionen«, da man nicht zuletzt Schutz vor Gewittern und Hagelschlag erbat.

19 Bayerisch Land und bayerisch Volk (1886).

20 Vgl. K. Schlemmer, Bitt-Tage feiern, Freiburg 1985.

Das Pfingstfest

1 In hellenistischen Kreisen wurde das Fest auch *Pentecoste* (der 50. Tag) genannt. Von diesem Wort stammt der Name des Pfingstfestes.

2 Vgl. das Kapitel Wind/Sturm, in H. Kirchhoff (Hrsg.), Ursymbole, 153 ff.

3 Im NT (vor allem Joh 7,37 ff.) wird auch das Wasser zum Symbol des Heiligen Geistes. Vgl. Anm. 6.

4 Die Kirche hat stets den besonderen Charakter des Festes betont. So wurden (um ein Beispiel zu nennen) auf der Synode von Agde (506), die unter dem Vorsitz des Caesarius von Arles allerdings nur 24 Bischöfe und 10 Priester als Vertreter vereinte, die Gläubigen verpflichtet, (wenigstens) dreimal im Jahr, und zwar Ostern, Pfingsten und Weihnachten, die Heilige Kommunion zu empfangen.
Auch die Tatsache, daß es im Mittelalter bei uns vier Pfingstfeiertage gab, unterstreicht die Bedeutung des Festes. Im Ba-

rock wurden Ostern und Pfingsten noch als Tridua begangen; und in der Nahe- und Bliesgegend galt noch lange das Verbot der Feldarbeit am Mittwoch nach Pfingsten (Veit/Lenhart, 155).

5 Vgl. etwa Sartori, 190 ff.; Bronner, 161 ff.; Lippert, 633 ff. Lipperts Thesen sind weithin unhaltbar. Sie zeigen aber die Tendenz, das Fest immer stärker zu säkularisieren. Der geschmückte Pfingstochse, der zum Fest durch die Straßen geführt wurde, mag verborgen noch ein uraltes Wissen um die Schlachtung als Opferhandlung bewahrt haben.

6 Die vielen Wasserbräuche profaner Art, wie etwa das »Wasservogel-Singen« in Bayern (vgl. Bronner, 161 ff.; Rattelmüller, 206 ff.; vor allem aber HDA V, 1700 ff.) haben keine theologische Valenz. Das gilt auch für den »Pfingscht-Sprützling« in der Schweiz (Aargau), wo ein Schüler – ganz in Buchenlaub gehüllt – von Brunnen zu Brunnen des Dorfes geht, seine belaubten Arme eintaucht und alle Umstehenden an spritzt. Wer naß wird, hat »viel Fruchtbarkeit ergattert« (Das Jahr der Schweiz, 189 f.). Hier hat sich eine alte Wassersymbolik im Dienst eines Vegetationszaubers mit der Symbolik des Baumes verbunden. Ein pfingstlicher Bezug ist nicht auszumachen. Ähnliches gilt für die andern Pfingstbräuche, wie das Pfingstschnalzen und Pfingstschießen etc.
Dagegen könnte die mancherorts noch (und wieder) geübte Sitte, zu Pfingsten einen Brunnen zu schmücken, auf den Geist gedeutet werden, der – wie ein Brunnen – »Quell lebendigen Wassers« ist.

7 LThK 8/422.

8 Theatergeschichte Europas I (Das Theater der Antike und des Mittelalters), Salzburg 2/1966, 334 f.

9 So etwa in Mittenwald. Neuerdings wird der Brauch hier und da wieder belebt (so etwa in Aufhausen/Niederbayern).

10 Veit/Lenhart, 155. Das »Gerangel« der Kinder u.a. um solche Gaben ist wohl mit einem Wasserguß von oben beantwortet worden; (wenn nicht auch hier eine – hilflose – Symbolik gemeint war).

11 Die im folgenden kurz erörteten Thesen sind ausführlich dargestellt und begründet in meinem Artikel: »Pfingsten – Fest des Unbekannten Gottes«, in: B. Hermans (Hrsg.), Zeugnis des Glaubens/Dienst an der Welt (Festschrift für Franz Kardinal Hengsbach), Mühlheim 1990, 623 ff.

12 R. Pesch, Das Markusevangelium, HThKNT II/1, Freiburg 1976, 91 f.

13 Kommentar zum NT aus Talmud und Midrach, München 1922-1928, Bd. 1, 123.

14 So wurde die Taube etwa zum Sinnbild der Keuschheit. Nach solchen »naturwissenschaftlichen« Erkenntnissen ist die Taube der »enthaltsamste Vogel. Ihre Schamhaftigkeit ist sehr groß. Ehescheidungen kennen die Tauben nicht. Nur der Tod kann die Gatten trennen... Ehebrüche... sind ihnen unbekannt. Sollte dennoch eine Taube sich vergessen, so wird sie von den Geschlechtsgenossen getötet «(F. Sühling, Die Taube als religiöses Symbol im christlichen Altertum, in: Römische Quartalschrift für christliche Altertumskunde und für Kirchengeschichte, 24. Supplementheft, Freiburg 1930, 156.). Solche Sicht der Taube wurde von den Kirchenvätern begierig aufgenommen. Doch sind alle diese Aussagen wissenschaftlich völlig überholt.

15 Vgl. LCI 4/242.

16 So in einer sehr schönen spätgotischen Darstellung im Seitenaltar der Pfarrkirche zu Eggenfelden/Niederbayern.

17 Konrad Lorenz hatte zu Paarungszwecken 2 Tauben zusammengesperrt. Als er von einer kurzen Reise zurückkam, hatte die eine (weibliche) Taube ihren Partner fast zerfleischt. Der Verhaltensforscher führt aus: »Außer bei manchen Fischen, die sich im Kampf ebenfalls die Oberhaut abraspeln, habe ich niemals an einem Wirbeltier ähnliche gräßliche Verletzungen gesehen, die von einem Artgenossen zugefügt worden waren.« (Er redete mit dem Vieh, den Vögeln und den Fischen, dtv, München [20]1973). Es muß allerdings gesagt werden, daß sich die – den Luftraum gewöhnten – Tauben hier in einer unnatürlichen Lage befanden. Dennoch – friedlich ist keine Taube (sie hat nur keine Waffen).

18 In vielen einschlägigen Werken werden Pfingstfeuer nicht erwähnt. Auch HDA hat kein Stichwort und erwähnt ein solches Feuer auch sonst nicht.

19 Nach der Edda ist das Feuer der »Bruder des Windes«.

20 Adam/Berger, 539. Wenn dem Pfingstfeuer eine Vorabendmesse vorausgeht, sollten die Texte, die beim Feuer meditiert werden, auf den Pfarr-(Haupt-)Gottesdienst des Festes verweisen.

Das Fronleichnamsfest

1 Vgl. LThK 4/405 f.; Adam/Berger, 154 f.

2 Adam/Berger, 154.

3 Früher waren Fronleichnam-Spiele, die offenbar aus der Prozession erwuchsen, sehr beliebt. Vgl. etwa G. Milchsack, Egerer Fronleichnamspiel, Heidelberg 1881.
Überhaupt war die Fronleichnamsoktav offenbar eine besonders wichtige Zeit für Spiele, Theater u.ä. Erinnert sei an die Begegnung Don Quijotes mit dem Karren voller Schauspieler, die ihr »Auto (Stegreifspiel) vom Reichstag des Todes« am »8. Corpustag« (also dem Oktavtag des Festes) in verschiedenen Orten aufführten (VII,4).

4 Die drei großen Wallfahrtsfeste der Juden waren das Pessachfest, das Schawuot-(Wochen-)Fest und Sukkot (Laubhüttenfest).

5 So empfiehlt Abraham a Santa Clara die Prozessionen, die »Gebett-Gäng«, »öftere Umbgäng«, da das Gebet kräftiger und wirksamer sei, wenn die ganze Gemeinde öffentlich betet, Untertanen und Obrigkeit die Knie beugen und Junge und Alte »die Stimm und Händ« zu Gott erheben, als wenn nur »einer in der Gemein gen Himmel seufzet und an der Gnaden-Porten anklopft« (zit. nach Veit/Lenhart, 175).

6 Stonner, 87; Rattelmüller, 215 ff.

7 Nach Veit/Lenhart hatten um 1400 die meisten deutschen Städte ihre Fronleichnamsprozession – mit verhülltem Allerheiligsten.

8 A.a.O., 84 f.

9 A.a.O., 188 f.

10 Es ist interessant, daß Rom die Fronleichnamsprozession nicht als »Liturgie römischen Rechtes« betrachtet, so daß die Zuständigkeit dafür in Rom läge. Sie gilt in Rom als »pia exercitia« (fromme Übung), die in den Zuständigkeitsbereich der Bischöfe fällt (Adam/Berger, 155).

11 Vgl. dazu A. Häußling, Leitideen für Fronleichnam heute, in: Gottesdienst 3 (1969) 78 f.; K. Miller, Zur Gestaltung der Fronleichnamsprozession, in: Lebendige Seelsorge 25 (1974) 208 ff.

12 Zu den (oft sehr schönen) Sonderformen der Prozession, wie etwa den Seeprozessionen in Murnau und auf der Insel Reichenau; der mit der Prozession verbundenen Segnung der Donau (Benedictio super flumen

Danubium) in Niederaltaich; der Prozession auf dem Rhein bei Mühlheim u.a. siehe die einschlägige Literatur.

Das Geburtsfest Johannes des Täufers

1 Die Beziehungen des Täufers zu Qumran und zu den Essenern können hier nicht erörtert werden.
2 LThK 5/1086 f. Die byzantinische Kirche feiert das Fest bis heute am 7. Januar.
3 A.a.O., 181.
4 v. Geramb, 113 f.
5 v. Geramb, 114 f.
6 v. Geramb, 113.
7 A.a.O., 108.
8 Rattelmüller, 233.
9 Schönfeldt, 181.
10 Untergründig lebt an diesem Tag, wie an vielen andern, heidnisches Erbe fort.
11 Vgl. etwa die bei A. Becker (40) zitierten Ausführungen des Zweibrückener Botanikers und Pfarrers Hieronymus Bosch (gen. Tragus) 1498-1554 in seiner »Teutschen Speiskammer«.
12 Ähnliches gilt für das »Scheibenschlagen«, das zur Sonnenwende (aber auch zu Ostern) vielfach geübt wurde. Holzscheiben wurden am Feuer entzündet und mit Stöcken über das Land geschleudert. Sie sollten den Äckern, auf die sie fielen, Fruchtbarkeit verleihen.
13 Odenwälder Zauberschlüssel, 69. Ich habe den Brief nicht selbst einsehen können.
14 Gelegentlich hat das Fest auch Wasserbräuche an sich gezogen, so etwa das Brunnenfest in Wunsiedel (Fichtelgebirge). Alle Brunnen der Stadt werden geschmückt und leuchten am Abend im Schein unzähliger Kerzen und Lampignons. Der reale Hintergrund ist sicher die notwendige Reinigung der Brunnen gewesen, auch mag eine alte Legende eine Rolle gespielt haben, nach der das in einem Jahr versiegte Wasser am Fest des Täufers wieder floß – wie weit eine genuine Festsymbolik (Taufe...) eine Rolle spielt, wird kaum zu eruieren sein. Der Brauch wird erstmals 1833 erwähnt (ist aber viel älter). Über »Brunnenfeste« berichtet Brentano in »Des Knaben Wunderhorn«. Am Johannistag wurden die Brunnen gereinigt, wurden neue Brunnenmeister gewählt..., was mit einem kleinen Fest verbunden war. Auch hier bleibt offen, wie weit sich natürliche Gegebenheiten mit christlicher Symbolik vermischt haben.
Es hat an diesem Tag die Segnung von Quellen, Flüssen und Teichen gegeben, was sicher auf die Taufe im Jordan zurückgeht.
Bei den Waschungen mit heilkräftigem und glückverheißendem Wasser, die Petrarca an diesem Tag 1337 in Köln erlebte (Veit/Lenhart, 159) dürften sich wieder uralte mythische Vorstellungen mit christlichen gemischt haben.
Eigenartig ist, daß der Johannistag gelegentlich auch als Unglückstag gilt. So glaubte man (etwa in der Pfalz), daß an diesem Tag jedes Wasser sein Opfer fordere, der Schwarzbach bei Zweibrücken (als kleiner Minotaurus) sogar zwei (A. Becker, 328).
15 A.a.O., 189.
16 Reinsberg-Düringsfeld, Das festliche Jahr der germanischen Völker, Leipzig 1898, 232.
17 Vgl. zum Ganzen: v. Geramb, 204.
18 Das Grimmsche Wörterbuch weiß nur zwei Stellen über das Johannisfeuer (= »am Johannistag angezündetes bergfeuer«) anzu-

führen: »an s. Johannes tage des täufers machen sie mit der Herodias freudenfeuer, dasz Johannes umbkommen ist« (Fischart) und: »gegen ende juni begab ich mich nach Jena und ward gleich an demselbigen abend durch lebhafte Johannisfeuer munter genug empfangen« (Goethe). Es folgt Goethes beiläufiger Vers:

Johannisfeuer sei unverwehrt,
die freude nie verloren!
besen werden immer stumpf gekehrt
und jungens immer geboren.

Über das »Sonn(en)wendfeuer« wird bei Grimm sehr viel ausführlicher berichtet (16/1701).
Die Grimm'sche Deutsche Mythologie zeigt, wie wenig von einem christlichen Sinngehalt des Brauches zu berichten ist (III/516 ff.).

Das Fest der Himmelfahrt Mariens

1 So der Wortlaut des Dogmas, das Pius XII. am 1. November 1950 verkündete.

2 Das Dogma besagt nicht, *allein* Maria sei dieser Würde teilhaft geworden. Die theologische Diskussion fragt etwa nach der ganzmenschlichen Auferstehung der mit Christus Erstandenen (Mt 27,52 f.); und neuere Theorien zur Eschatologie sprechen vom »dynamischen« Weltgericht, in das die Toten – außerhalb der Zeitlichkeit seiend – eintreten. Das Dogma zielt offenbar auf eine besondere Würde Mariens und ihre unauslotbare Ausprägung des »alter-Christus-Seins« (vgl. zum Ganzen: K. Rahner, Zum Sinn des Assumpta-Dogmas, Schriften zur Theologie 1, Einsiedeln ^{4}1960, 239 ff.). Übrigens spricht schon die legenda aurea (sich auf Hieronymus berufend) von der Möglichkeit, daß auch andere Tote bereits der leiblich-seelischen Auferstehung teilhaft wurden (Heidelberg o.J., 583 ff.).

3 Adam/Berger, 334 f.

4 Veit/Lenhart, 60.

5 Franz, 413 f.

6 Die Namen für die zur Weihe getragenen Krautbunde sind landschaftlich verschieden. Am häufigsten werden wohl die Bezeichnungen »Krautbund« (»Kräuterbuschen«) und »Würzwisch« verwendet.

7 Die Legende, die Apostel hätten beim Öffnen des Grabes Mariens nur mehr Rosen vorgefunden, ist späteren Datums.

8 LCI 1/82 ff.

9 Vgl. zur christlichen Deutung solch uralter Erfahrungen die wunderbare Predigt Kardinal Newmans über die Naturkräfte am Fest des Erzengels Michael 1831, in der es heißt: »Und würden wir über die Werke der Natur einen wissenschaftlichen Vortrag halten und dabei die Namen von Pflanzen und Bodenformen aufzählen, sowie deren Eigenschaften beschreiben, dann müßten wir es ehrfürchtig tun, da diese großen Diener Gottes (sc.: die Engel, die alles Geschaffene hüten) es hören; müßten es tun mit jener Art von Zurückhaltung, die wir immer empfinden, wenn wir vor Weisen und Gelehrten unseres eigenen sterblichen Geschlechts zu reden haben, da wir doch nur kümmerliche Anfänger... in der Geisteserkenntnis... sind« (Predigten Bd. 1/2, Stuttgart 1950, 401).

10 J. Pascher, Kräuterweihe an Mariä Himmelfahrt, in: Anzeiger f.d. Seelsorge 8/1968, 326.

11 Vgl. etwa die Ehrfurcht, mit der Abt Wala(h)frid Strabo in seinem »Hortulus« (Reichenau 1974) von den Pflanzen spricht!

12 A. Franz hat die entsprechenden Benediktionen dieser Zeit veröffentlicht (a.a.O., 398 ff.). Einen weiteren Beleg für die Kräuterweihe an diesem Tage in Deutschland bietet der »Sachsenspiegel« aus dem 13. Jahrhundert: »...dat is zu Krudemisse (Kräuterweihe) unser liben Frawn, als sei to himel voer.« und das Weltbuch des Seb. Franck von 1534: »an unser frawen himmelfart da tregt alle welt obs/büschel allerley kreuter/in die kirchen zu weihen/für alle sucht und plag uberlegt/bewert. Mit disen kreutern geschicht seer vil zauberey« (Fritz-Martin Engel, Zauberpflanzen-Pflanzenzauber, o.J., 158).

13 Interessant ist, daß die amtlichen Ritualienbücher im Mittelalter von den Kräutern nichts anders erwarten als das Freisetzen ihrer natürlichen, geschöpflichen Kräfte. Schon früh hat es allerdings auch Exorzismen über die Pflanzen gegeben (vgl. die »Agenda Swerinensis« von 1521). Ein jüngerer Zusatz hat in das römische Rituale wieder die Bitte hineingebracht gegen die »Vorspiegelungen und Machenschaften des Teufels« (Pascher, 327).

14 Die Segensgebete (Benedictiones ad graciosam frangendam) gibt Franz 412 ff. wieder.

15 A.a.O., 411.

16 Schmeil-Fitschen, 484.

17 Franz, 413.

18 So Franz, 407.

19 Tirol, wo nach v. Geramb »vielfach je 7 verschiedene Kräuter zusammengebunden werden«.

20 Diese Zahl wird häufig im Gebiet des Hochstifts Paderborn genannt: Vgl. K. Preywisch, Der Krautbusch, in: Kreis Höxter, Mitteilungsblatt des Kreisheimatpflegers, Jg. 2 (1972), Nr. 3, S.31. Dort findet sich gelegentlich auch die Zahl 99.

21 Schönfeldt, 211; v. Geramb, 147 (Kärnten).

22 Preywisch, 31. Wie wenig die Zahl in manchen Gegenden festgelegt ist (von den Arten ganz zu schweigen), zeigt A. Becker. Nach ihm besteht der geweihte Würzwisch aus »mindestens je drei Stengeln von Johanniskraut, Tausendgüldenkraut, Frauenflachs oder Abnehmekraut, Stierkraut oder Wohlgemut, Ülerichkraut oder Knauel und Johanniskraut(?), Gerbkraut oder Kerbel, Wurmmehl oder Rainfarn, Rotem Sauerampfer, Hanf (weibl.), grünem Hafer, grünen Nüssen, grünen Haselstauden, Odermennich mit gelben Blüten, Grindkraut oder Flockenblumen, auch Teufels Abbiß, Wiesenbibernell, Schafgarbe, Liebstöckel, Käselkraut, Fenchel, Quendel u.a. (134). Vgl. auch O. Koch, Der Würzwisch, Hessenbücher 8 (1981). Engel führt die Krautbundpflanzen für Tirol, die Oberpfalz, das »Miltenberger Land« und den »Ingolstädter Raum« an (159 f.).

23 Es ist verständlich, daß hier nur kurz auf die Bedeutung der Pflanzen für die Mythologie und die alte Medizin hingewiesen werden kann. Für die Verwendung dieser Pflanzen in der modernen Medizin siehe die zahlreichen Werke über die Heilpflanzen, die Naturheilkunde etc.
Wo die Pflanzen in Sage und Legende eine Rolle spielen, gehe ich darauf ein. Das Gesagte mag verlocken weiterzulesen. Zum Weiterstudium empfohlen seien die Deutsche Mythologie der Gebrüder Grimm; die Bände des HDA (im allgemeinen eine wichtige Fundgrube); v. Perger, Deutsche Pflanzensagen (Fotomechanischer Nachdruck der Ausgabe von 1864, Wiesbaden o.J.); H. Sieg, Gottessegen der Kräuter, Berlin 1953 u.a.

24 Die einzige Sicherheit, daß in allen Landschaften die gleiche Pflanze gemeint ist, bieten nur die lateinischen, botanischen Namen der Pflanzen. Marzell führt z.B. für das Buschwindröschen (Anemone nemorosa)

200 verschiedene deutsche Namen an. Die botanischen Namen werden angeführt nach dem Standardwerk: Schmeil-Fitschen 89/1993. Die dort angegebenen weiteren botanischen Namen werden mitgenannt.

25 v. Perger, 67.

26 Pascher, 327.

27 H. Sieg, 132.

28 v. Perger, 68.

29 Sicher auch in weiteren Gegenden. Da aber gewöhnlich nur die deutschen Namen genannt sind (oft mundartlich), ist ein sicherer Beleg zweifelhaft. Ähnliches gilt für die meisten der hier vorgestellten Pflanzen.

30 v. Perger, 124.

31 H. Sieg, 90.

32 H. Carl, die deutschen Pflanzen- und Tiernamen, Heidelberg/Wiesbaden [2]1986, 60.

33 H. Sieg, 203 f.

34 Der botanische Name »artemisia« soll das Kraut entweder als der Artemis heilig ausweisen oder er erinnert an Artemisia, die sagenumwobene Gattin des Mausolos, die ihrem zu früh gestorbenen Gatten in Halikarnassos das »Mausoleum«, eines der »7 Weltwunder«, baute.

35 Becker, 118.

36 A.a.O., 133.

37 Vgl. L. Vischer, Ein Hexenrauch, in: Bayerische Hefte für Volkskunde IV. 1917, 13 ff. (basierend auf einer Schrift des 17. Jahrhunderts).

38 Kräutersegen, Donauwörth 1896, 427 f.

39 Das »Kräuterbüschel« besteht nach v. Perger aus folgenden Pflanzen:
1. »Aus dem *Odinskopf*, der dem Bild der Sonne ähnlich ist und die Mitte des Busches einnehmen soll« (Inula helium = Echter Alant)
2. »aus dem Hirschkraut, mit dem sich verwundete Hirsche heilen« (Eupatorium cannabinum = Wasserdost)
3. »aus dem Baldrian« (Valeriana celtica)
4. »aus dem Beifuß« (Artemisia vulgaris)
5. »aus der Aberraute« (Artemisia abrotanum = Eberraute)
6. »aus dem Wehrmut« (Artemisia absinthium)
7. »aus dem Laabkraut, welches die Hexen fürchten« (Galium verum)
8. »aus den Alpranken« (Solanum dulcamara = Bittersüßer Nachtschatten)
9. »aus Rainfarn, auch Tannkraut und Muttergottesstab genannt« (Tanacetum, heute Chrysanthemum, vulgare), (a.a.O., 45).

40 H. Carl, 16.

41 Kräutersegen, 284.

42 H. Sieg, 69.

43 Ebd.

44 v. Perger, 152. HDA hat hier Zweifel. Offensichtlich sei hier allgemein »Brand« gemeint und nicht der »Himmelsbrand« (zu dem das Wort ergänzt wurde).

45 Vgl. etwa H. Sieg, 187 ff. und Kräutersegen, 367 ff.

46 Vgl. H. Carl, 135. (HDA 8/710 ff.) Es muß auch gesagt werden, daß unser heutiges Tausendgüldenkraut nicht die von Plinius gemeinte (»meterhohe und mohnähnliche«) Pflanze ist.

47 HDA 8/710 f. Vgl. v. Perger, 169.

48 HDA 8/712.

49 Kräutersegen, 417 f.

50 A.a.O., 146.

51 Kräutersegen, 292.

52 HDA, ebd.

53 Kräutersegen, 292.

54 Nach Franz legte man in den Rauhnächten geweihte Kräuter unter das Kopfkissen, um die Hexengefahr zu bannen (407).

55 Die Bundesstelle der Katholischen Landvolkbewegung Deutschlands hat eine informative, gut bebilderte Schrift: »Die Kräuterweihe – ein zeitgerechter Brauch« (Gra-

fenau 1989) herausgegeben, die als Kurzinformation in den Gemeinden gut zu gebrauchen ist.

56 Vgl. auch Josef Griesbeck, Viel Glück und viel Segen. Glückwünsche und Segensgesten, München 1992, bes. 81 ff.

57 Es ist sinnvoll, in den Tagen vor Mariä Himmelfahrt die wichtigsten Kräuter des Krautbundes in der Kirche... auszustellen, damit die Gläubigen sie kennenlernen und sammeln können. Besser sind Führungen, die durch sachkundige Pflanzenkenner (von denen es einige in jeder Gemeinde gibt) durchgeführt werden.

Das Kirchweihfest

1 LThK 6/302.

2 Zur Problematik eines »Gotteshauses« vgl. meinen Artikel »Urbild Haus« in H. Kirchhoff, Urbilder des Glaubens, München 1987, 39 ff.

3 Adam/Berger, 260.

4 LThK 6/303 ff.; Adam/Berger, 260 ff.

5 Nach (unbelegten) Angaben Veit/Lenharts ist ein Kirchweihfest schon um 336 nachzuweisen. Die von uns vertretene Meinung geht auf LThK und Adam/Berger zurück.

6 Veit/Lenhart, 157.

7 Stonner, 151.

8 Rattelmüller, 278. Der Name »Zachäus« geht auf das Evangelium des Festes zurück, das die Begegnung Jesu mit dem Oberzöllner Zachäus schildert (Lk 19,1 ff.).

9 Schon früh sprach man von der »Eß-, Freß-, Saufkirwe« (vgl. F. Beyschlag, Blätter zur bayerischen Volkskunde 9/1921,16). Immer wieder versuchten Geistliche, die »Freßkirwe« abzuschaffen (A. Becker, 331 f.) – ohne Erfolg.

10 Zu den vielen säkularisierten Bräuchen des Festes siehe LThK 6/305 f.; Sartori, 245 ff.; Rattelmüller, 269 ff. u.a.

11 Es mag für viele Pfarrer tröstlich sein, was der Schloßbenefiziat Joseph Schlicht aus Steinach bei Straubing um 1860 von der »Kirchenparade« am Fest schreibt: »Alles geht im nobelsten Staat und hundert gegen eines ist zu wetten, daß unsere bayerischen Bauerndiandln, so andachtsvoll sie auch Rosenkranz und Gebetbuch führen, dennoch von dem einzigen Gedanken beherrscht werden: Die Schönste und Schärfste bin heute ich. Und die Burschen von ihren Emporen, Gott sei es geklagt! schauen auch zehnmal lieber auf die Mädel als nach dem Pfarrer: es geht nicht gut mit der Andacht in der Kirchweihen, und das nicht etwa bloß in unsern bösen Tagen, sondern schon seit unvordenklichen Zeitläuften. Die verderbliche Tanzgeige läßt sich bereits im Kirchweihhochamte hören...« (Rattelmüller, 272).

12 Es ist schade, daß der Gedanke eines Markt- und Kirchweihfriedens (s.o.) für Realisten wohl kaum neu zu beleben ist. Solange der Heilige ausgestellt ist oder die Fahne vom Turm oder vom Kirchweihbaum weht, hätten (wie früher) alle Raufhändel zu schweigen; eben aller (öffentliche) Streit in der Gemeinde. Aber unsere Gemeinden sind so sehr in Einzelmitglieder zerfallen, daß ihre Kompetenz wohl kaum ausreicht, solchen Frieden durchzusetzen – so wichtig seine zeichenhafte Bedeutung auch wäre.

13 A.a.O., 154 f.

Das Erntedankfest

1 Adam/Berger, 126.

2 RGG II, 602.

3 Es sollte auch daran erinnert werden, daß

die Gebete zur Darbringung der Gaben in der Eucharistiefeier Danksagungen sind: Wir *danken* für Brot und Wein, die »Frucht der Erde und der menschlichen Arbeit«. So ist ein ständiger Erntedank im Kirchenjahr gegenwärtig.

4 Verwiesen sei auf Sartori, Sitte und Brauch II, 73 ff. und HDA 2, 939 ff.

5 In manchen Orten, etwa in Otterswang bei Bad Schussenried und in Berg bei Ravensburg, werden in wochenlanger Arbeit Kunstwerke (nach alten oder modernen Vorbildern) aus Früchten und Samen im Chorraum der Kirche gestaltet.

6 So etwa in Markdorf (in der Nähe des Bodensees).

7 Vgl. zum Ganzen mein Buch »Sympathie für die Kreatur«, München 1988 und Jooß/Kirchhoff, Ein Hauch vom Paradies, Tierlegenden aus zwei Jahrtausenden, Freiburg 1986.

8 Nach v. Geramb gab (gibt?) es bei den österreichischen Almlern bei einem Sterbefall im Haus des Bauern den »Klagkranz«. Das Vieh wird mit blauen, dunkelvioletten und schwarzen Bändern geschmückt und der Kranzschmuck mit einem Trauerflor behängt. Ist dagegen auf der Alm selbst beim Vieh ein Unglück geschehen (eine Seuche ausgebrochen oder ein Stück abgestürzt...), so wird nicht »aufgekranzt« (160 f.) Für die Berchtesgadener und Ramsauer Bauern gilt die von mir vorgetragene Version. Wenn Kriss (offenbar in Übereinstimmung mit Pfarrer Schmidhammer, der 1906 ein Manuskript über »Sitten und Gebräuche im ehemaligen Fürstentum Berchtesgaden« geschrieben hat) sagt, daß auch dann gekranzlt werden könne, wenn ein verunglücktes Tier *lebend* aus dem Almgatter herausgebracht worden ist, so kenne ich diese Version nicht.

9 Vgl. die Zeichnungen bei Rattelmüller, 255, und die Bilder im Buch von Kriss, 26 ff., nach Seite 152.

10 Dieses Datum ist gesichert durch Kriss (198); Schmidhammer (Rattelmüller, 258) und durch eigene Erfahrung im Gebiet der von Ramsauer und Marquartsteiner Bauern bestoßenen Almen. Es ist nicht mehr zu erhellen, warum dieser Tag als Beginn des Kranzlns festgesetzt wurde. Da es in jedem Monat des Kirchenjahres nur *ein* Apostelfest gibt, hat man vielleicht ein solch wichtiges Fest, das datumsmäßig genau in den Ablauf des Almjahres paßte, gewählt.
Dazu ist der Apostel Bartholomäus zwar bekannt als Patron der Winzer (die wissen, wo »der Barthel den Most holt«), aber er ist auch Patron der Hirten und allgemein der Landleute (LCI 5, 323). So mag auch das zur Wahl dieses Tages beigetragen haben, zumal (zumindest in Florenz) dieser Heilige auch Patron der Öl-, Salz- und Käsehändler ist (LCI, ebd.). Aber wir sind auf Vermutungen angewiesen.

11 Vielleicht ist es möglich, jüngere und schwächere Tiere mit Wagen nach Haus zu fahren und nur einen Teil der Herde zu bekränzen. Das würde der Sennerin die Arbeit erleichtern und weniger Gefahr für den oft weiten Heimweg der Tiere mit sich bringen. Auch könnte dann besonders reicher Schmuck für die (wenigen) Tiere gearbeitet werden.

12 Kriss erwähnt noch den (heute ebenfalls sehr selten gewordenen) Brauch, beim Verlassen der Almhütte das »Feuerkreuz« aufzuhängen: »Bevor... die Almen verlassen werden, verfertigt die Sennerin noch ein dreiarmiges Kreuz aus Spanholz und hängt es an den Feuerhaken über der Herdstätte; es soll die bösen Geister fernhalten und für das Jahr Glück bringen« (202). Hier ist die

Deutung von Kriss subjektiv. Der Brauch ist auch im christlichen Sinne zu deuten, daß die Almhütte im Schutz Gottes bis zum Wiederauftrieb verbleibt.

Allerheiligen/Allerseelen

1 Adam/Berger, 13; vgl. Lippert, 367.
2 Vgl. Adam/Berger, 14 f.
3 Es bleibt eine unglückliche Entscheidung, die auch dadurch nicht besser wird, daß in Deutschland für die 2. und 3. Messe nur Stipendien angenommen werden dürfen, die dem Bonifatiuswerk zugute kommen. Eine Häufung der Eucharistiefeiern ist nur sinnvoll, wenn schwerwiegende pastorale Gründe (etwa die zu große Zahl der Mitfeiernden) dafür vorliegen.
4 In Süddeutschland und in Österreich gab und gibt es gelegentlich eine »Verehrung der 7 Zufluchten«. Zu ihnen gehören neben der Dreifaltigkeit, dem gekreuzigten und dem eucharistischen Herrn, Maria, den »Engelsgeistern« und allen »im Himmel wohnenden heiligen Menschen« auch die »Armen Seelen in der Läuterung«. Hier liegt der Akzent auf der Vorerlösung der Toten, die der endgültigen Herrlichkeit gewiß sind.
5 Seit dem 19. Jahrhundert wird der Name auch für oratorien- und kantatenhafte Kompositionen gebraucht, die auf freien Texten basieren, so daß die Bezeichnung »Requiem« nur die Grundstruktur des Werkes angibt (Großer Herder 7/1051).
6 Stonner, 154. Nach v. Geramb werden die Namen aller »seit Menschengedenken«(!) verstorbenen Pfarrmitglieder genannt (190).
7 Stonner, 153.
8 Zitiert nach Rattelmüller, 287 f.
9 A.a.O., 274.
10 Vgl. Burgstaller, Das Allerseelenbrot, Linz 1970; Sonderauflage (Folge 7) des Deutschen Brotmuseums, Ulm 1971, 67.
Vgl. auch Oberpfalzverein, 64. Bis heute werden im Landkreis Tirschenreuth (Mitterteich) Hunderte solcher »Knochenbrote« verkauft.
11 Nach uralter Vorstellung ist ein für die Toten gedeckter Tisch ein Glückstisch. Die Toten zeigten sich für die Gabe dadurch dankbar, »daß sie die von ihnen übriggelassenen Speisen mit der Kraft der Gesundheit und Fruchtbarkeit erfüllten. Daher wurden diese Speisen von den Lebenden nach vollbrachter Totenfeier als Heilmittel gegessen und unter die Mitglieder der Sippe verteilt (v. Geramb, 181 f.).
Vielleicht hängt der Brauch, Gebildbrote an die Patenkinder zu verschenken, auch damit zusammen. In Tirol und vielen andern Landschaften haben solche Brote noch die Form von Fruchtbarkeitssymbolen wie Hase oder Hahn.
12 Moser (261) unter Berufung auf A. Rieder. Vielleicht sind hier die Eulogien gemeint (siehe Anm. 15). Kleriker wurden gelegentlich verpflichtet, den Armen an diesem Tag besondere Abgaben zu entrichten.
13 Becker, 338: »Auf Allerheiligen wurden 2 Mlfr. Korn gebacken und zur Gedächtniß der Abgestorbenen unter Reiche und Arme vertheilt« (aus einem Pfarrvisitationsprotokoll von 1566).
14 HDA 1/272.
15 *Eine* Wurzel des Gebildbrotbrauchs zu Allerseelen könnten auch die Opfergänge sein, bei denen die frühen Christen Brot und Wein zum Altare brachten (als Spende), aus denen dann die eucharistischen Gaben ausgewählt wurden. Die Synode von Macon ordnete 835 für Gallien an: »An allen Sonntagen werde das Opfer des Altares, sowohl

Brot als auch Wein, von allen Männern und Frauen dargebracht.« Da meist mehr gespendet wurde, als für die eucharistischen Gaben notwendig war, wurden die übrigen Gaben gesegnet und als »Eulogien« unter die Gläubigen ausgeteilt. Hinkmar von Reims gebietet 852 ausdrücklich, daß alle, die nicht kommunizieren, wenigstens die Eulogien essen und trinken sollen. Erst um 1100 setzte sich dann die bis heute übliche Geldspende als Opfergabe durch.

Die Brotopfer haben sich gelegentlich erhalten. In Frankreich werden Broteulogien bis heute nach den Gottesdiensten ausgeteilt. In den Krönungsmessen wurden viele Brote gesegnet und als »eulogia regis« später an Arme verteilt.

Da sich vor allem bei Hochzeiten und Trauergottesdiensten besondere Opfergänge (oft um den Altar) erhalten haben, könnte auch hier eine der Wurzeln für den Gebildbrotbrauch am Allerseelentag liegen.

16 Zitiert nach Schönfeldt, 275.

17 Vgl. etwa HDA 1/268 ff.

18 Für eine vertiefte Sterbekultur treten ein: Peter Neyster/Karl Heinz Schmitt, Denn sie werden getröstet werden. Das Hausbuch zu Leid und Trauer, Sterben und Tod, München 1993.

19 Lorenz (Galtür) mündlich. »Totenwachen« waren in vielen Gegenden Deutschlands üblich. In den Gebetspausen wurden die Gekommenen bewirtet »mit einem Imbiß und Getränken, meist Branntwein«. Oft wurden gruselige Geschichten, Sagen und Legenden erzählt, da man der Ansicht war, der Tote müsse »unterhalten werden«. (Dürener Geschichtsblätter 66 [1977], 81 f.) Als die Gebetspausen immer länger wurden und sich bald erhebliche Mißbräuche einstellten, wurde die »Totenwacht« vielerorts verboten.

20 A. Winterling, Volkskunde der Hohen Rhön, Fulda 1981, 104.

21 Stonner, 208; vgl. E. Mogk, Die deutschen Sitten und Bräuche, Leipzig und Wien 1921, 32.

22 Winterling, ebd. Ähnliches berichtet A. Becker aus der Pfalz (a.a.O., 237).

23 Das Requiem beim Tode eines Kindes wird im Volksmund noch immer »Engelamt« genannt. Und die Angehörigen sollen dadurch getröstet werden, daß die Kinder nun Engel im Himmel seien. Aber das Kind ist nicht Engel, sondern ein früherlöster Mensch. Die Würde des Menschen, der »nur wenig geringer als Gott« (Ps 8) ist, sollte geachtet werden.

Hingewiesen sei auch auf die gelegentlich bis heute bestehende Meinung, daß dem Toten vor allem durch eine Vielzahl gefeierter Messen geholfen werden könne. Schon das Kölner Diözesanstatut von 1662 hat gewisse »Meßreihen« für Verstorbene (mit angeblich »unfehlbarer Wirkung«) verboten, besonders die sogenannten »Siebenerreihen« mit sieben Kerzen und sieben Opfergängen (Veit/Lenhart, 55). Reiche stifteten horrende Summen, um sich durch Gottesdienste aus dem Fegfeuer loszukaufen. Heute wird der Wert der Meßfeier wieder so hoch geschätzt, daß quantitative Überlegungen zurücktreten.

24 Anregungen gibt die Agende.

25 In größeren Gemeinden ist der Amtsträger überfordert. Es ist unendlich schwer, bei sehr vielen Beerdigungen in der Woche noch persönlich betroffen zu sein. Wenn Geistliche (Pfarrer, Kapläne, Diakone) alle Beerdigungen des Tages (der Woche) auf Zentralfriedhöfen begleiten, so ist es fast unmöglich, dem Anlaß gerecht zu werden. Hier müssen die betroffenen Familien um das Verstehen der Notlage gebeten werden.

Dennoch muß gefragt werden, ob nicht viele seelsorgliche Aktivitäten sehr viel unwichtiger sind, als die Betreuung der Familien (und Freunde) bei solchen (emotional hochaufgeladenen) Situationen, nicht zuletzt dann, wenn der einzelne eines besonderen Trostes bedarf.

26 Der viele Jahrhunderte geübte Brauch, Selbstmörder nicht in geweihter Erde (also meist außerhalb kirchlicher Friedhöfe) zu bestatten, ist fast ganz aufgegeben worden. Zu Recht, denn niemand kann und darf Krankheit, Einsamkeit, Verzweiflung... des Selbstmörders beurteilen. Unsere Friedhöfe haben auch keinen abgegrenzten Platz mehr für die Bestattung ungetaufter Kinder.Wenn die Kirchenväter die Kindertaufe rechtfertigten mit dem Hinweis auf den stellvertretenden Glauben der Eltern (und Paten), da der Glaube ja die notwendige Voraussetzung der Taufe ist, so müßte konsequent dieser stellvertretende Glaube (der den Wunsch nach der Taufe einschließt) dem Kind den Zugang zu Gott gewährleisten.

27 Kriss schreibt: »Die meist nicht unbedeutenden Kosten, die so ein Mahl in alter Zeit verursachte, wurden früher bei der gerichtlichen Nachlaßregelung von der Erbmasse abgerechnet.« Es gab Fälle, in denen bei einem Nachlaß von 70 Gulden der Wirt für das Leichenmahl 22 Gulden bekam (eine damals horrende Summe). So schränkte im Jahr 1709 die Regierung jede Art von öffentlichen Mahlzeiten ein. »Die Kosten für eine Totenhochzeit durften auch bei einem Vermögenden 15 Gulden nicht überschreiten« (F. Hauser, Allerlei aus Berchtesgaden, Bergheimat 13/April 1938).

28 Vgl. die verzierten Totenschädel in der Totenkapelle von Perrach bei Altötting.

29 Rattelmüller erzählt: »Und in Percha am Starnberger See hat ein alter Schmied gelebt..., der hat in seiner Schmiede ein verrußtes Kastl gehabt, in dem der Schädel seines alten Meisters aufbewahrt war. In die Augenhöhlen hatte er ihm sogar zwei Glasaugen gelegt. Und immer, wenn er ein besonders schönes Stück geschmiedet hat, dann hat er das Türl aufgemacht und seinem alten ›Moasta‹ das Meisterstück gezeigt. Das mag jetzt zehn, fünfzehn Jahre her sein.« (289) Und ich kenne eine Professorin, die in ihrem Studierzimmer bis heute einen Totenschädel (als memento mori und Anruf zur Demut) aufbewahrt, ohne daß es makaber wirkt.

30 Der Totensarg, wie wir ihn heute kennen, setzte sich erst um 1700 in Nürnberg durch, während man in der Schweiz noch um die Wende vom 18. zum 19. Jahrhundert die Toten auf dem »Bahrbrett« zu Grabe trug (Veit/Lenhart, 169). Es gab allerdings an nicht wenigen Orten bis 1800 noch drei Beerdigungsklassen, »die sich dadurch unterschieden, daß bei der ersten Klasse der Tote mit ganzem Sarg, bei der zweiten mit Sarg und ohne Deckel und bei der dritten ohne Sarg bestattet wurde« (Kriss, 182).

31 Gelegentlich wird bis heute das Sterben (und Begraben-Werden) »Brettl-Rutschen« genannt.

32 Manchmal beließ man das Totenbrett im Grab, oder man legte es auf den Toten, so daß eine Art Grabkammer entstand.

33 Sicher ist hier auch Aberglaube im Spiel gewesen. So glaubte man, daß der Tote erst dann seine ewige Ruhe fände, erst dann endgültig erlöst sei, wenn sein Totenbrett vermodert war. Daher legte man es oft an sumpfige Stellen, überbrückte mit ihm kleine Bäche, um so das Faulen des Holzes zu beschleunigen.

In ähnlicher Weise glaubten die Stifter von Grabplatten, welche in die Böden der Kathedralen und Dome eingelassen wurden, daß die Stifter zumindest dann aus dem Fegfeuer erlöst würden, wenn die Füße der Beter die Grabplatte »abgewetzt« hätten.

34 Das Seminar für Landes- und Volkskunde an der Universität Regensburg hat in zehnjähriger Arbeit die Inschriften von Marterln, Wegkreuzen, Totenbrettern… erfaßt (Raum Ostbayern) und nicht ein einziges Objekt mit solchen derb-heiteren Sprüchen entdeckt (J. Hofbauer, Ostbayern… 189 ff.). So gehören wohl auch jene Verse in das Reich der Phantasie, die uns den »unsterblichen« Reim von »Rettig« auf »gnädig« geschenkt haben:
Du fragst, wer logiert da drin?/Es ist die Anna Schnitzelin./Sie lag mit 45 Jahr/grad zu Martini auf der Bahr./Sie war von allen Lastern frei/und trieb sehr stark die Gärtnerei./Sie hat gebaut viel Rub'n und Rettig/Gott sei der armen Seele gnädig. Amen. (Hofbauer, ebd.)

Das Fest des Heiligen Hubertus

1 Die Legenda aurea vergleicht das Leben und Leiden des Heiligen Eustachius mit denen des Dulders Hiob. Nicht zuletzt aus diesem Grunde war der Heilige Eustathius/Eustachius einer der beliebtesten Heiligen des Mittelalters. Nach K. Puhr, Die Legende des Heilige Hubertus und ihre Darstellung in der Kunst, (machinenschr. Dissertation), Graz 1947, hat die Legende Vorbilder in den Jatakas, den »Vorgeburtsgeschichten« des Buddha (der darin den Namen »Bodhisattva« hat); vor allem im Jataka 12 (39 ff.).

2 Vgl. K. Puhr, 49 ff. Der Hirsch wird in der bildenden Kunst meist als 10-Ender dargestellt, womit an die 10 Gebote (Dekalog) erinnert werden soll.

3 Nach A. Paffrath, Die Hubertuslegende, Hamburg ^{2}1979, 16, geschieht solche Übertragung erst im 15. Jahrhundert(»vereinzelt und behutsam«). Auch K. Puhr ist dieser Ansicht. Er meint sogar, daß Darstellungen des Heiligen (auch ohne die Hirschszene) erst nach 1444 nachzuweisen seien.Er sagt allerdings wenig später, daß »Einzelfiguren von St. Hubertus schon aus früherer Zeit« (hier vor 1460) bekannt seien (51). Das LCI bietet unter Berufung auf die einschlägige Literatur zu Recht die von uns wiedergegebene Version (6/548 und 550 f. – leider mit Fehlern in der Literaturangabe, so daß die Nachprüfung erschwert ist).
Oft ist es ein Hirsch, der wunderbarerweise den Ort für die Gründung eines Klosters, einer Kirche… anzeigt. So bei Ida von Herzfeld, Katharina von Vadstena, Prokopius. Bei Johannes von Matha, Meinulphus und Felix von Valois ist das ein kreuztragender Hirsch (Paffrath, 61).

4 Beim Brand im Jahre 1568 (Hugenottenaufstand) wurden in der Abtei St. Hubert alle verfügbaren Akten, Viten, Reliquien zerstört (Paffrath, 18). Die hier genannte Vita blieb erhalten, weil sie nicht zum Klosterbesitz gehörte. Sie ist in zwei Handschriften: Valenciennes und Namur (dort in sehr fehlerhaftem Latein) erhalten geblieben. Das Original stammt aus dem Jahr 744 und ist von einem anonymen Zeitgenossen des Heiligen geschrieben. Eine spätere Quellen ist die »Vita S. Huberti et eius translatio…« des Bischofs Jonas v. Orleans (821-844), veröffentlicht von E. Dümmler in »Forschungen zur deutschen Geschichte« (VI) u.a. (siehe Puhr, 28).

5 Jacobus de Voragine, der Verfasser der Legenda aurea, war ein kritischer Sammler alter Legenden. Er wußte (natürlich als Kind seiner Zeit) das Glaubwürdige vom Unglaubwürdigen zu scheiden; wußte auch, in Zweifelsfällen seine Zweifel zu äußern.

6 Das Fest des Heiligen wird am 3. November gefeiert, dem Tag der Erhebung seines Leichnams im Jahre 743. Unmittelbar vorauf ging – nach dem Ausweis der alten Martyrologien – das Fest des Heiligen Eustathius. Auch das mag zur teilweisen Verschmelzung der Viten beider Heiliger geführt haben. Das Fest des Heiligen Hubertus bedeutete früher auch das Ende der »Hohen Jagd«, also vor allem der Jagd auf Rotwild (Hirsche).

7 Die Heilung geschah durch das Auflegen eines goldenen Schlüssels, der bei den Reliquien des Heiligen aufbewahrt wurde.
(Er hat übrigens im Investiturstreit eine Rolle gespielt, da nach der Legende Hubert den Schlüssel vom Heiligen Petrus erhielt und so eine »romfreie Gewalt« des Bistums Lüttich proklamiert wurde.)
Zur Wirkungsgeschichte dieses Teils der Hubertuslegende siehe Paffrath, 25 ff. u.ö.

8 LCI, 550 f.

9 A. Adam, Im grünen Wald ein Blick zum Himmel?, Hamburg 1979, 19.

10 Hier stimme ich A. Adam nachdrücklich zu (a.a.O., 23).

11 Vgl. etwa den Holzschnitt, den H. Weiditz 1520 zum Gedächtnis Kaiser Maximilians († 1519) schuf. Der Kaiser nimmt in Augsburg am Gottesdienst teil. Seine Jagdhunde spielen (im Vordergrund) in der Kirche (C. Clewing, Musik und Jägerei, Neudamm und Kassel 1937, 41).

Das Fest des Heiligen Martin

1 So LThK, LCI und viele andere. Das sonst zuverlässige HDA gibt als Geburtsjahr 336 an.

2 Martin war für Gerechtigkeit gegenüber Priscillian, dem umstrittenen spanischen Laientheologen, eingetreten, dessen asketische Frömmigkeit und dessen Werk von einigen Bischöfen abgelehnt wurden. Später hat Martin das kaiserliche Todesurteil, das gegen Priscillian gefällt wurde, und dessen Hinrichtung (Januar 385) scharf verurteilt – übrigens gemeinsam mit Ambrosius und Papst Siricius.

3 LThK 7, 118.

4 Diese »Kapelle« erhielt ihren Namen von der »cappa«, also dem (darin aufbewahrten) Mantel des Heiligen. Später ging diese Bezeichnung auf ähnliche Bauten an Herrschaftssitzen... (in denen Reliquien und andere Kostbarkeiten aufbewahrt wurden) über, bis kleine, im Rang geringere, Gotteshäuser damit bezeichnet wurden. Auch der offizielle Gottesdienst (primär vielleicht in solchen Räumen gefeiert) nahm den Namen capella an (»Capella Pontificia«), und selbst die dort tätigen Sängergruppen (»Capella Sixtina«) wurden danach benannt. Heute meint die Bezeichnung auch Musikensembles.
Der die »Kapelle« betreuende Geistliche wurde »Kaplan« genannt, eine Amtsbezeichnung, die sich bis heute erhalten hat.

5 Die früheste Vita des Heiligen verdanken wir Sulpicius Severus: »De vita beati Martini« (4. Jahrhundert). Später haben Paulinus Petricordiensis (5. Jahrhundert) und nicht zuletzt Venantius Fortunatus (6. Jahrhundert) das Leben und Wirken des Heiligen beschrieben.

Siehe auch die Legenda aurea. Gute Zusammenfassungen bieten heute das LThK 7, 118 ff. und das LCI 7, 572 ff. Zur ikonographischen Darstellung des Heiligen siehe LCI, ebd.

6 Die Mantelszene ist heute für manche fragwürdig geworden. Warum hat der Heilige nicht den *ganzen* Mantel gegeben? Ist nicht das Schenken im Übermaß das eigentlich christliche Geben? Man hat schnell Erklärungen dafür bereit: Martin habe nur die verschenkte Hälfte des Mantels gehört, die andere Hälfte sei eben Eigentum des Kaisers gewesen...

Aber was sollen Ausflüchte? – Wir sollten froh sein über den Realismus des Heiligen. Gegenüber der (sicher hoch anzuerkennenden) Maßlosigkeit des Schenkens wird hier ein für alle gangbarer Weg der Hilfe gewiesen: das Schenken im Maß unseres Vermögens. Und wie glücklich wären wir, wenn überall die Hälfte des »Mantels« geschenkt würde! Die Armut in der Welt wäre bald beseitigt.

7 Text nach der Vulgata, der damals allen Perikopen zugrunde lag.

8 A.a.O., 189 f.

9 A.a.O., 31.

10 K. Meisen, St. Martin im volkstümlichen Glauben und Brauch, in: Rheinisches Jahrbuch für Volkskunde 19 (1969), 42 ff.

11 A.a.O., 167.

12 Im Gebiet des Kaiserstuhls gab es das alte Wort: »Auf Allerheiligen und Allerseelen folgt – Allerteufel« (eben der Zinstag St. Martin), Veit/Lenhart, 166 f.

13 Offenbar geht auch der Beginn der Karnevals-(Faschings-)Zeit auf Martin zurück. Mit seinem Fest begann ja lange Zeit hindurch die »zweite Quadragese«, das »Martinsfasten«, das (wie das österliche Fasten) Fastnachtsbräuche an sich zog. Ein Rest dieser Bräuche hat sich bis heute erhalten.

Dennoch ist es interessant, daß sich für den Beginn der närrischen Zeit der 11. im 11. durchsetzen konnte (das 11 Uhr 11 ist eine spätere witzige Ergänzung). Denn die 11 war die Unglückszahl des Mittelalters. Sie stand für die Sünde, die als »Übertretung« des Gesetzes galt (10 [Gebote]) plus 1, also Übertretung). Gleichzeitig wies die Zahl auf das um Judas reduzierte Apostelkollegium hin.

So hat das klassische Kirchenlabyrinth in den nordfranzösischen Kathedralen 11 Umgänge und wird so zum Bild einer verstörten, sündigen Welt des Heidentums und des eigenen sündigen Lebens, die auf die »Mitte«, die Erlösung hin, aufgebrochen sind (vgl. H. Kirchhoff, Urbilder des Glaubens, München 1988, 9 ff.).

Die 11 hat sich wohl nur als Beginn der »fröhlichen« Zeit halten können, weil der Tag des Begräbnisses des Heiligen sie legitimierte.

14 LThK 7, 126.

15 Es sei dahingestellt, ob die Gans Zinsgabe wurde, weil sie das Tier der armen Leute war (der weithin leibeigenen Bauern); ob sie wegen ihres Wohlgeschmacks und ihrer bevorzugten Federn zu solcher Gabe wurde, oder ob die germanische Mythologie eine Rolle gespielt hat. Die Gans war ja ein Opfertier der germanischen Völker, die sie an ihren Herbstfesten opferten. Man glaubte, dem Fleisch wohne ein besonderer Wachstumsgeist inne, der sich allen mitteile, die vom Fleisch des Opfertieres äßen.

16 Gelegentlich wird vermutet, die Martinsgans sei der »Martinsvogel« der alten Martinslieder. Doch sind in den alten Heischegesängen andere Vögel gemeint: Schwarz- oder Buntspecht, Wiedehopf(?), vielleicht Krähen oder der Eisvogel. Der Flug des Mar-

tinsvogels galt als vorbedeutend. So heißt es schon 1411 in Vintlers »Blume der Tugend«:

es spricht manger ich bin gogel,
ich haun gesechen sant Martis vogel
hewt an dem morgen fru,
mir stosset kain ungelück nit zu.
(HDA 5, 1725

In den von Orlando di Lasso vertonten »Sechs Teutsche(n) Lieder(n)« von 1573 ist »St. Martins Vögelein« ohne Zweifel die Gans.

17 Mit dem Essen der Martinsgans waren (Spiel-)Orakel verbunden. Wenn zwei den v-förmigen Brustknochen der Gans zerbrechen, geht dem, der das größere Stück in Händen hält, ein Wunsch in Erfüllung. Aus der Farbe des Brustknochens (weiß oder rot) schließt man auf einen kargen oder notlosen Winter usw. (Schönfeldt, 280).

18 Immer wieder wird der Versuch gemacht, das Fest des Heiligen aus alten heidnischen Festen herzuleiten. Schönfeldt schreibt: »Sein Gedenktag wurde in einen Zeitabschnitt gelegt, in dem in vorchristlicher Zeit ein dem Wotan geweihtes Herbstfest gefeiert wurde. Das ist der Grund, warum sich in das Martinsfest viele heidnische Gebräuche mischen« (279). Der im Zug mitgeführte Schimmel (von dem die alte Legende ja nicht berichtet), hat gelegentlich Anlaß zu Spekulationen über die Nähe des Heiligen zum »Schimmelreiter« (= Odin/Wotan) gegeben. Aber das alles ist müßig. Das Fest des Heiligen ist rein kirchlichen Ursprungs. Der Tag der Beisetzung des Heiligen gab das Datum des Festes an, es wurde nicht in eine bestimmte Jahreszeit »hineinverlegt«. Der Schimmel ist (wohl aufgrund von Offb 19,11-14) Insignie des christlichen Kaisers (LCI 3, 412) und Attribut bestimmter Heiliger. Er, den durchgängig die *tugendhaften* Herrscher reiten, verkörpert im Gegensatz zum Rappen das *gute* Prinzip. So sind neben den Heiligen Drei Königen (Kirchendecke zu Zillis/Graubünden) viele Heilige als auf einem Schimmel reitend dargestellt (vgl. R. Hindringer, Der Schimmel als Heiligenattribut, Oberdeutsche Zeitschrift für Volkskunde 5 (1931), 9 ff.). Es war naheliegend, dem heiligen Mantelteiler den Schimmel zuzuordnen. (Zur ikonographischen Bedeutung des Pferdes siehe LCI 3, 411-415.)

19 Es ist sinnvoll, wenn der Heilige Martin nach dem Umzug »persönlich« zu Alten- oder Behindertenheimen geht, um kleine Martinsgaben zu überbringen.

20 Bilder und Gebete, Texte für Kinder- und Jugendgottesdienste, Spielszenen... zum Fest sind unter dem Titel »Martin(s)feiern« vom Seelsorgeamt in Essen herausgegeben worden. Das gut gearbeitete kleine Bändchen enthält auch 12 Dias zum Leben des Heiligen. Die Auslieferung erfolgt über den Deutschen Katecheten-Verein, Preysingstraße 83 c, 81667 München.

Exkurse

1 Das Buch ist kritisch zu lesen. Viele Folgerungen des Forschers sind mehr als fragwürdig. Wie schwierig es ist, gesicherte Ergebnisse zu erzielen, zeigen die Kontroversen Ecksteins (der u.a. den betreffenden Artikel für das HDA schrieb) und dem Tölzer Arzt Max Höfler, der sich durch seine Sammlungen, die Sichtung des Materials und seine einschlägigen Veröffentlichungen um das Thema sehr verdient gemacht hat.

2 So etwa der Jesuitenpater Jose de Acosta (HDA 3, 378).

3 HDA 3, 392.

4 Die »Sator-Formel« ist ein Buchstabenquadrat:

Sator
Arepo
Tenet
Opera
Rotas

Es ergibt – von links oben nach rechts und unten und von rechts unten nach links und oben gelesen, stets das gleiche Wort. Entsprechendes gilt für die andern Wörter. Wir finden diese Formel schon in den Trümmern Pompejis (also vor 79 n. Chr.) Sie ist ursprünglich vielleicht eine intellektuelle Spielerei (LThK 9, 343). Da aber eine Formel solcher Art nach altem (Volks-)Glauben die Dämonen zur Umkehr zwingen kann, findet sich die Satorformel bald nur noch in pseudo-religiösen und Zauber- Zusammenhängen. Im 4. - 6. nachchristlichen Jahrhundert weist sie gelegentlich ein Kreuz oder ein Christusmonogramm auf und wird in Beschwörungsformeln und Fürbittgebeten verwandt (auch weiterhin im Zauber). Später werden die Wörter auch als Namen der Nägel des Kreuzes Christi verstanden (vielleicht wegen des Mittewortes tenet (von tenere = halten…). Da die Buchstaben des Quadrats zweimal den Namen Pater mit A (Alpha) und O (Omega) enthalten, war solch »magisches Quadrat« auch in christlichen Kreisen beliebt (zumal es auch als christliches Kryptogramm verstanden werden konnte.)

5 Beispiele von Gebildbroten und Backrezepte bietet das illustrative Buch von I. Carius, Gebildbrot – Brauchtum im Jahres- und Lebenslauf, Königstein 1982, ein Buch, von dem man freilich keine theoretischen Erkenntnisse erwarten darf.

6 Die Bezeichnungen dafür sind vielfältig: aufhauen, dengeln, fitzeln, frischgrünstreichen, fudeln, kindeln, pfeffern, schmackostern(!), stäupen (stiepen), quicken (so HDA 7, 1108). Dazu »auspeitschn«.

7 Granzow, 31 ff.

8 Wuttke, 306.

9 A.a.O., 74. Schönfeldt nennt auch Sachsen, aber hier ist dem erfahrenen Volkskundler Wuttke Glauben zu schenken (s.o.).

10 HDA 7, 1109.

11 Lebendiges Brauchtum, 189 ff.

12 Worschech, 106 ff.

13 v. Geramb, 219.

14 R. Kriss, Die Weihnachtsschützen des Berchtesgadener Landes und ihr Brauchtum, Berchtesgaden o.J. (1966), 10. Kriss gibt die wohl umfassendste Darstellung dieses Brauches.

15 Kriss, 7 ff.

16 Geschossen wurde (und wird gelegentlich) auch zu andern Zeiten des Kirchenjahres. So zu Pfingsten (Pfingstschießen, »Heiligen- Geist- Anschießen«), was in Berchtesgaden um 4 Uhr in der Frühe stattfand, da der Fürstpropst zu dieser Stunde den päpstlichen Segen erteilen durfte. Auch mit dem Abbrennen des Johannisfeuers war ein Schießen verbunden und ebenso mit dem Erntedankfest. Endlich ist das Kirchweihfest Anlaß zum Ehrensalut (vgl. Kriss, 65 ff.).

17 Der Brauch wird bleiben. Die auf viele Vereinsfahnen der Weihnachtsschützen gestickte Losung: »Brauch, Sitt' und Tracht der Alten/wollen wir erhalten« ist bis heute Verpflichtung, die gern übernommen wird. Daß auch die Lust am Schießen, die romantische Kulisse in den Bergtälern zur Christnacht und nicht zuletzt die Sorge um den Fremdenverkehr eine belebende Rolle spielen, soll nicht verschwiegen werden.

Literatur (in Auswahl)

A. Adam/R. Berger, Pastoralliturgisches Handlexikon, Freiburg u.a. ^{5}1989

Artemis, Das Jahr der Schweiz in Fest und Brauch, Zürich-München 1981

M. Andree/Eym, Volkskundliches aus dem bayerisch-österreichischen Alpengebiet, Braunschweig 1910

Bächtold-Stäubli, Handwörterbuch des deutschen Aberglaubens, Berlin-Leipzig 1934/35 (zitiert HDA)

A. Becker, Frühlingsbrauch und Sonnenkult, Wuppertal-Eberfeld 1937

A. Becker, Osterei und Ostern, Jena 1937

A. Becker, Pfälzer Volkskunde (Unveränderter Nachdruck der Ausgabe von 1925), Frankfurt/Main 1979

R. Berliner, Die Weihnachtskrippe, München 1955

I. Carius, Gebildbrot, Königstein/Taunus 1982

P. Cassel, Weihnachten (Unveränderter Nachdruck der Ausgabe von 1862), Wiesbaden o.J.

Charivari, Kunst – Kultur – Leben in Bayern (Monatszeitschrift), München

H. Cox, Das Fest der Narren, Stuttgart 1970

Durch das Jahr – durch das Leben. Hausbuch für die christliche Familie. Erweiterte Neuausgabe, München 1988

A. Franz, Die kirchlichen Benediktionen im Mittelalter, Freiburg 1909

E. und A.J. Eichenseer, Oberpfälzer Weihnacht, Regensburg o.J. (1978)

H. Fillipetti/J. Trotereau, Zauber, Riten und Symbole, Freiburg 1979

V. von Geramb, Sitte und Brauch in Österreich, Graz 1948

K. Granzow, Sie wußten die Feste zu feiern (Pommersches Brauchtum), Leer 1982

G. Jaacks, Lebende Volksbräuche in Schleswig-Holstein, Heide in Holstein 1973

A. Kall, Kirchenjahr und Brauchtum, München 1988

O. Kastner, Die Krippe, Linz 1964

H. Kirchhoff, Urbilder des Glaubens, München 1988

H. Kirchhoff (Hrsg.), Ursymbole, München ^{5}1995

R. Kriss, Sitte und Brauch im Berchtesgadener Land, Bertesgaden 1963

O. Lauffer, Der Weihnachtsbaum in Glaube und Brauch, Berlin-Leipzig 1934

J. Lefftz, Elsässisches Volksleben im Osterfrühling, Straßbourg 1974

Lexikon für Theologie und Kirche, Freiburg ^{2}1958 ff. (zitiert LThK)

Lexikon der christlichen Ikonographie, Rom u.a. 1968 (zitiert LCI)

L. Mackensen, Geschichte des Weihnachtsbaumes, Berlin-Leipzig 1929

F. Markmiller, Der Tag, der ist so freudenreich, Regensburg 1981

K. Meisen, Nikolauskult und Nikolausbrauch im Abendland, Düsseldorf 1931

D.-R. Moser, Bräuche und Feste im christlichen Jahreslauf, Graz u.a. 1993

Oberpfalzverein (Hrsg.), Lebendiges Brauchtum der Oberpfalz, Weiden ^{2}1993

K. Pfister, Bräuche und Sitten. Der erste Weihnachtsbaum, in: Im Schritt der Zeit (Sonntagsbeilage zur Kölnischen Volkszeitung) Nr. 52 vom 25.12.1938

P.E. Rattelmüller, Bairisches Brauchtum im Jahreslauf, München 1985

G. Rietschel, Weihnachten in Kirche, Kunst und Volksleben, Bielefeld u. Leipzig 1902

P. Sartori, Sitte und Brauch, Leipzig 1912 ff.

S. Gräfin Schönfeldt, Das große Ravensburger Buch der Feste und Bräuche, Ravensburg 1980

F. Schönwerth, Aus der Oberpfalz. Sitten und Sagen, Augsburg 1857 ff.
A. Spamer, Weihnachten in alter und neuer Zeit, Jena 1937
A. Stonner, Die deutsche Volksseele im christlich-deutschen Volksbrauch, München 1935
L.A. Veit/L. Lenhart, Kirche und Volksfrömmigkeit im Zeitalter des Barock, Freiburg 1956
K. Weinhold, Weihnacht – Spiele und Lieder aus Süddeutschland und Schlesien (Unveränderter Nachdruck der Ausgabe von 1875), Wiesbaden 1967
R. Worschech, Fränkische Bräuche zur Weihnachtszeit, Würzburg 1978
R. Wuttke, Sächsische Volkskunde (Nachdruck der Ausgabe von 1903), Frankfurt/Main 1981

Bildnachweis

Hermann Kirchhoff: **20**, **27**, **39**, **51**, **64**, **67**, **76**, **119**, **123**, **127**, **geg. 128**, **185**, **189**, **196**, **198**, **215** – Der heilige Nikolaus mit Szenen aus seinem Leben. Russische Ikone. Novgoroder Schule, 15. Jh. Ikonenmuseum, Recklinghausen (Inv. Nr. 432): **geg. 32** – Süddeutscher Verlag, München: **35**, **85**, **109**, **155**, **191** – Gammanick, Waldsassen: **38** – Hitda-Codex aus Meschede, Köln, um 1020. Hessische Landes- und Hochschul-Bibliothek. Aus: O. Kastner, Krippe. Oberösterreichischer Landesverlag, Linz 1964, Abb. 23: **46** – Antiphonar aus St. Peter, Salzburg, um 1170. Nationalbibliothek, Wien. Aus: O. Kastner, Krippe, a.a.O., Abb. 37: **geg. 48** – Nativitas, Byzanz. Ikone, Ende 14. Jh. Foto: Bildarchiv Claus & Liselotte Hansmann, München: **59** – KNA, Frankfurt: **83** (Detail aus den romanischen Türflügeln in St. Maria im Kapitol, Köln, um 1000), **96**, **112**, **114**, **121**, **125**, **190** – Kösel-Archiv: **93**, **130**, **167**, **geg. 224** – foto-present, Essen: **95**/Voss, **203**/Herzog – T. Schneiders/Bavaria, Gauting: **105** – Gaëta, Domschatz. Zeichnung aus: O. Kastner, Die Krippe, a.a.O., 127: **117** – Bavaria, Gauting: **133**/Weissing, **153**/STR – Diözesanmuseum, Augsburg: **geg. 144** – R. Böhm, Grafenwöhr: **149** – K. Guthausen, Schleiden: **157** – Hannes Schrüfer Nachlaß, München: **geg. 176** – W. Baur, Hütten: **179** – Diözesanmuseum, Bamberg. Foto: Ingeborg Limmer: **geg. 192** – Aus: A. Paffrath, Die Hubertuslegende. Verlag Paul Parey, Hamburg-Berlin 1979, S. 53: **206** – Schatzkammer der Residenz, München: **208** – Zeichnungen von Eva Amode, München, aus: H. König, Das große Jahresbuch für Kinder. Kösel-Verlag, München 1994: **218/219** – Aus: R. Kriss, Die Weihnachtsschützen des Berchtesgadener Landes und ihr Brauchtum. Verlag Berchtesgadener Anzeiger, Berchtesgaden. Foto: Baumann: **221**